Sabina Riedl / Barbara Schweder

Wie Frauen
Männer gegen ihren Willen
glücklich machen

UEBERREUTER

Unseren Eltern
Smoky und Rupert
in Dankbarkeit
gewidmet

ISBN 3-8000-3862-5

Umschlaggestaltung: verlagsbüro wien / Kurt Hamtil unter Verwendung eines Fotos von Amos Morgan / Getty Images

Druck: Ueberreuter Print
3 5 7 6 4 2

Ueberreuter im Internet: www.ueberreuter.at

Inhalt

Teil 3

Vorwort

Mein Anteil an diesem Buch ist in einer Wohnung entstanden, die mir aus einem ganz besonderen Grund erwähnenswert erscheint. Nicht wegen der Momente kreativer Unruhe und quälender Einfallslosigkeit, die ich dort – wie wahrscheinlich alle Autorinnen und Autoren – durchlitten habe, sondern weil sie, für jemanden, der sich gerade mit dem Wesen der menschlichen Partnerschaft beschäftigt, an einem strategisch einmaligen Platz liegt.
Sie gewährt einen nahezu uneingeschränkten Blick auf jene Straße, die zum Standesamt des 13. Wiener Gemeindebezirks führt. Von meiner Küche über dem Garten des Café Dommayer konnte und kann ich, zu jeder Jahreszeit, bei jedem Wetter, meist vormittags, Hochzeitsgesellschaften in allen Größen und jeden Stils zwischen Standesamt und Kaffeehausgarten auf- und abmarschieren sehen. Da zugeknöpft oder betont locker, für die förmliche Zeremonie zurechtgemacht, dort leichten Schrittes mit der Urkunde unter dem Arm zur Feier, wo man für den Fotografen posiert und sich mit roten Wangen erleichtert zuprostet.
Unfreiwillig und unbemerkt war ich also als sprichwörtliche Fliege an der Wand bei unzähligen Hochzeitsgesellschaften »zu Gast«. Ich habe die glücklich-angespannten Gesichter der Brautleute, ihrer Verwandten und Freunde, ihre festliche Kleidung gesehen, habe ihre Nervosität gespürt und mich von ihrer Ausgelassenheit anstecken lassen. Und immer, wenn mir beim Anblick der künftigen oder frisch gebackenen Eheleute in meinem Ausguck das Herz höher schlägt, bin ich fasziniert, wie komprimiert der Sinn unseres Lebens und Strebens in solchen Szenen zur Geltung kommt. Steckt doch in diesem kurzen Moment der Auftakt zu einem jahrelangen, zähen Ringen um Glück und Erfüllung in der Partnerschaft – eine Motivation, die letztlich alle Menschen miteinander verbindet.

Noch nie zuvor war uns die Partnerschaft so wichtig wie heute, das bestätigen alle Umfragen zur Lebensqualität, und noch nie war es schwieriger, sich den Traum vom Glück zu zweit zu erfüllen. Die teils widersprüchlichen biologischen Interessen und Triebfedern von Frauen und Männern rund um das zentrale Thema unseres Daseins, die Fortpflanzung, sind natürlich eine Herausforderung – aber die gab es immer; sie ist so alt wie unsere Spezies selbst.
Dafür drohen diese klassischen, sagen wir biologischen, Hürden im Paarlauf neuerdings durch einige Phänomene der Neuzeit zu einem halsbrecherischen Parcours zu werden: Die Sogwirkung von galoppierenden Scheidungsraten, Samenbanken und modernen Fortpflanzungstechniken, der Verlust der Väter, menschlicher Verschleiß und Ungleichbehandlung der Geschlechter am Arbeitsplatz, moderne Kommunikationstechnologien, Konsumrausch und neue Arten von zivilisatorischem Stress erzeugen ein extrem beziehungsfeindliches Klima, das unglücklicherweise aber nicht als solches wahrgenommen wird. Dennoch sind sie aus der Beziehungsdynamik heutiger Paare nicht mehr wegzudenken und bringen immer mehr Ehen einen leisen Tod.
Was uns dennoch weiterhin zu dem tollen Treiben der Partnersuche veranlasst, warum manche von uns es schaffen und viele andere scheitern, wollen wir in diesem Buch ergründen. Außerdem gehen wir der Frage nach, wer denn die Hauptlast der Beziehung trägt.
Viele namhafte Wissenschaftler und Wissenschaftlerinnen haben uns freundschaftlich beraten und mit spannenden neuen Erkenntnissen Anregungen für dieses Buch gegeben: Linda Mealey mit ihrem Buch »Sex Differences« über unterschiedliche Fortpflanzungsstrategien der Geschlechter, Helen Fisher mit »Schwärmerei« über die Biologie des Verliebens, Jane Goodall mit ihren Arbeiten über dominante Frauen bei unseren nächsten Verwandten, den Schimpansen, und zu guter Letzt unser Freund und Lieblingsanthropologe Lionel Tiger mit seinen mutigen und kontroversiellen Büchern über Männer am Rand der Gesellschaft. Ebenso tiefe und überraschende Einblicke in die Gründe, warum zwei Menschen sich trennen, verdanken wir den innovativen For-

schungsansätzen von Guy Bodenmann, selbst glücklich verheirateter Vater zweier Kinder, und Andreas Diekmann, der mit seiner These, Scheidung sei erblich, für Aufsehen gesorgt hat.
Wer sich von diesem Buch Tipps und Tricks erwartet, um im Schnellverfahren glücklich zu werden, sei gleich an dieser Stelle gewarnt: Es ist kein Ratgeber. Absichtlich nicht. Genau genommen ist es ein Anti-Ratgeber, ein Buch für »Selbstdenker«. Denn wir sind überzeugt, dass es keine Patentrezepte für eine glückliche Beziehung gibt. Wer sich aber für die Dynamik von Partnerschaften interessiert, sollte weiterlesen. Wer seine eigene Beziehung im Lichte wissenschaftlicher Erkenntnisse betrachten möchte und die Kräfte, die ein Paar zusammenbringen, zusammenhalten oder auseinander bringen, durchschauen will, wird eine stattliche Sammlung biologischer, psychologischer und gesellschaftlicher Mechanismen kennen lernen, die in jeder Beziehung omnipräsent sind – selbst dann, wenn ein Paar die Tür hinter sich schließt.
Natürlich erhebt unser Buch keinen Anspruch auf Vollständigkeit. Aber für jene, die das Glück ihrer Partnerschaft selbst in die Hand nehmen und nicht den Ratschlägen unbeteiligter Dritter überlassen wollen, mag es ein nützliches Werkzeug sein. Denn eines ist sicher: Eine glückliche Partnerschaft ist das Werk harter Nachdenk- und Erkenntnisarbeit. Nur wer sich mit seiner eigenen Partnerschaft auseinander setzt, kann gegen die fortschreitende Korrosion am Beziehungsgerüst ankommen.
Genau hier tritt jenes Phänomen zutage, das wir zum zentralen Thema unseres Buches gemacht haben, eine fundamentale Erkenntnis über die Beziehung zwischen Frau und Mann.
Die viel beachteten wissenschaftlichen Arbeiten meiner Schwester, der Anthropologin Barbara Schweder, über Partnerwahl, ihre jahrelange Lehrtätigkeit an der Universität Wien und ihre neueste Studie über Zufriedenheit in der Partnerschaft, die diesem Buch zugrunde liegt, lassen keinen Zweifel: Das tragende Element im Beziehungsgefüge ist die Frau. Sie ist die Gestalterin, die Architektin, die Hüterin und der Motor der Zweisamkeit.
Frauen haben von Anfang an die Sozialisierung unserer Spezies in die Hand genommen. Eindrucksvolle neue Studien belegen diesen Trend der Evolution. Indem sie entscheiden, mit wem sie Ba-

bys bekommen, waren und sind Frauen bis heute die aktiven Gestalterinnen der menschlichen Gattung – die Architektinnen des Glücks, zum Wohle aller. Nicht aufopfernd und altruistisch, sondern zielstrebig, unbeirrbar und erfinderisch.

In welcher Weise Frauen auch unter den widrigsten Umständen gemütliche Winkel in ihrem Leben und im Leben anderer einrichten, davon handelt dieses Buch. Denn Frauen sind das Feuer, an dem sich die Gesellschaft wärmt.

Frauen und Männer suchen ihre Partner nicht nur nach unterschiedlichen Kriterien aus, sie benutzen eigene Strategien, Partner anzulocken und zu verpflichten. Frauen, stellt sich heraus, haben dabei den »Zug zum Tor«. Sie wissen schon vorher genau, wonach sie Ausschau halten müssen, um eine glückliche Beziehung zu verwirklichen.

Sie ist die Strategin – von Anfang an. Ganz im Gegensatz zum landläufigen Klischee, Frauen wären passiv, gestaltet SIE aktiver als ER. Während viele Männer immer noch überzeugt sind, in ihrer Partnerschaft zu dominieren, sind es in Wirklichkeit die Frauen, die den Traum von der glücklichen Partnerschaft umsetzen – mit oder ohne Zutun ihres Partners. Manche Männer, hat man den Eindruck, müssen sogar gegen ihren Willen glücklich gemacht werden. Dafür profitieren sie aber nicht schlecht vom Beziehungsstatus: Sie leben länger, gesünder und sind erfolgreicher als ihre unbeweibten Mitmänner.

Frauen haben vor Jahrmillionen die Weichen für unsere Spezies gestellt: »Sozial verträglich« steht an der Endstation. Aber der Zug ist noch lange nicht angekommen.

Sabina Riedl

Einleitung

Ich möchte Sie mit einer amüsanten, kleinen Beobachtung bekannt machen, die, wie ich glaube, Bände über die unterschiedlichen Zuständigkeiten von Frauen und Männern in ihrer Beziehung spricht. Ich bin mir nahezu sicher, dass zumindest alle Leserinnen mit diesem alltäglichen Phänomen vertraut sind und vielleicht nur keinen Begriff dafür haben. Ich nenne es den Singularis masculinus.

Männer benutzen gerne die Einzahl, wenn sie von geplanten oder vergangenen Aktivitäten erzählen – »ich fahre auf Urlaub«, »ich gehe ins Kino«, »ich war gut essen« etc. –, was einen zu der Annahme verleiten könnte, sie würden all diese Dinge alleine tun. In Wahrheit aber beschreibt der Singularis masculinus eine gemeinsame Aktivität mit der Ehefrau, Partnerin oder der ganzen Familie und legt dadurch – im Gegensatz zum weithin geläufigen Pluralis majestatis, der von einer wichtigen Persönlichkeit in der Mehrzahl spricht – eine etwas reduktionistische Einstellung des Erzählers auf das Wesentliche, nämlich den Mann, nahe.

Aber Spaß beiseite – warum sprechen Männer selbst nach Jahrzehnten in einer glücklichen Beziehung immer noch eher in der Ich- als in der Wir-Form? Identifizieren sich Frauen eher mit dem Partner und der Partnerschaft, in der sie leben?

Lange bevor ich begann, die menschliche Partnerschaft wissenschaftlich zu ergründen, machte ich in meinem Freundeskreis immer wieder die Erfahrung, dass überwiegend Frauen für das emotionale Gleichgewicht in der Beziehung verantwortlich waren. Und nicht nur das – Frauen schienen sich überhaupt mehr für das Thema Partnerschaft und Beziehung zu interessieren. Nach Festen oder Abendeinladungen bei Freunden war mein Mann immer bestens informiert über die neuesten beruflichen Entwicklungen, die jüngsten Projekte und die sportlichen Erfolge seiner Gesprächspartner. Ich hingegen wusste alles über die jüngsten Kränkungen und Enttäuschungen, aber auch über das Glück und die Zufriedenheit in den harmonischen Beziehungen. Oft wundert sich mein Mann, was Frauen in so kurzer Zeit an Intimitäten austauschen. »Wieso erzählt mir das keiner«, sagt er dann oft ein wenig enttäuscht.

Vielleicht übersehen Männer ja leichter die zarten Vorzeichen, mit denen sich die privateren Gespräche ankündigen. Vielleicht erzählt ihnen niemand solche Dinge, weil sie selbst nichts Persönliches von sich preisgeben. Kein Nehmen ohne Geben auf der Gefühlsebene.

Später, als Biologiestudentin, beschloss ich, meine Doktorarbeit über die menschliche Partnerwahl zu schreiben.[1] Ich wollte den Mechanismen der Paarbildung auf den Grund gehen, denn ich glaubte damit eine der Wurzeln für das Wohl und Weh der Menschheit entdecken zu können. Doch bald musste ich meine Studien auf den Einfluss des Gesichtes beschränken, weil sich die Partnerwahl als so unendlich komplex und vielschichtig erwies, dass es den üblichen Rahmen einer Doktorarbeit gesprengt hätte. Doch selbst da, stellte sich heraus, haben Frauen bereits den Blick fürs Wesentliche. Sie machen ihre Entscheidung, wen sie zum Partner haben wollen, nicht von äußeren Kriterien abhängig, die für das Glück der Beziehung vollkommen unerheblich sind, sondern wählen nach jenen Gesichtspunkten, die in hohem Maße mit der Zufriedenheit beider Partner in einer Langzeitbeziehung korreliert.

Später erhielt ich einen Lehrauftrag am Institut für Humanbiologie der Universität Wien. Ich hielt eine Vorlesung über die Anthropologie der Partnerwahl vor zahlreichen Studentinnen – jawohl, Studentinnen. Denn nur ab und zu verirrte sich ein männlicher Student in meine Vorlesungen und Seminare über die Biologie des Zwischenmenschlichen.

Wie kam das? Das Studium der Humanbiologie wird von männlichen und weiblichen Studierenden gleichermaßen inskribiert. In Vorlesungen über Humangenetik oder die Evolution der Frühmenschen fanden sich Hörer beiderlei Geschlechts. Warum drückten sich die Herren der Schöpfung ausgerechnet, wenn es um Partnerwahl ging?

Probleme, für die man keine Lösung findet, geistern oft lange im Unterbewusstsein herum, bevor man überhaupt in der Lage ist, sie in einer konkreten Fragestellung festzunageln. Meine Schwester Sabina, damals freie Wissenschaftsjournalistin beim ORF, hatte die Angewohnheit, wie ein Wirbelwind durch meine mühsam zurechtgezimmerten Denkmodelle zu fahren. Mit provokanter Rhetorik und nervigen Fragen brachte sie so manches Gedankengebäude zum Einsturz, das auf den wackeligen Füßen überkommener Lehrsätze ruhte.

Im Unterschied zu WissenschaftlerInnen, die oft jahrzehntelang über einer einzigen Fragestellung brüten, müssen Journalisten innerhalb von Sekunden in der Lage sein, sich auf gänzlich neue Situationen, mitunter auch Fachgebiete einzustellen. Oft rief sie mich an, um meine Meinung zu einer ihrer Fernseh-Dokumentationen zu hören, und wir stellten bald fest, welche ungeheure Bereicherung der komplementäre Zugang der einen für die Welt der anderen darstellt. So entstand unser erstes gemeinsames Buch »Der kleine Unterschied – Warum Frauen und Männer anders denken und fühlen«.[2] Grundlage dafür war ein Dokumentarfilm, den Sabina zu diesem Thema gemacht hatte und für den sie 1998 den Staatspreis für Wissenschaftspublizistik erhielt.

Nachdem fast alle Studien, die wir damals in die Hände bekamen, zeigten, wie unterschiedlich Frauen und Männer mit ihren Gefühlen umgehen, war es nahe liegend, sich als Nächstes darüber Gedanken zu machen, wie sich das auf die Beziehung zwischen den beiden auswirkt.

Und da war sie plötzlich, die These unseres neuen Buches: Frauen sind die Architektinnen des Glücks. Sie sind das Lagerfeuer der Beziehung. Männer sind die Konsumenten, die Nutznießer dieses Glücks. Frauen sind die Unternehmerinnen, Männer die Angestellten der Beziehung. Und viele werden sogar in rührender Weise gegen ihren Willen, oder zumindest ohne ihr Zutun, glücklich gemacht.

Kein Wunder, dass sie sich in meinen Vorlesungen so rar machten, dass sie bei Partys lieber über ihre beruflichen Erfolge sprachen als über ihre Beziehungen. Sie haben dafür gar kein Problembewusstsein entwickelt, denn es sind ihre Frauen, die die

Partnerschaft einrichten, erhalten und pflegen, gegebenenfalls auch abbrechen – in jeder Hinsicht aber dominieren und bestimmen.

Wie sehr diese weiblich-intuitive Steuerung der partnerschaftlichen Geschicke nicht nur die Zweierbeziehung, sondern auch den gesamten Sozialkodex unserer Spezies geformt haben, lassen die Ergebnisse unserer Studie über glückliche Partnerschaften erahnen.

Barbara Schweder

Teil 1

Spieglein, Spieglein an der Wand –
wer hat die Fäden in der Hand?

Die Frau ist also die Chefin der Firma Beziehung. Die Arbeitshypothese war kaum geboren, da begannen wir sie auch schon empirisch zu testen. Sofort ergaben sich angeregte Diskussionen, wo immer das Thema zur Sprache kam, meistens kam sogar überwältigende Zustimmung. Bestätigung im Freundeskreis ist jedoch kein ausreichender Beweis einer Theorie. Was eine rechte Hypothese sein will, muss sich auch testen lassen.

Und damit begann die Sache interessant zu werden. Wie kommt man zu statistisch verwertbaren Informationen über die Feinmechanik von Beziehungen? Gerade die Intimität und Exklusivität, die Zweierbeziehungen so auszeichnen, machen es schwer, einen Blick hinter die Kulissen zu werfen. Auch wenn man nichts anderes als ein rein wissenschaftliches Interesse bekundet, schützen die meisten Menschen ihre Partnerschaft rigoros gegen unerwünschte Anteilnahme durch Außenstehende. Es ist viel Vertrauen notwendig, um sich einer Befragung über diesen intimsten und persönlichsten Bereich zu unterziehen.

An dieser Stelle möchten wir den 70 Paaren danken, die sich die Zeit genommen haben, den Fragebogen über »Das Geheimnis einer glücklichen Partnerschaft« auszufüllen. Ohne sie wären wir jetzt um einige zentrale Einsichten in das Beziehungsgefüge zwischen Frau und Mann ärmer.

Frauen und Männer beantworteten die gleichen Fragen, jeder auf seinem eigenen Bogen, SIE auf rosa Papier, ER auf hellblauem, um Verwechslungen auszuschließen, und das möglichst allein und ungestört. Die Frauen waren im Schnitt 39,5, die Männer 42,6 Jah-

re alt und lebten seit 14,5 Jahren zusammen oder waren verheiratet.
Wir fragten nach den Eigenschaften, die für die Partnerwahl entscheidend gewesen waren. Welche Auswahlkriterien würden wohl zu späterem Glück und Zufriedenheit beitragen? Wir fragten, wie sich diese Eigenschaften im Lauf der Zeit verändert hätten. Dadurch hofften wir herauszufinden, wie sich die bevorzugten Persönlichkeitsmerkmale und Fähigkeiten im Verlauf der Partnerschaft verändert hatten und wie sich das auf Glück und Zufriedenheit in der Beziehung ausgewirkt hatte. Außerdem befragten wir die Paare zur Aufgabenteilung in ihrer Beziehung, zur Gewichtung von persönlichen Bedürfnissen und zur Streitkultur. Wir wollten dadurch herausfinden, wer für die Erhaltung und Pflege der Beziehung zuständig ist. Natürlich haben wir uns bemüht, die Absicht der Untersuchung gut zu verstecken, um möglichst ehrliche Antworten zu bekommen. Und die haben eine Reihe interessanter Fakten zutage gefördert.
Frauen identifizieren sich tatsächlich mehr mit der Partnerschaft. Sie erleben offenbar schon den Anfang der Partnerschaft als gemeinsame Kraftanstrengung. Wir fragten, wie groß der Aufwand war, die Partnerschaft zu fixieren (Verabredungen, Geschenke, Konkurrenten). Männliche und weibliche Probanden sollten die Frage einmal aus ihrer Sicht und einmal aus der Sicht des Partners beurteilen. Die vier Antwortmöglichkeiten reichten von sehr gering, gering, über eher groß bis sehr groß. Bei Frauen stimmten die Angaben über »seinen« und »ihren« Aufwand zur Fixierung der Partnerschaft häufig überein. Mehr als die Hälfte aller weiblichen Probanden sah ihren Aufwand eng mit dem des Partners verbunden. Bei den Männern stellte sich die Sache ganz anders dar. Seine Einschätzung ihres Aufwandes, die Partnerschaft in Gang zu bringen, hatte meist wenig mit seinen Angaben über den eigenen Aufwand zu tun. Eine Korrelation zwischen seinen Angaben ist nahezu inexistent. Das heißt, kaum ein Mann sah einen Zusammenhang zwischen seinem und ihrem Aufwand, die Partnerschaft zu beginnen. Das ist ein eklatanter Geschlechtsunterschied, beziehen sich doch beide immerhin auf ein und dieselbe Phase ihrer Beziehung.

Schon bei der Rekrutierung der Paare fiel auf, wie viel einfacher es war, Frauen für einen Fragebogen über ihre Partnerschaft zu begeistern. So manche hätte gerne mitgemacht, scheiterte aber an der Ablehnung ihres Mannes. Warum? Sollten hier etwa schlafende Hunde nicht geweckt werden? Haben Männer Angst davor, über etwas nachzudenken, das sie so wenig durchschauen? Viele Männer fühlen sich, was emotionale Dinge anlangt, wie auf Glatteis – nur keine allzu heftigen Bewegungen.
Schon ein oberflächlicher Blick auf die Fragebögen zeigte deutlich, dass Frauen ihn wesentlich sorgfältiger ausgefüllt hatten als Männer. Männer vergaßen häufiger als Frauen Fragen zu beantworten, ließen öfters eine Zeile aus. Sie wussten weniger genau, was sie an ihrer Partnerin angezogen hatte. Viel häufiger als Frauen beantworteten sie die Frage »Was war das Besondere an Ihrer Partnerin?« überhaupt nicht. Viele wussten auch nicht, was sie an der Partnerin verändern würden, sehr häufig wurde »nichts« geschrieben oder es gab gar keine Antwort. Frauen formulierten präziser, was ihnen gefallen hatte, was sie verändern würden und was ihnen das Wichtigste im Leben ist.
Dennoch war auch den Fragebögen für IHN zu entnehmen, welche tiefen Gefühle Männer für ihre Partnerinnen hegen. Bei einem hellblauen Bogen, ausgefüllt von einem Mann, der offensichtlich wenig über seine Partnerin zu berichten wusste, wollte ich mich schon ärgern und dachte mir: »Schon wieder einer, dem nichts dazu einfällt, was seine Partnerin zu einem besonderen Menschen macht.« Bei der Frage, was er an ihr ändern würde, gähnte ebenfalls Leere, nicht einmal »nichts« hatte er hingeschrieben. Doch dann, bei der Frage nach dem Wichtigsten in seinem Leben stand doch etwas. Es war nur ein Wort: sie.
Man kann also nicht sagen, dass Männer für ihre Partnerinnen weniger empfinden als umgekehrt. Ihr geringeres Engagement beim Ausfüllen der Bögen entspringt sicherlich nicht einem Desinteresse an der Beziehung, sondern eher einer gewissen Ratlosigkeit. Männer trauten sich beispielsweise seltener zu, Fragen, die ihre Partnerinnen betrafen, zu beantworten. Einige gaben nur an, wie groß sie den eigenen Aufwand einschätzten, die Partnerschaft zu beginnen, den Aufwand der Partnerin beurteilten sie gar

nicht. Die deutlich spürbare Unsicherheit rührt vielleicht daher, dass Männer weniger damit befasst sind, eine Beziehung einzurichten.

Wieso? War es nicht immer schon Männersache, eine Frau anzusprechen und zum Ausgehen einzuladen? Gewiss: Auch bei unseren Paaren hat sich das Kennenlernen in eben diesen traditionellen Bahnen bewegt. Unabhängig von der Dauer der Partnerschaft und dem Alter der Partner hat eher er sie angesprochen und ausgeführt als umgekehrt. Es liegt also kein Generationen-Artefakt vor. Männer holen sich heute wie ehedem die Körbe ab und Frauen sind diesbezüglich nach wie vor eher in der Geberrolle zu finden.

Genau das ist aber der springende Punkt: Männer balzen zwar für alle Welt sichtbar, allerdings weniger zielgerichtet. Schließlich legen sie sich auch für ein kurzes Abenteuer ordentlich in die Riemen. Frauen sind selektiver und wissen sehr genau, wonach sie suchen. In unserer Studie zeigten sich die Frauen unglaublich treffsicher. Vor allem wissen sie besser als Männer, nach welchen Kriterien an einem Mann sie Ausschau halten müssen, um später eine glückliche Beziehung zu führen. Äußerlichkeiten stehen auf ihrem Wunschzettel ganz unten, soziale Eigenschaften hingegen ganz oben. Die Hitparade der ersten vier ist: Aufrichtigkeit, Interesse an mir, Humor und Einfühlungsvermögen.

Männer bevorzugten zwar auch diese vier Kriterien vor allen anderen, kreuzten aber viel seltener als Frauen »sehr wichtig« an. Sie haben daher offenbar auch ein Gefühl dafür, welche Eigenschaften die Partnerin fürs Leben auszeichnen sollten, allerdings sind sie nicht ganz so sicher wie Frauen, wenn es darum geht, deren Stellenwert einzuschätzen.

Die Zahlen beweisen es: Frauen gaben den Spitzenreitern der gefragtesten Eigenschaften immer höhere Bewertungen als Männer. Die Eigenschaften konnten auf einer vierteiligen Skala zwischen nicht wichtig (1 Punkt) bis sehr wichtig (4 Punkte) bewertet werden. Die »Aufrichtigkeit« erhielt von Frauen die Bewertung 3,9, von Männern 3,75. Nur 7 von 70 Frauen hatten »eher wichtig« angekreuzt, alle anderen waren sich darüber einig, dass Aufrichtigkeit eine »sehr wichtige« Eigenschaft für einen Langzeitpartner ist. Bei den Männern zeigt sich ein diffuseres Bild. 17 Männer waren der Ansicht, dass Aufrichtigkeit nicht »sehr wichtig« ist. Zwei davon kreuzten sogar »weniger wichtig« an. Auch bei der Bewertung der übrigen Spitzenreiter in der Hitliste der Partnerwahlkriterien setzte sich dieser Trend fort. »Interesse an mir« bewerteten Frauen mit 3,88 Punkten, Männer mit 3,54 Punkten. Der »Humor« erreichte auf den rosa Bögen 3,66 Punkte und auf den hellblauen 3,54 Punkte. Und auch das »Einfühlungsvermögen« stand bei den Frauen deutlich höher im Kurs als bei den Männern (3,59/3,34 Punkte).

Frauen schätzen die Bedeutung ihrer Auswahlkriterien einfach besser ein. Das ist insofern nicht überraschend, als jenes Geschlecht, das wählerischer und selektiver ist, auch das letzte Wort bei der Partnerwahl hat. Dass die Kriterien, nach denen Frauen wählen, allerdings auch jene sind, die das Paar glücklich machten, war bisher noch nicht bekannt.

Das ist der springende Punkt: Frauen machen damit nicht nur sich selbst, sondern auch den Partner glücklich. Ihre Auswahlkriterien korrelieren nicht nur mit ihrem eigenen Glücksempfinden, sondern auch mit dem des Partners. Gibt eine Frau an, in ihrer Partnerschaft glücklich zu sein, korreliert das positiv vor allem mit zwei ihrer wichtigsten Auswahlkriterien: dem Einfühlungsvermögen und der sozialen Einstellung. Von allen Frauen, die sich in ihrer Beziehung wohl fühlten, gab ein Drittel an, besonderen Wert auf das Einfühlungsvermögen des Partners gelegt zu haben, und ein Viertel hatte die soziale Einstellung besonders hoch bewertet. Männer, die angaben in ihren Beziehungen glücklich zu sein, waren häufig wegen ihrer sozialen Einstellung, ihrer Aufmerksamkeit oder wegen ihres Einfühlungsvermögens gewählt worden!

Männer werden vielleicht nicht gegen ihren Willen – wer möchte nicht glücklich sein? –, wohl aber entgegen ihren eigenen Präferenzen glücklich gemacht. Die Auswahlkriterien des Mannes korrelieren nämlich nur in einem einzigen Fall positiv mit seinem Glücksempfinden: dem Einfühlungsvermögen. Knapp ein Viertel aller Männer, die angaben, in ihrer Partnerschaft glücklich zu sein, hatten bei ihrer Partnerwahl besonderen Wert auf Einfühlungsvermögen gelegt. Sonst hatten die Kriterien, nach denen

Männer ihre Partnerin gewählt hatten, wenig mit ihrem späteren Glück zu tun. Schöne Beine oder ein hübsches Gesicht sind bestenfalls die Zuwaage, keinesfalls aber die wichtigsten Zutaten einer glücklichen Partnerschaft.

Es klingt paradox, aber die Frau scheint tatsächlich eher zu wissen, was den Mann glücklich macht, als er selber. Sind soziale Einstellung, Aufmerksamkeit und Einfühlungsvermögen die Eigenschaften, die einen Mann zu einem guten und zufriedenen Partner machen? Ein Mann, der Einfühlungsvermögen und eine soziale Einstellung mitbringt, macht nicht nur seine Partnerin glücklich, auch er selbst profitiert davon und fühlt sich wohl.

Frauen initiieren also die Partnerschaft, sie bestimmen, welcher Mann in Frage kommt, und stellen damit die Weichen für eine glückliche gemeinsame Zukunft. Wie sieht es aber im Beziehungsalltag aus?

Wer glaubt, dass hier nun endlich der Mann das Sagen hat, wird Augen machen. Keine Spur mehr von Familienoberhaupt, zu dem alle vertrauensvoll aufschauen. Männer sind keinesfalls der ruhende Pol in der Brandung des Alltags, als den sie sich selbst gerne darstellen. Hier brachte die Auswertung unserer Fragebögen die vielleicht größte Überraschung.

Die Frau gibt offenbar niemals die Zügel aus der Hand, ganz im Gegenteil. Vor allem in Langzeitbeziehungen übernehmen Frauen immer mehr das Ruder.

Die Familienarbeit, Haushalt und Kindererziehung, ist – wenig überraschend – immer noch eindeutig Frauensache. Darüber hinaus zeichnet sie aber auch für sämtliche emotionalen Bereiche verantwortlich. Beziehungsarbeit, Gespräche und die Aufrechterhaltung und Pflege des Freundeskreises werden von männlichen und weiblichen Probanden eher ihr als ihm zugeschrieben. Auch für die Nähe in der Partnerschaft zeichnen die Frauen verantwortlich. Auf einer Skala von 1 = sie bis 5 = er, gaben sowohl Männer als auch Frauen an, dass eher sie es ist, die Zuwendung braucht (2,56 Punkte). Männer beanspruchen eher ein Bedürfnis nach Freiräumen (3,33 Punkte) für sich.

Männer, die in länger dauernden Beziehungen (15 Jahre+) leben, gaben an, dass ihre Frau darüber hinaus auch noch für Freizeitgestaltung und Investitionen zuständig ist. Sie spart auf das Haus im Grünen und bestimmt, wohin es im Urlaub gehen soll. Geht dem Mann die Puste aus, je länger die Partnerschaft dauert? Sein eigener Beitrag reduziert sich mit fortschreitender Dauer der Beziehung allmählich nur auf ein höheres Einkommen.

Frauen leiten auch die Streitkultur. Sie sind es, die Streit beginnen, nicht nur nach Angabe ihrer Partner, sondern auch laut eigenen Angaben. Sie spüren offenbar eher als Männer die Probleme, die im Lauf der Partnerschaft entstehen, und thematisieren sie als Erste. Ist das Paar nicht mehr ganz glücklich, gibt sie häufig eine Stufe weniger an als er. Meint der Mann noch »eher glücklich« zu sein, kreuzt die Frau bereits »weder – noch« an. Läuft etwas nicht ganz richtig, fühlen sich Frauen offenbar mehr in ihrem Wohlbefinden beeinträchtigt. Das Glück und die Dauer der Beziehung sind bei Frauen viel stärker negativ korreliert als bei Männern. Über 40 % der Frauen in länger dauernden Beziehungen (15 Jahre+) gaben an, nicht mehr ganz glücklich zu sein, während nur 14 % der Männer mit der Dauer der Partnerschaft weniger glücklich wurden.

Frauen sind zwar schneller unzufrieden, wenn etwas schief läuft, dennoch sind sie eher bereit weiter in die Beziehung zu investieren. Frauen sind nämlich ausdauernder als Männer. Die Veränderungen, die im Verlauf der Beziehung mit ihnen vorgehen, sind nicht so sehr von der Dauer der Partnerschaft abhängig. Vor allem ihre sozialen Fähigkeiten, Fürsorglichkeit, Aufmerksamkeit, Geduld bleiben bei ihnen auf lange Sicht eher bestehen. Sie sind zwar nach Aussage ihrer Partner weniger sportlich und verlieren häufiger das Interesse an ihm sowie ihren Humor und ihre äußere Attraktivität, je länger die Beziehung dauert. Männer hingegen verlieren, nach Aussage ihrer Frauen, ihr Zielbewusstsein, die Attraktivität ihres Gesichts, ihre Großzügigkeit und eine für die Partnerschaft essentielle Eigenschaft: die Fürsorglichkeit. Sie verlieren aber auch ihre Anhänglichkeit, ihre Aufmerksamkeit, ihre erotischen Fähigkeiten, die Attraktivität ihres Körpers, ihren Humor und häufig auch das Interesse an ihr. Nicht sehr ermutigend – aber was kann man daraus lernen?

Allgemein haben Frauen in Langzeitbeziehungen mehr Veränderungen am Partner wahrgenommen als umgekehrt. Das kann einerseits damit zusammenhängen, dass sie aufmerksamer beobachten, andererseits verändern sich Männer vielleicht tatsächlich schneller zu ihrem Nachteil. Der alte Spruch »Männer heiraten, damit alles beim Alten bleibt, Frauen heiraten, damit es besser wird«, ist daher wohl nur aus der Perspektive des Mannes richtig. Da er es ist, der sich stärker verändert, meint er, die Frau bemühe sich ständig um Verbesserungen. Dabei versucht sie offenbar lediglich den Status quo zu erhalten.

Zwei Eigenschaften sind es vor allem, die der Frau die Langzeitbeziehung erträglicher machen: Geduld und Humor. Frauen fühlen sich wohler in der Beziehung, wenn er bei seiner Partnerwahl auf diese beiden Eigenschaften besonderen Wert gelegt hatte. Gab er an, dass ihm Geduld bei der Partnerwahl besonders wichtig war, korrelierte das sehr hoch mit ihrem Glücksempfinden. Fast bei jedem dritten Paar war sie glücklicher, wenn Geduld zu seinen bevorzugten Auswahlkriterien gezählt hatte. War ihm Humor besonders wichtig gewesen, korrelierte das ebenfalls positiv mit ihrer Zufriedenheit.

Die Ergebnisse lassen keinen Zweifel daran: Männer werden durch die Partnerschaft sozialisiert. Auf emotionaler Ebene attestieren ihnen ihre Partnerinnen Zuwächse bei der Selbstsicherheit, Fürsorglichkeit, der sozialen Einstellung und dem Einfühlungsvermögen. 13 Männer und 15 Frauen von 70 Versuchspaaren gaben an, die Einstellung ihres Partners sei sozialer geworden, das entspricht einem Fünftel. Auch Frauen werden daher entsprechend der Angaben ihrer Partner im Lauf der Partnerschaft sozialer. Allerdings wächst ihr soziales Empfinden deutlich proportional mit der Anzahl ihrer Kinder. Beim Mann ist die Anzahl der Kinder überhaupt nicht mit seinem verstärkten sozialen Empfinden korreliert. Man kann daher getrost davon ausgehen, dass es die Partnerschaft ist, das Zusammenleben mit einer Frau, die den Mann »gesellschaftsfähiger« macht. Eine Partnerschaft lässt also vor allem den Mann sozial verträglicher werden. Das sollte positive Auswirkungen auf eine Gesellschaft haben, in der viele glückliche Paare leben. Kein Wunder, dass die Gesetzgebung der meisten Kulturen ein derartiges Interesse an der Erhaltung von Paarbezie-

hungen hat. Wie wir später sehen werden, ist die Ehe eine Universalie. Auch große Firmen ziehen neuerdings, wenn sie verantwortungsvolle Positionen mit Männern besetzen, verheiratete unverheirateten vor.
Wie kann das sein? Die soziale Einstellung ist für Frauen wichtiger als für Männer. Vier Männer, aber nur eine Frau kreuzten bei der Frage nach der Bedeutung der sozialen Einstellung für die Wahl des Partners »nicht wichtig« an und mehr als doppelt so viele Frauen (27) wie Männer (13) beurteilten die soziale Einstellung als »sehr wichtig«.
Als Kind trichterte mir die Volksschullehrerin ein, wenn ich mich in der Stadt verirre, sollte ich mich an einen Polizisten oder an eine Frau wenden. Warum nicht an einen Mann? Ich hinterfragte das damals nicht, wahrscheinlich, weil ich in einer solchen Situation instinktiv eine Frau einem Mann vorgezogen hätte. Frauen sind also nicht nur sozialere Wesen, sie legen auch bei ihrem Partner entschieden mehr Wert auf diese Eigenschaft. Warum? Vielleicht ist es nicht so leicht, ein ausreichend sozial eingestelltes männliches Wesen zu finden, um eine glückliche Lebensgemeinschaft zu gründen. Sozial eingestellte Frauen gibt es wahrscheinlich in viel größerer Zahl, sodass es nicht so wichtig ist, ob ein Mann bei seiner Partnerwahl auf diese Eigenschaft achtet.
Frauen sind die sozialeren Wesen. Auf dieser Basis sind sie besser geeignet als Männer auf dem Partnermarkt ihre Wahl zu treffen, das Fundament einer Beziehung zu legen und diese so einzurichten, dass sich alle darin wohl fühlen. Männer geben nur allzu bereitwillig nach und überlassen ihren Partnerinnen das Feld – und zwar immer mehr, je länger die Beziehung dauert. Viele Männer fühlen sich in Langzeitbeziehungen offenbar nur mehr für das Familieneinkommen zuständig, alles andere ist Sache ihrer Partnerin. Ist das nun der Weisheit letzter Schluss? Können zwei Menschen nur dann miteinander glücklich werden, wenn die Rollen traditionell verteilt sind? Was ist mit den mühsam erkämpften Rechten der Frauen auf Gleichstellung in der Gesellschaft und im Beruf?
Sind Partner, die traditionelle Rollenaufteilung praktizieren, tatsächlich glücklicher als Partner, die einander flexiblere Entwick-

lungsmöglichkeiten einräumen? Nein! Die Ergebnisse dieser Untersuchung zeigen deutlich, dass die starre, traditionelle Rollenaufteilung unglücklich macht.
Männer und Frauen geben an, eher glücklich zu sein, wenn gerade diese Rollenklischees aufgeweicht sind. Ein Viertel der Frauen gab an, glücklicher zu sein, wenn sie das Gefühl hatten, auch zum Einkommen beizutragen, ein Fünftel immerhin gab an, glücklicher zu sein, wenn der Mann der Ansicht war, dass auch seine Partnerin für das Einkommen zuständig sei. Bei ihm gibt es in diesem Punkt keine Korrelation mit seinem Glücksempfinden. Ihm ist es offenbar egal, ob seine Frau zum Einkommen beiträgt oder nicht.
Jeder vierte Mann und jede dritte Frau sind eher glücklich, wenn er findet, dass sie für die Zukunftspläne zuständig ist. Auch überlässt er ihr gerne einen Anteil bei den Investitionen. Gibt sie an, eher für die Investitionen zuständig zu sein, ist ein Fünftel aller Männer eher zufrieden. Findet sie, dass auch er für die Kindererziehung zuständig ist, fühlt er sich glücklicher. Anders gesagt: Wenn jeder Partner sich auch im traditionellen Rollenkästchen des anderen verwirklichen kann, gibt es insgesamt mehr Zufriedenheit in der Beziehung.
Männer legen auch Wert auf das Wohlergehen ihrer Lieben, verlieren dabei aber nie ihre eigenen Interessen aus den Augen. Sie sind es, die mehr Sex und mehr Freiräume brauchen. Vor allem aber mehr Sex. Bei der Frage »Wer braucht mehr Sex?« versah mancher Mann das angekreuzte Kästchen »er« mit einem oder mehreren Rufzeichen. Ein erfülltes Sexualleben ist für Männer eher als für Frauen mit Glücksempfinden gekoppelt. Sein Glücksempfinden ist leicht negativ korreliert mit seiner, aber auch mit ihrer Angabe darüber, wer mehr Sex braucht. Das heißt, Männer fühlen sich glücklicher, wenn ihre Partnerinnen genauso an Sex interessiert sind wie sie selbst. Bei Frauen gibt es keinen Zusammenhang zwischen ihrem Glücksempfinden und ihrem oder seinem Bedürfnis nach Sex.
Das gesteigerte Bedürfnis nach Eigenständigkeit ist auch Ausdruck des starken männlichen Bedürfnisses nach Selbstdarstellung und -verwirklichung. Vielleicht liegt hier der blinde Fleck

des weiblichen Geschlechts. Frauen haben oft Mühe, zu verstehen, warum ein Tennismatch, ein Kegelabend oder die Stammtischrunde dem Familienprogramm vorgezogen werden. Man hat sich ja ohnehin die ganze lange Arbeitswoche nicht gesehen, wozu also noch mehr Freiräume? Männer versuchen aber weniger von der Familie und von lastenden Verpflichtungen freizukommen, als individuelle Anerkennung und Bestätigung zu finden, die ihnen Beruf oder Familie einfach nicht geben können.
Das Bedürfnis, sich selbst in der Rangordnung der Männer eine gute Position zu sichern, ist Teil des männlichen Balzverhaltens. Indem er das tut, will er ihr damit gefallen. Es gibt keine bessere Werbung, als von anderen Menschen geachtet oder bewundert zu werden. Statussymbole werden daher eher von Männern als von Frauen angestrebt – als Insignien der Macht.[1] Ein Mann kann seine Person dadurch aufwerten, dass er eine attraktive Partnerin für sich gewinnt. Daher ist auch das große Interesse der männlichen Probanden an der Attraktivität ihrer Partnerin verständlich.[2] In dieser Untersuchung haben die Männer Äußerlichkeiten deutlich höher bewertet als die Frauen. Die Attraktivität des Gesichts rangiert bei Männern auf Platz 5 der wichtigsten Kriterien bei der Partnerwahl (3,21 Punkte), also gleich hinter den vier Spitzenreitern Aufrichtigkeit, Interesse an mir, Humor und Einfühlungsvermögen. Die Attraktivität des Körpers liegt auf Platz 7 (3,07 Punkte) und ist ebenfalls wesentlich höher bewertet als bei den Frauen. Bei deren Partnerwahl kam die Attraktivität des Gesichts erst auf Rang 12 (2,90 Punkte) und die des Körpers gar erst auf Rang 17 (2,66 Punkte). Weniger wichtig war den Frauen nur die Sportlichkeit, der berufliche Erfolg, die Anhänglichkeit, die künstlerischen Fähigkeiten und die religiöse Einstellung. Frauen waren die äußerlichen Kriterien deutlich weniger wichtig als Männern.
Das Selbstwertgefühl eines Mannes ist viel mehr als das der Frau von seinen Möglichkeiten zur Selbstbestätigung abhängig. So sind Männer in der Partnerschaft zufriedener, wenn sie glauben, dass die Initiative zur Partnerschaft von ihnen ausgeht. Beantwortete ein männlicher Proband die Frage »Wer glaubte zuerst an eine dauerhafte Partnerschaft?« mit »eher er« oder »er«, korrelierte das positiv mit seinem Glücksempfinden. Bei den weib-

lichen Probanden gab es keinen derartigen Zusammenhang. Die Tatsache, dass sie als Erste an eine fixe Beziehung glaubte, hat mit ihrem späteren Glücksempfinden nichts zu tun.

Eine unangenehme Nebenwirkung dieses gesteigerten Bedürfnisses nach Anerkennung und Selbstdarstellung sind wohl das Dominanzbedürfnis des Mannes und sein Besitzdenken. Bei unseren Versuchspersonen waren es nur die Frauen, die unter Aggressivität des Partners und sexueller Eifersucht zu leiden hatten.

Fragt man Frauen und Männer nach dem Wichtigsten in ihrem Leben, zeichnet sich die weibliche Tendenz zum Sozialen, Integrativen wieder deutlich ab. Das Wichtigste für Frauen ist das Wohlergehen ihrer Familie, Gesundheit und gegenseitige Wertschätzung. Frauen haben auch häufiger soziale Anliegen wie Toleranz gegenüber anderen, den Freundeskreis, Abbau von negativen Eigenschaften und Ähnliches angegeben.

Im Prinzip steht auch bei Männern das Wohlergehen der Familie im Vordergrund. Viel häufiger als Frauen nennen sie jedoch auch persönliche Anliegen wie Sex, Sport oder Erfolg als das Wichtigste in ihrem Leben. Keines dieser drei Dinge wurde auch nur von einer einzigen Frau als das Wichtigste genannt. Beide Partner wünschen sich auch eine Intensivierung der Beziehung, jeder aber auf seine eigene, sehr geschlechtertypische Art. Frauen wünschen sich mehr Zeit und gemeinsame Unternehmungen, Männer wünschen sich mehr Sex.

Wie kann es sein, dass Mann und Frau, die füreinander bestimmt sein sollten, so wenig kompatibel erscheinen? Oder anders herum gefragt: Wie kann es sein, dass zwei Wesen mit derart grundverschiedener Ausstattung und teilweise konträren Bedürfnissen immer wieder zusammenfinden? Weit entfernt davon, willentlich beeinflussbar zu sein, entwickelt die Paarbildung eine Eigendynamik, der außerordentlich starke Kräfte zugrunde liegen.

Romantische Liebe –
im Glücksrausch der Gefühle

Beginnen wir da, wo die meisten Partnerschaften anfangen: mit dem Rausch der ersten Verliebtheit.
Ist es nicht seltsam, dass von den unzähligen zwischenmenschlichen Begegnungen, die wir im Lauf unseres Daseins erleben, nur ganz bestimmte Menschen unter ganz bestimmten Umständen unser Herz erobern? Überlegen Sie einmal, mit wie vielen Leuten Sie an einem einzigen Tag Ihres Lebens zu tun haben. Mit Kollegen, Vorgesetzten, Geschäftspartnern, dem Bäcker, dem Fitnesstrainer, dem Busfahrer, dem Kolporteur, dem Freundeskreis und dem erweiterten Freundeskreis des Freundeskreises, Zufallsbekanntschaften – flüchtige Begegnungen an der Ampel, in der U-Bahn, im Kaffeehaus; die Möglichkeiten sind nahezu grenzenlos. Multiplizieren Sie diese Begegnungen eines Tages, also vielleicht zwanzig, mit 365 und dann noch einmal mit fünfzig – der Anzahl der Jahre, die wir mit ein bisschen Glück als Erwachsene zubringen dürfen – und sie kommen auf eine Zahl jenseits der dreihundertfünfzigtausend.
Wir sind eine gesellige Spezies, wir Menschen. Wir teilen uns gerne mit, hören gerne Geschichten über andere, sind neugierig auf unsere Artgenossen. Doch bei all den Gelegenheiten, die sich im Lauf eines Menschenlebens theoretisch ergeben würden, mit jemandem ein Paar zu werden, fällt auf, wie wählerisch wir im Grunde sind. Wir schlafen nicht gleich mit jedem, dem wir die Hand geben.
Nein, wir neigen dazu, uns zuerst zu verlieben, und das nicht in jede oder jeden X-Beliebigen. Überhaupt sind bei uns Menschen die romantischen Gefühle nicht mit sexuellen Gefühlen identisch. Es sind zwei eigenständige, außergewöhnliche Gefühlszustände,

die natürlich nicht zufällig so oft gemeinsam auftreten. Beide stehen im Dienste des ältesten Motivs, das das Leben kennt: sich fortzupflanzen. Wobei die romantische Liebe eine Spezialität des Menschen sein dürfte. Wenn sich Tiere verlieben, dann nur unsere allernächsten Verwandten, die Primaten. Doch selbst das ist umstritten. Um romantische Gefühle zu empfinden, muss man ein hoch entwickeltes Gehirn besitzen, das über diese Empfindungen nachdenken kann, ihnen Bedeutung gibt, sie immer wieder abruft und sie damit noch außergewöhnlicher macht. Zu diesem ultimativen emotionalen Kick sind wahrscheinlich wirklich nur wir Menschen fähig.

Sie kennen das Sprichwort: »Wo die Liebe hinfällt.« Damit ist gemeint, dass die Liebe unberechenbar ist, jeden treffen kann, und zwar ausnahmslos. Das stimmt – zum Teil. Doch meistens verwenden wir diesen Ausspruch für ungleiche Liebende wie das Supermodel und den Pizzabäcker oder den US-Präsidenten und die Praktikantin und meinen damit eigentlich, dass jeder mit jedem zusammenkommen kann. Aber das ist nicht ganz richtig. Selbst die »unmöglichsten« Paare verlieben sich nicht zufällig oder gar beliebig. Unberechenbar ist allerdings, wann es einen erwischt und wo.

Bevor wir aber der spannenden Frage nachgehen, wer sich in wen verliebt und warum, verweilen wir noch einen Augenblick in Ehrfurcht vor der romantischen Liebe – der Königin der erlesenen Gefühle. Der Sinnesrausch, den wir erleben, wenn Amors Pfeil uns trifft, macht vor niemandem Halt. Nicht nur junge Leute verlieben sich, sondern Menschen aller Altersklassen. Nicht nur hier bei uns, sondern überall auf der Welt. Die Schwärmerei ist universell und sehr robust. Nicht einmal, wer sich gegen sie sträubt, kann ihr entrinnen. Wir stehen plötzlich für jemanden in Flammen, ob wir es wollen oder nicht – egal ob unsere Gefühle erwidert werden oder auch nur die geringste Chance haben, erwidert zu werden.

Die Liebe ist selbst im dritten Jahrtausend noch ein Mysterium. Eine unerklärliche Macht. Viele Menschen sehen in der Liebe den Sinn des Lebens schlechthin, einen Anreiz, jeden Morgen aufzustehen und sich den Mühen des Alltags täglich aufs Neue zu stellen. Wer der Liebe noch nie ins Auge geblickt hat, sucht sie, und wer sie gefunden hat, richtet sein ganzes Leben nach ihr aus. Menschen tun die verrücktesten Dinge für die Liebe – aber auch die verzweifeltsten. Die Weltliteratur ist voll von tragischen Gestalten, die an unerfüllter Liebe zerbrechen oder zugrunde gehen: von Romeo und Julia bis zu den Liebenden von Pont-Neuf.

Ist die Liebe eine Himmelsmacht? Oder gibt es selbst für diesen überschwänglichen Gefühlsrausch eine Erklärung?

Schon früh haben Menschen versucht, Mittel für und gegen die Allmacht der Liebe zu finden – bis heute vergebens. So wie einst die Alchemisten des Mittelalters versuchten Liebestränke zu mischen, um der unheimlichen Macht des Verliebtseins Herr zu werden, so versuchen heute WissenschaftlerInnen einen Blick in die körpereigene Hexenküche zu werfen, um die Krönung der menschlichen Gefühlswelt zumindest besser zu verstehen. Denn was fast jeden Menschen wenigstens einmal im Leben an den Rand des Wahnsinns treibt, ist aus dem Blickwinkel von Gehirn- und HormonforscherInnen nichts anderes als ein Konzert einiger chemischer Substanzen, die unseren Verstand vorübergehend schachmatt setzen.

Verliebte Menschen befinden sich in einem körperlichen und geistigen Ausnahmezustand. Wer es erlebt hat, weiß, wovon wir sprechen. Der Puls ist permanent erhöht, das Herz schlägt bis zum Hals, erst recht, wenn sich die oder der Angebetete nähern. Feuchte Hände, flauer Magen, geweitete Pupillen. Die Gedanken drehen sich im Kreis – eigentlich sollte man im Büro vor Arbeitswut bersten, doch ach! Stattdessen sitzt man in sich versunken da und kann immer nur an sie oder ihn denken. Nachts wälzt man sich schlaflos herum. Ob er auch gerade an mich denkt? Warum sie noch nicht angerufen hat? Liebestolle Zeitgenossen haben nicht nur Stress und süße Seelenqual, sie zeigen nach jüngsten Forschungsergebnissen alle Anzeichen klinischer Geisteskrankheit. Kein Wunder, denn im Gehirn verliebter Turteltäubchen spielen die Neurotransmitter buchstäblich verrückt.

Seit sich nicht nur Dichter und Dichterinnen mit der Liebe beschäftigen, sondern auch WissenschaftlerInnen, gibt es einige spannende Einblicke in die Abläufe und den Ursprung dieses biochemischen Hokuspokus, der Menschen überall auf der Welt begeistert, berauscht, ins Unglück stürzt – ihnen schlichtweg den Verstand raubt.

Donatella Marazziti ist Psychiaterin an der Universitätsklinik Pisa. In der Stadt, in der bekanntlich auch die Wahrzeichen Schräglage haben, beschäftigt sich Professoressa Marazziti mit einer Geisteskrankheit. Sie arbeitet mit Patienten, die an Zwangsneurosen leiden, genauer gesagt an obsessiven Vorstellungen und zwanghaftem Verhalten. Diese Patienten müssen einen Gedankengang oder eine Handlung immer und immer wiederholen. Händewaschen, kontrollieren, ob die Tür auch gut versperrt ist, und so weiter. Es muss enervierend sein, an diesem Syndrom zu laborieren, nicht nur weil man dazu verdammt ist, ständig dasselbe zu tun oder denken. Wer von dieser Krankheit betroffen ist, wird auch noch von nagenden Angstgefühlen gequält, die ihm keine Wahl lassen, als dem Zwang immer wieder von neuem nachzugeben.

Donatella Marazziti hatte bemerkt, dass Verliebte durch dieselben Symptome auffallen wie ihre langjährigen Patienten. Sie sind unfähig sich gedanklich vom Objekt ihrer Begierde abzuwenden. Es ist, als würden ihre Gedanken, wie die Nadel auf einer alten Platte, an immer derselben »Scharte« hängen bleiben. Na ja, wir wissen es ja: Wer verliebt ist, ist fixiert. Immer und immer wieder rufen sich Verliebte die Augenblicke der Glückseligkeit in Erinnerung, lassen das, was der oder die Geliebte gesagt oder getan hat, in einer Endlosschleife Revue passieren. Ob das zwanghafte Verhalten frisch Verliebter gleichen Ursprungs sein könnte wie das ihrer Patienten, fragte sich die Seelenärztin?

Ihre Zwangsneurotiker hatten alle einen auffallend niedrigen Serotoninspiegel. Serotonin ist ein Botenstoff im Gehirn, der im Allgemeinen für gute Laune sorgt. Dazu braucht es allerdings eine ganz bestimmte Menge im Blut. Fällt der Serotoninspiegel unter sein normales Maß, geht es der Psyche an den Kragen und üble Laune, Antriebslosigkeit bis hin zu ernsthaften Depressionen sind die Folge. Die Angstzustände, unter denen Zwangsneurotiker zu leiden haben, gehen mit größter Wahrscheinlichkeit auf das Konto ihres zu niedrigen Serotoninspiegels.

Ein Bluttest an zwanzig frisch verliebten Studenten und Studentinnen ergab eine erstaunliche Übereinstimmung des Serotoninspiegels von Zwangsneurotikern und Verliebten.[1] Ihre Serotoninwerte lagen im Durchschnitt um 40 % unter den Werten der psychisch gesunden, nicht verliebten Kontrollgruppe. Damit scheint also wissenschaftlich erwiesen, was der Volksmund in fast jeder Sprache weiß: Verliebte sind verrückt; verrückt nach einander, liebestoll. Die Amour fou, Crazy Little Thing Called Love, Love Sick Fool – all diese Redensarten lassen keinen Zweifel: Liebe ist grenzwertig, ja sogar im klinischen Sinn »verrückt«.

Aber Serotonin ist bei weitem nicht die einzige Substanz, die an der Schwärmerei beteiligt ist: Auch Adrenalin wird reichlich ausgeschüttet. Dieses körpereigene Aufputschmittel sorgt für Hochspannung – es versetzt den Körper in Alarmbereitschaft. Die gleichen Stresssymptome, die uns vor Prüfungen peinigen, bekommen auch Verliebte zu spüren: Sie erinnern sich – die feuchten Hände, der schnelle Puls, das atemlos-zappelige Gefühl – all das ist das Werk des Botenstoffs Adrenalin. Nebenbei verbessert diese Turbodroge auch noch die Zuckerverbrennung in den Zellen – die Energiereserven des Körpers scheinen für einige Zeit unerschöpflich zu sein. Wir sind bereit für den »Liebes-Marathon« – nach dem Motto: Jetzt bloß nicht schlappmachen.

Der chemische Gegenspieler des Adrenalin und seine Vorläufersubstanz, das Noradrenalin, ist für die schwärmerische, romantische Liebe vielleicht noch wichtiger – hat es doch einen direkten Draht zum Hypothalamus, der Schaltzentrale des Gehirns für die Hormonproduktion. Noradrenalin sorgt dort für die vermehrte Ausschüttung von Sexualhormonen, die das körperliche Verlangen nach der oder dem Angebeteten ins Unermessliche steigern. Es führt zu dem sprichwörtlichen Liebeshunger, der am Anfang einer Beziehung kaum zu stillen ist.

Doch ohne Abhängigkeit ist die Wirkung der besten Droge umsonst. Auftritt: Dopamin. Dopamin ist einer der wichtigsten Botenstoffe des zentralen Nervensystems. Es gehört zu jenen Substanzen, die Sinnesreize, welche permanent in Form von elektrischen Impulsen und chemischen Signalen im Hypothalamus eintreffen, in Gefühle und Empfindungen übersetzen – angenehme oder unangenehme, aufregende oder wohlig-entspannte, Wut,

Freude, Sorge, Lust oder Ekstase. Dieses Hormon wirkt direkt auf das Belohnungszentrum im Gehirn. Ist reichlich Dopamin vorhanden, macht sich ein wohliges, glückseliges Gefühl der Erfüllung breit. Nach genau diesem Kick wird das Gehirn süchtig und verlangt nach mehr. Drogen wie Kokain wirken in genau derselben Weise – und machen ihre Konsumenten bekanntermaßen süchtig.

Bei Verliebten ist der Dopaminspiegel stark erhöht. Auch sie sind vorübergehend süchtig nach der oder dem Einen. Dieser Trip ist jedoch wahrscheinlich der einzige, der gesundheitlich ohne Konsequenzen bleibt. Denn bei den meisten verliebten Paaren legt sich die Sucht nach eineinhalb bis drei Jahren ganz von selber. Ihre Gefühle füreinander steuern etwas ruhigere Gewässer an. Doch bei anderen bleibt die unstillbare Sucht nach dem verrückten, übermütigen, überschwänglichen Gefühl der Schwärmerei. Psychologen nennen diese Leute »Liebes-Junkies«. Sobald die »Abkühlphase« in ihrer Liebesbeziehung beginnt, suchen sie das Weite und taumeln so von einer oft unglücklichen Affäre zur nächsten, nur um sich immer wieder an diesem tollen Gefühl der Verliebtheit, diesem Kick der Schwärmerei zu berauschen. Sie müssen sich, wie andere Drogenabhängige, immer wieder einen Schuss Amour fou setzen. Ärzte, die sich mit diesem Syndrom beschäftigt haben, vermuten, dass ein Fehler bei der Nachrichtenübermittlung im Gehirn schuld daran ist.

Eine amerikanische Psychiatergruppe um Michael Liebowitz vom New York State Psychiatric Institute hat sogar mit einer hochexperimentellen Behandlung solcher Patienten begonnen.[2] Dabei haben sie jene Substanz auszuschalten versucht, die sie für den Übeltäter fehlgeleiteter Liebessucht hielten – mit erstaunlichem Erfolg. Schlüssel zu ihrer Studie ist jener Stoff, der die Lawine an chemischen Reaktionen lostritt, der sozusagen schuld ist, wenn der Blitz einschlägt.

Was passiert eigentlich genau, wenn wir uns vergucken? Die Liebeshormone sprudeln ja nicht einfach von allein los. Sie brauchen einen Anstoß, einen Reiz von außen, um ihr »Liebeswerk« in Gang zu bringen. Ein solcher Impuls kann uns über die Augen, Ohren, die Nase, ja über all unsere Sinnesorgane erreichen. Jeder weiß aus eigener Erfahrung, wie unwiderstehlich das Äußere eines Menschen wirken kann, seine Haltung, wie er sich bewegt, winzige Gesten, die vielleicht nur jenem Menschen auffallen, der sich in ihn verlieben wird. Manchmal sind diese Signale so magnetisch, dass man kaum den Blick von dem besagten Menschen abwenden kann. So sehr sind wir von seinen Augen, Händen, seinem Lachen gefesselt. All das registrieren wir manchmal in Sekundenbruchteilen – das ist Liebe auf den ersten Blick.

Noch diskreter verführen uns Gerüche oder Stoffe, die paradoxerweise geruchlos sind. Die so genannten Pheromone sind Sexuallockstoffe, die über ein schon längst tot geglaubtes Organ in unserer Nase ihre Wirkung im Gehirn entfalten. WissenschaftlerInnen dachten lange Zeit, dass das vomeronasale Organ, ein kleines Grübchen am Inneren der Nasenscheidewand, sich beim Menschen zurückgebildet hätte und nur noch bei Tieren existieren würde, deren Liebesleben überwiegend instinktgesteuert ist. Weit gefehlt: Auch wir besitzen diesen »Urzeit-Riecher«, der sexy Ausdünstungen wahrnimmt – und er hat mehr Macht über uns, als wir vielleicht ahnen. So empfinden Frauen ein Tröpfchen Männerschweiß an ihren fruchtbaren Tagen als Wohlgeruch – an allen anderen Tagen als widerlichen Gestank.[3] Wer zusammenfindet, muss sich riechen können. Und diese Entscheidung fällt ganz sicher unterbewusst. In jedem Fall spielt der Geruch eines Menschen eine große Rolle in der Liebe.

Und dann erst die Stimme! Ich kenne viele Menschen, die sich schon am Telefon unsterblich verliebt haben. Sie können zwar nicht genau sagen, was an der Stimme sie so begeistert hat, dennoch waren sie nach dem Gespräch mit einem Unbekannten völlig aus dem Häuschen. Aber vielleicht ist ja genau das der Clou: Die Stimme ist das Einzige, was die Person am anderen Ende der Leitung von sich preisgibt – und die ist hinreißend. Der Rest bleibt der Fantasie überlassen und die ergänzt das Bild mit all jenen Details, die man als Vorstellung vom Idealpartner im Kopf hat.

Jeder Mensch entwickelt im Lauf seines Lebens Vorlieben für bestimmte Eigenschaften oder Merkmale an seinen Mitmenschen. Manche WissenschaftlerInnen glauben, dass das schon sehr früh geschieht: Zwischen dem dritten und dem achten Lebensjahr wird die persönliche Liebesschablone geprägt, mit der sich ein Jugendlicher später auf die Suche nach geeigneter Ergänzung begibt.[4] Das meiste davon geschieht unterbewusst. Vieles davon beeinflussen die Eltern und Geschwister, Freunde der Familie – jene Menschen, die von Anfang an den engsten Kontakt zu einem haben. Die Art, wie einen Mama und Papa in den Arm nehmen, welche Art von Humor in einer Familie herrscht, wie Papa an der Pfeife zieht oder Mama sich die Haare aus der Stirne streicht. Die Interessen, der Umgang miteinander, die Traditionen, die in einer Familie gepflogen werden; all das formt nach und nach die Partnerschablone für später. Sie bleibt auch im Erwachsenenalter noch plastisch – wird also immerzu ergänzt und angereichert mit den Erfahrungen aus glücklichen oder weniger glücklichen Beziehungen.

Das erklärt, wieso es – bei all den theoretischen Möglichkeiten, sein Herz zu verlieren – gerade der eine oder die eine sein muss. Die komplexe, aber formbare Partnerschablone erklärt auch, wieso Menschen gelegentlich ihren Typ ändern. Und sie erklärt, warum Menschen eine so kuriose Vorliebe für Ähnliches oder Vertrautes haben. Studien konnten zeigen, dass Menschen am häufigsten innerhalb eines Bezirks heiraten, manche sogar nur ein paar Blocks weiter.[5] Leute ähnlicher Bildung, aus ähnlichen familiären Verhältnissen mit ähnlichen Berufen, ähnlicher politischer oder religiöser Überzeugung finden häufiger zusammen als andere. Auch äußerlich ähneln sich Partner mehr, als sie sich unterscheiden. Größe, Gewicht, Statur, aber auch Ähnlichkeiten im Gesicht, bis hin zu kuriosen Übereinstimmungen wie ähnlichen Ohrläppchenformen, haben WissenschaftlerInnen bei Paaren konstatiert.[6] Und warum? Weil wir uns zu Ähnlichem hingezogen fühlen. Gleich und gleich gesellt sich tatsächlich gern.

So entwickeln wir eine Neigung für eine kultivierte Stimme in einer bestimmten Tonlage, die unser Großhirn angenehm erschauern lässt. Aber auch animalische Vorlieben für Körperausdünstungen, die über die Tiefen unseres urtümlichen Stammhirns ins Unterbewusstsein eindringen, weisen uns den Weg zu dem Menschen, in den wir uns Hals über Kopf verlieben.

Wann immer uns ein solcher Reiz erreicht, wird er von einer unserer etwa 100 Milliarden Nervenzellen im Gehirn weitergeleitet – von einer Nervenzelle zur nächsten. Damit das Signal weitergeleitet werden kann, bedarf es je nach Gehirnregion bestimmter Botenstoffe, die den elektrischen Impuls in einen chemischen verwandeln, um ihm über die Zwischenräume, oder Synapsen, zwischen den einzelnen Nervenzellen zu helfen. Um einen der vorhin beschriebenen »Liebesimpulse« zu verwerten, reist er vermutlich vom limbischen System, wo vereinfacht gesagt unsere primären Empfindungen wie Wut, Freude, Angst und Lust entstehen, über bestimmte Nervenbahnen in die große verschlungene graue Substanz des Großhirns, das riesig und erhaben über all den älteren Gehirnregionen thront – ein Inbegriff der intellektuellen Kapazität des Menschen. Hier wird nachgedacht, bewertet und beurteilt.

Jener Stoff, der ein aufregendes Signal wie eine samtige Stimme, einen plüschigen Augenaufschlag oder ein strahlendes Lächeln nicht in den Tiefen unseres instinktgesteuerten Gehirns verhungern lässt, ist PEA, Phenylethylalanin. Es trägt den reizvollen Reiz von Schwelle zu Schwelle, von Zelle zu Zelle bis in die Weiten des Großhirns, damit es nach kurzem Überlegen »toll!« sagen kann und sich daraufhin ein Hochgefühl verbreitet. Dieses Hochgefühl ist das Werk von PEA, einem körpereigenen Amphetamin – einer euphorisierenden Substanz, die in größeren Mengen, ebenso wie ihre künstlich-chemischen Verwandten, süchtig macht. Wenn man Mäusen diese Turbodroge injiziert, springen sie wie toll und quietschen vor Vergnügen. Eine Studie an 33 glücklich verliebten Paaren zeigte, dass ihre PEA-Werte deutlich erhöht waren.[7]

Genau dieses Tonikum scheint der Grund zu sein, warum manche Menschen zu nimmersatten Romantik-Junkies werden. Aber nicht weil sie zu viel davon haben. Im Gegenteil. Die Vermutung, dass sich das unstillbare Verlangen nach romantischen Gefühlen erst durch ein Defizit an PEA entwickelt, hat sich eindrucksvoll bestätigt. Michael Liebowitz vom New York State Psychiatric Institute entschloss sich, einen Patienten mit einer Substanz zu behandeln, die als Antidepressivum eingesetzt wird. Sie blockiert ein

Enzym, das PEA in seine Bestandteile zerlegt und damit seine beglückende Wirkung zerstört.[8] Der Erfolg war verblüffend. Durch die Unterdrückung dieses stimmungstötenden Enzyms schnellte der PEA-Wert des Patienten in die Höhe. Von da an normalisierte sich auch sein unglückliches Liebesleben. Anstatt ständig neue Liebschaften zu konsumieren ohne jemals satt zu werden, stellte sich auch bei ihm ein normaler Beziehungsablauf ein. Zu viel PEA kann man gar nicht haben, denn wenn das Gehirn genug vom PEA-Ansturm hat, werden die Rezeptoren an den Nervenenden stumpf und unempfindlich gegen seine anregende Wirkung. Die verrückten Gefühle verfliegen. Allerdings, wie das Beispiel der Liebessüchtigen zeigt, muss das Gehirn erst eine ausreichende Dosis bekommen, um sich anschließend selbst auf Entzug zu setzen.

Auch die Anthropologin Helen Fisher von der Rutgers University bei New York hat die Beteiligung der Stoffe Serotonin, Dopamin und Noradrenalin in einer Studie an 13 verliebten Testpersonen nachgewiesen.[9] Der Serotoninspiegel ihrer Probanden war, so wie bei Donatella Marazzitis Zwangsneurotikern, total im Keller. Dopamin und Noradrenalin fand sie hingegen in Hülle und Fülle.

Ein Thema – unzählige Variationen. Romantische, schwärmerische Liebe ist ein Konzert von Botenstoffen, Sexualhormonen und körpereigenen Drogen, deren Auf und Ab das orchestrieren, was sich für uns wie Verliebtsein anfühlt. Sucht, Verlangen, Angst, Lampenfieber, Stress, Entzug – all die überwältigenden Gefühle, denen sich Menschen nicht entziehen können. Warum dieser ungeheure Aufwand, dieser enorme Energieverschleiß, der mit dem Verliebtsein einhergeht, fragte sich die renommierte US-Anthropologin Fisher, und hat eine der überzeugendsten Theorien zur Evolution der romantischen Liebe entworfen.

Helen Fisher glaubt an eine bestimmte biologische Zweckmäßigkeit dieses biochemischen und emotionalen Luxus. Die Natur lässt sich etwas so Extravagantes wie die Schwärmerei nur einfallen, wenn sie damit etwas aus ihrer Sicht Sinnvolles herbeiführt. Aber was könnte das sein? Fisher vermutet hinter der romantischen Liebe, diesem plötzlichen Gefühlsrausch, den wir empfinden, wenn wir für jemanden schwärmen, eine Strategie, die letztendlich die Reproduktionschancen des Einzelnen steigert. Der Eisprung von Menschenfrauen erfolgt ja im Geheimen. Niemand sieht einer Frau an, wann sie fruchtbar ist. Anders als unsere haarigen Cousinen, die Schimpansen oder Bonobos, haben Menschenfrauen keine auffallenden roten Schwellungen mehr am Popo, die Männern signalisieren würden: Es ist so weit. Wer also als Mann sichergehen will, dass er der Vater seiner Kinder ist, nimmt sich am besten eine Frau und weicht ihr – bis sie schwanger ist – nicht von der Seite. Außerdem: Die wenigsten Frauen werden gleich beim ersten Versuch schwanger. Deshalb haben eher jene Paare Erfolg, die es einige Zyklen hindurch immer wieder probieren. Und das tun die meisten nur dann freiwillig, wenn sie verliebt sind und der Sex gut ist.[10]

Es ließe sich beim besten Willen keine elegantere Konstruktion denken, als eine Frau und einen Mann durch einen hormonellen Rausch so lange aneinander zu binden, bis sie erfolgreich Nachwuchs gezeugt haben.

Liebesrausch und Sex – ein eleganter Doppelpass der Natur, der dafür sorgt, dass unsere Art dem Globus erhalten bleibt. Aber die beiden allein genügen noch nicht, um aus liebestollen Teenagern aufopfernde Eltern zu machen. Für den Fortbestand unserer Art bedarf es einer weiteren Säule, auf der die Partnerschaft sicher ruht: der Bindung. Mit ihr gehen jene innigen Gefühle einher, die zwei Menschen auf längere Zeit zusammenschweißen. Bindung, Verliebtheit und Sex sind die biologische Dreifaltigkeit – wir nennen sie die drei Grazien –, die dafür sorgen, dass sich das Karussell der Liebe, Paarbildung und Fortpflanzung ewig weiterdreht, komme was da wolle. In Krieg und Frieden, guten und schlechten Zeiten – Menschen werden sich immer verlieben, Kinder zeugen und großziehen.

Auch die dritte Grazie, die Bindung, die uns im nächsten Kapitel noch ausführlich beschäftigen wird, hat, wie ihre beiden Schwestern, eine chemische Entsprechung.

So wie die Flut der Liebesdrogen das Gehirn und den Körper Jungverliebter überschwemmt, ebben die leidenschaftlichen, suchtähnlichen Gefühle nach eineinhalb bis drei Jahren wieder ab. Entweder weil sich das Gehirn mit der Zeit an den Ansturm der Hormone gewöhnt und sie auf diese Weise an Wirkung verlieren, oder weil das Gehirn von sich aus und aus purem Selbstschutz dem verschwenderischen, ruinösen Treiben der Hormone ein Ende bereitet.

Die Paare kommen nach der ersten stürmischen Passage in ruhigere Gewässer. Auch die so genannte Bindungsphase wird von ganz bestimmten Botenstoffen begleitet, die dem neuen Beziehungsabschnitt ihren charakteristischen Stempel aufdrücken. Innigkeit, Nähe, Fürsorge und Anhänglichkeit sind jetzt gefragt, wenn es gilt, aus zwei stürmischen Liebenden eine Familie zu machen.

Allen voran sind es zwei Hormone, die sich unserer Gedanken bemächtigen. Vasopressin, das während der Geburt für die Kontraktionen der Gebärmutter sorgt und sie nachher wieder auf ihre ursprüngliche Größe schrumpfen lässt, und Oxytocin, das wunderbare »Kuschelhormon«, das frisch gebackene Mütter überschwemmt, wenn sie ihre Babys im Arm halten und von dem bei allen innigen Liebesbeziehungen eine reichliche Menge im Spiel sein dürfte.

Oxytocin und Vasopressin haben durch eine bereits klassische Untersuchung an amerikanischen Wühlmäusen Berühmtheit erlangt. Diese knopfäugigen Nagetiere leben als zwei Unterarten in den USA. Äußerlich kaum zu unterscheiden, sind die beiden gerade in ihrem Sexual- und Brutpflegeverhalten auf eigenartige Art verschieden. Die einen, die Präriewühlmäuse, bleiben oft ein Leben lang mit einem Partner zusammen und ziehen gemeinsam ihre Jungen auf; ihre Vettern, die Bergwühlmäuse, sind eher umtriebiger Natur. Es hält sie nicht lange bei einem Partner. Deshalb mussten diese beiden Arten über kurz oder lang zum Ziel verhaltensphysiologischer Untersuchungen werden.

Thomas Insel von der Emory University in Atlanta untersuchte den Hormonhaushalt der Tierchen und stellte fest, dass die leichtlebigeren Bergwühlmäuse überraschend wenig Oxytocin und Vasopressin produzierten, während ihre treu sorgenden, Prärie bewohnenden Anverwandten reichlich davon im Blut hatten.[11] Die Bergwühlmäuse hatten auch weniger Rezeptoren für die beiden Hormone im Gehirn als die Präriewühlmäuse. Das brachte Thomas Insel auf eine subversive Idee.

Er spritzte den treuen Prärienagern ein Medikament, das die Wirkung von Oxytocin unterbindet, worauf die Tierchen plötzlich nichts mehr von Monogamie wissen wollten und nur mehr auf schnellen Sex aus waren. Dafür ließ ein gentechnischer Kunstgriff die von Natur aus treulosen Bergwühlmäuse zu leidenschaftlich häuslichen Familiennagern mutieren.

Sicher, Menschen sind keine Nagetiere. Aber Vasopressin und Oxytocin sind auch an fürsorglichen Gefühlen bei uns Menschen beteiligt. Sie sorgen mit den angenehmen Empfindungen, die sie uns bescheren, dafür, dass es sich lohnt, zusammen zu sein und zusammen zu bleiben, sich die Mühe anzutun, Kinder großzuziehen und die Familie zusammenzuhalten. Natürlich schafft uns kein Hormon an, in wen wir uns verlieben, aber es sind immer wieder die drei Grazien, die die mächtige Maschinerie der Botenstoffe in Gang setzen, die uns antreiben, einen Menschen zu suchen, der zu uns passt, die das Füllhorn aller überwältigenden Emotionen über uns ausschütten, die die Partnerschaft zwischen Frau und Mann vom Anfang bis zum Ende begleiten. Sie geben uns das Gefühl, glücklich zu sein, und schaffen damit ein Belohnungssystem für all jene, die sich – vielleicht sogar wider die Vernunft – an einen Zweiten binden.

Bei all dem Aufwand, den wir Menschen für die Partnerschaft treiben, bei all der Zeit, der Energie und dem Material, das wir dabei in die Schlacht werfen, ist es kein Wunder, dass die Frage, an wen wir uns binden, wer unsere ideale Ergänzung sein soll, eine übermächtige Stellung in unserem Leben einnimmt.

Dabei wäre die Frage, wie wir uns binden, mindestens ebenso wichtig.

Vermeidender Brummbär sucht ambivalente Tanzmaus –

oder die ultimative Frage, wer mit wem glücklich wird

Sehen Sie sich nicht auch manchmal mit verstohlener Neugier Ihr persönliches Horoskop in der Zeitung an? Sicher – glauben tut man ja nicht daran, das wäre ja lächerlich; aber lesen wird man ja noch dürfen. »Sinnliche Stunden erwarten den Stier«, aha!, »Ein Flirt mit einem Skorpion hält die Jungfrau in Atem«, hm, »Aus einer flüchtigen Bekanntschaft mit einer Waage könnte mehr werden«. Suchen wir nicht, bewusst oder unbewusst, ständig nach Bestätigung, Ermutigung – einer Anleitung im verwirrenden Spiel der Liebe? Einer Möglichkeit, uns selbst und den Stand unserer Aktien auf dem stets wechselhaften Heiratsmarkt besser einzuschätzen zu können?

Wahrsager, Astrologen, Handleser, die ganze Esoterikwelle spiegeln die tiefe Verunsicherung des Menschen in den fundamentalen Fragen »Wer bin ich und wer passt zu mir? Mit wem könnte es was werden?« wider.

Sie befriedigen damit unseren verhängnisvollen Hang zum Unerklärlichen, zur Metaphysik. Die vielen mystisch angehauchten, geradezu belustigend okkulten Freizeitaktivitäten des modernen Homo sapiens wie Horoskoplesen, Persönlichkeitstests, Selbstfindungsseminare etc. gleichen weniger der Suche nach Wahrheit im Informationszeitalter als der Geisterbeschwörung unserer steinzeitlichen Vorfahren. Alles, was ihnen unerklärlich, unheimlich und übermächtig schien, malten sie in Ehrfurcht an die Wände ihrer Höhlen, um sich ihnen gegenüber nicht mehr so hilflos und ohnmächtig zu fühlen. Himmelskörper, die sich wie von Geisterhand gelenkt über das Firmament bewegten, manche regelmäßig, wie die Sonne und der Mond, manche sporadisch, dafür aber umso dramatischer, wie Sternschnuppen, Kometen oder Supernovae. Bäuche schwollen an und brachten Kinder hervor. Raubtiere, Unwetter, Eiszeiten, die Unabwägbarkeiten der Elemente und das unerklärliche Wunder der menschlichen Existenz prägten den Geist unserer Vorfahren. Der Stoff, aus dem wir gemacht sind, ist daraus gewebt – wir sind Kinder harter Zeiten.

Kein Wunder, dass wir trotz aller Aufklärung und wissenschaftlicher Erkenntnis mit einem Bein immer noch in der Höhle stehen – und verzweifelt versuchen Einfluss auf unser Geschick zu nehmen.

Heute muss sich niemand mehr vor Höhlenbären oder Säbelzahntigern fürchten. Auch Wirbelstürme und Asteroidentreffer können bereits mit erstaunlicher Präzision vorhergesagt werden. Was bleibt uns Zivilisationsverwöhnten da anderes übrig, als unsere Urängste gebündelt auf die Stromschnellen der zwischenmenschlichen Gefühle zu richten? So haben wir den Hauptwohnsitz unserer besorgten Naturen auf einen Nebenschauplatz der Evolution verlegt. Mit anderen Worten: In unseren Breiten haben wir die Partnersuche zum zentralen Anliegen unseres Lebens gemacht. Warum auch nicht? Schließlich sind wir eine soziale, sexuell wählerische Spezies, die im Augenblick keine anderen Sorgen hat, als sich der Frage nach der richtigen Ergänzung zu widmen.

Ergänzung ist an dieser Stelle ein gutes Stichwort. Denn es deutet an, dass wir dabei natürlich nicht wahllos vorgehen. Suchen wir aber tatsächlich jemanden, der uns ergänzt? Oder fühlen wir uns nicht vielmehr zu jemandem hingezogen, der so ist wie wir selbst? Oder beides?

Die Wissenschaft hat sich längst dieser Fragen angenommen und verfolgt mittlerweile eine ganze Menge heißer Fährten, von denen noch ausführlich die Rede sein wird.

Eine viel versprechende neue Forschungsrichtung, die die menschliche Partnerschaft unter die Lupe nimmt, hat sich der Frage verschrieben, wer zu wem passt und warum. Es geht dabei nicht um die üblichen Vergleiche des Äußeren, der Bildung oder

der familiären Herkunft, die zweifellos interessant und aufschlussreich sind – und auch nicht darum, wer sich welchen Idealpartner herbeifantasiert. Es geht darum, welche Persönlichkeitsmerkmale einen für welchen Partner prädestinieren.
Unseriös, werden Sie jetzt vielleicht argwöhnen, aber das ist es keinesfalls. Es scheint tatsächlich fernab von Sternzeichen, Schicksalskarten oder sonstigem Hokuspokus Persönlichkeitsstrukturen zu geben, die nachweislich besser miteinander harmonieren als andere. Das ist eine spannende Entdeckung. Nicht, dass bestimmte Leute besser zusammenpassen als andere – das wäre banal. Der neue, revolutionäre Ansatz der Partnerforschung besteht darin, anhand von Persönlichkeitsmerkmalen, die im Lauf des Lebens weitgehend unverändert bleiben, vorherzusagen, wer gut zu wem passen wird. Wer diese Art von seriösen Beziehungsprognosen erstellen kann, hätte den Jackpot der Paarforschung geknackt. Man denke nur an die vielen Millionen Menschen, die sich nach einer Richtlinie bei der Partnersuche sehnen – die vielen, die immer wieder in unglücklichen Paarkonstellationen landen und wissen wollen, wieso.
Gerade deshalb klingt es mehr als unwahrscheinlich, dass irgendwelche allgemein gültigen Regeln für die Harmonie zwischen zwei Menschen gelten könnten; vor allem wenn man bedenkt, wie individuell, wie einzigartig jeder von uns ist. Wie unberechenbar unser Verhalten, unsere Handlungen sind, Tag für Tag – selbst für jene Menschen, die uns am nächsten stehen, ja sogar für uns selbst. Und da soll uns irgendjemand vorhersagen können, mit wem wir das schwierigste Kunststück im Spektrum des menschlichen Zusammenlebens – die glückliche Partnerschaft – zustande bringen können?
Eine Schweizer Psychologengruppe um Guy Bodenmann vom Institut für Familienforschung und -beratung in Fribourg scheint zumindest nahe dran zu sein. Natürlich kann niemand den Verlauf einer Partnerschaft mit allen Höhen und Tiefen vorhersagen, aber die Prognose, wer mit wem können wird, ist schon drin. Solide und genau, wie Schweizer Uhrmachermeister, haben Guy Bodenmann und seine Mitarbeiter in die Mechanik der zwischenmenschlichen Beziehung geblickt und ihre Gesetzmäßigkeiten erforscht.

Dabei teilen die WissenschaftlerInnen die Menschen in so genannte Bindungstypen ein.[1] Das sind Kategorien, mit deren Hilfe die Psychologen eine Art wissenschaftlich fundiertes »Partner-Horoskop« erstellen – Sie mögen uns den Vergleich verzeihen. Und das geht so: Jeder Mensch, ganz egal wie einzigartig, unkonventionell oder außerhalb der Norm er auch sein mag, hat einen persönlichen Bindungsstil – eine bestimmte Art, sich an einen anderen Menschen anzuschließen und die Nähe eines anderen zu suchen oder zuzulassen. Die Psychologen haben gelernt, die Vielzahl der individuellen Spielarten zwischenmenschlicher Bindungsarten zu abstrahieren und drei bis vier Bindungstypen herauszukristallisieren, in die sich alle Menschen einordnen lassen.
Die Geschichte, wie die Bindungstypen überhaupt entdeckt wurden, ist so spannend und für unser Zusammenleben so relevant, dass wir sie Ihnen nicht vorenthalten möchten. Denn der Grundstein für eine glückliche Partnerschaft wird – diesem Phänomen werden wir in diesem Buch noch häufig begegnen – in der Kindheit gelegt. So überrascht es gar nicht, dass die Entdeckung der Bindungstypen auf Beobachtungen an Kindern zurückgeht. Darüber hinaus ist die Bindungstheorie, die heute ein fester Bestandteil der Psychologie ist, ein geglücktes Beispiel dafür, wie Elemente der Psychologie und Psychoanalyse in die Evolutionstheorie Einzug gehalten haben. Denn bei aller Verschiedenheit von Individuen und Kulturen auf dieser Welt ist ihnen doch eines gemein: Jeder Mensch hat das Bedürfnis nach Nähe, sich an ein anderes menschliches Wesen anzuklammern. Dieses Bedürfnis ist ebenso elementar wie die Grundbedürfnisse nach Nahrung, Wärme und sexueller Befriedigung. Es begleitet uns ein Leben lang, vom ersten bis zum letzten Atemzug. Der erste Mensch, an den wir uns binden, ist meistens unsere Mutter.
Es war in den frühen 1950er-Jahren, als die amerikanischen Psychologen Mary Ainsworth und John Bowlby begannen dem Phänomen der Bindung auf den Grund zu gehen.
Ausschlaggebend für ihre Studien war ein Film ihres Psychoanalytikerkollegen René Spitz, der Wut und Trauer von Kindern in mexikanischen Waisenhäusern dokumentierte, nachdem sie von ihren Müttern getrennt worden waren. Der Film mit dem Titel

»Trauer: Eine Gefahr in früher Kindheit« entstand in den Jahren 1945/46. Obwohl er nur schwarz-weiß und ohne Ton war, ging er den Zuschauern tief unter die Haut: Er zeigte Babys und Kleinkinder, die vollkommen teilnahmslos, ohne die geringste Gefühlsregung in ihren Bettchen saßen. Als würden sie versuchen ihre Emotionen einzufrieren, um den Schmerz des Verlassenseins besser ertragen zu können.
Diesem unsichtbaren Band zwischen Mutter und Kind, dieser ersten innigen Liebesbeziehung eines kleinen Menschen mit all ihren weitreichenden Konsequenzen, wollten Mary Ainsworth und John Bowlby auf den Grund gehen. *Strange Situation*, fremde Situation, nannten sie die etwa zwanzigminütige Versuchsanordnung, die immer nach einem festen Schema ablief. Die wichtigste Bezugsperson, also meistens die Mutter, brachte das Kind in einen Laborraum mit Spielsachen und einem freundlichen, aber fremden Erwachsenen. Dann verließ sie möglichst unauffällig den Raum und ließ das Kind in der Obhut der fremden Person zurück. Nach einer bestimmten Zeit kam sie wieder um das Kind abzuholen.[2]
Die Kleinkinder im Alter zwischen eineinhalb und drei Jahren reagierten überraschend unterschiedlich auf diese standardisierte Situation. Mary Ainsworth hatte vermutet, dass sich alle Kinder, ähnlich wie es zuvor bei Primatenkindern beobachtet worden war, freuen würden, ihre Mütter wieder zu sehen, aber nicht beunruhigt reagieren würden, wenn die Mutter für kurze Zeit den Raum verließ. Doch die Reaktionen, die sie beobachten konnte, waren keineswegs so einheitlich, wie die Reaktionen der Affenbabys es hatten erahnen lassen.
Manche Kinder nahmen, wie erwartet, kaum Notiz von der Trennung oder ließen sich von der freundlichen fremden Person trösten und in ein Spiel verwickeln und freuten sich, als die Mutter wiederkam. Sie liefen ihr entgegen, wollten in die Arme genommen werden, zeigten ihr, womit sie gerade beschäftigt waren. Andere Kinder schienen schon vor der Trennung angespannt und unglücklich. Sie lösten sich in Tränen auf, wenn die Mutter zur Tür hinausging. Wenn sie wiederkam, klammerten sie sich verzweifelt an sie und waren kaum mehr zu beruhigen. Wieder ande-

re reagierten mit betonter Gleichgültigkeit oder gesteigerter Aggressivität auf das Gehen und Wiederkommen der Mutter.
Mary Ainsworth und John Bowlby vermuteten, dass die Art der Bindung an die Mutter beziehungsweise an die Hauptbezugsperson der Schlüssel zu diesen unterschiedlichen Verhaltensmustern war. Und sie formulierten erstmals ihre drei Bindungstypen, die heute in der modernen Psychologie zur Charakterisierung sowohl von kindlichen als auch erwachsenen »Beziehungstypen« verwendet werden:
Die Kinder, die kaum bemerkten, dass die Mutter den Raum verließ oder sich nach kurzem Trennungsschmerz rasch beruhigen ließen und sich freuten die Mutter wieder zu sehen, klassifizierten sie als »sicher gebunden«. Sie waren über die vorübergehende Abwesenheit ihrer Mutter nicht nachhaltig beunruhigt. Die Möglichkeit, dass die Mutter sehr lange wegbleiben oder gar nicht wiederkehren könnte, zogen sie offenbar gar nicht in Betracht.
Die Kinder, die sich schon vor der Trennung argwöhnisch und nervös verhielten, nannten Ainsworth und Bowlby »unsicher /ambivalent« gebunden. Sie hatten offenbar wiederholt die Erfahrung machen müssen, dass auf ihre Hauptbezugsperson nicht hundertprozentig Verlass war. Deshalb fanden sie auch kaum Trost, wenn die Mutter wiederkam und sie in die Arme schloss.
Die Kinder, die mit demonstrativer Gleichgültigkeit und Gefühlskälte auf das Kommen und Gehen der Mutter reagiert hatten, nannten sie »unsicher/vermeidend«. Ihre scheinbare Gleichgültigkeit war offenkundig ihre Strategie, um weiteren Kummer zu vermeiden. Wie verletzt diese Kinder tatsächlich waren, zeigte sich an ihrem Verhalten zu Hause, wenn sie ohne ersichtlichen Grund plötzlich auf ihre Bezugsperson einschlugen.
Die Tragweite dieser Verhaltenskategorien war enorm: Nach und nach stellte sich heraus, dass bindungssichere Kinder bereits im Vorschulalter sozial kompetenter waren und später in der Schule ein besseres Verhältnis zu ihren Lehrern hatten als unsicher gebundene. [3] Der einmal etablierte Bindungsstil scheint sich auch in schicksalhafter Weise Bestätigung zu suchen, indem ein Mensch bis ins Erwachsenenalter durch sein Verhalten immer wieder ähnlich enttäuschende oder auch bestätigende Erlebnisse mit Men-

schen heraufbeschwört.[4] Die Wissenschaft nennt diesen Effekt Verstärkung. Deshalb sind die Bindungsstile – soweit die schlechte Nachricht – relativ änderungsresistent.

Bindung ist universell und sie ist ein Kind der Angst. Die Furcht, verlassen zu werden, bindet schon den Säugling an die Mutter. Das Bindungsverhalten ist überlebenswichtig und deshalb fest in unserer Natur verankert.

Auch später bleibt sie von entscheidender Bedeutung. Jeder Mensch will vorausschauend, angepasst agieren, will planen und wissen, womit er zu rechnen hat. Erst recht im heiklen Bereich einer zwischenmenschlichen Beziehung. Dazu orientiert er sich an der Bindung zu seiner wichtigsten Bezugsperson, meistens der Mutter. Im Kopf entsteht ein Bild von dem, was er von anderen zu erwarten hat: eine Art Arbeitsmodell für den Umgang mit seinen Artgenossen.

Bleibt man dieser einmaligen Prägung also sein Leben lang ausgesetzt? Kann ein unsicher/ambivalentes Kind nie mehr Vertrauen in einen ihm nahe stehenden Menschen gewinnen? Mehrere Langzeitstudien, die Hunderte Vorschulkinder bis ins Erwachsenenalter begleiteten, zeigen, dass es unter bestimmten Bedingungen und Einflüssen möglich ist, seinen Bindungstyp, sein inneres Arbeitsmodell, zu ändern.[5]

Der deutsche Psychologe Klaus Grossmann stellte fest, dass Kinder zwischen zwölf Monaten und sechs Jahren ihren Bindungstyp zu fast 90 % beibehalten. Das heißt, während der Kindheit ist kaum eine Änderung des Bindungsstils zu sehen. Die große einschneidende Zäsur in der Entwicklung eines Menschen erfolgt in der Pubertät.[6]

Das bestätigte eine weitere Studie. Die Bindungsstile der damals Einjährigen wurden mit jenen der zum Zeitpunkt der Untersuchung 16-Jährigen verglichen. Und siehe da, es konnte keine Fortsetzung weder des einen noch des anderen Bindungsstils nachgewiesen werden. Kleinkinder, die als sicher gebunden klassifiziert worden waren, hatten sich in unsichere Bindungstypen verwandelt und umgekehrt.[7] Das ist eine sehr wichtige Erkenntnis, weil sie Bowlbys Vermutung, der einmal geprägte Bindungsstil hielte sich ein Leben lang, widerlegt oder zumindest einschränkt. Das ist eine gute Nachricht, hatte man doch noch vor nicht allzu langer Zeit Bowlbys Theorie als Totschlägerargument gegen arbeitende Mütter ins Treffen geführt. Schließlich waren es ja, damals in den 1960er-Jahren, hauptsächlich die Mütter, die für den Bindungsstil ihrer Kinder verantwortlich zeichneten. Mit diesen jüngeren Erkenntnissen scheint sich das Blatt nun zu wenden. Besonders wenn man die Gründe durchleuchtet, die bei den 16-Jährigen eine Änderung ihres Bindungsstils herbeigeführt haben.

Abgesehen von traumatischen Erlebnissen, wie dem Tod eines Elternteils, Krankheit oder Scheidung, sind die Väter und deren Bindungsstil das Zünglein an der Waage. Sie entscheiden in hohem Maße, welchen Weg im Beziehungsdschungel ein Jugendlicher einschlägt. In unserer vaterlosen Gesellschaft ein Keulenschlag, aber ein Ergebnis mit hohem Potenzial. Denn nicht nur erhöht ein sicherer Bindungsstil des Vaters die Wahrscheinlichkeit, dass ein Kind später ebenfalls einen sicheren Bindungsstil entwickelt: Die Qualität der Beziehung zu beiden Elternteilen und die Qualität der Beziehung der Eltern zueinander nehmen plötzlich eine ebenso wichtige Rolle ein wie das Arbeitsmodell der Mutter. Das heißt: Je mehr sich ein Kind der Schwelle zum Erwachsenen nähert, desto mehr sind die Väter, aber auch glückliche elterliche Beziehungen gefragt. Von den ersten amourösen Erfahrungen, Schwärmerei und Liebeskummer ganz zu schweigen.

Diese Vielzahl von Einflüssen auf den Bindungsstil eines Menschen lässt erahnen, wie kompliziert die Sache ist. Wenn sich zwei Menschen kennen und lieben lernen, treffen zwei Universen an Lebenserfahrungen und Erwartungen aufeinander. Und man fragt sich: Wird das gut gehen? Wer tut sich nun mit wem zusammen? Und wer wird letztendlich mit wem glücklich?

Von den hunderten Kindern, deren Bindungsstil mit der *fremden Situation* erhoben wurde, waren 70 % sicher gebunden. 23 % waren vermeidend und 13 % unsicher/ambivalent.[8] Die Verteilung der Bindungsstile bei Erwachsenen bleibt in etwa gleich. Die US-Psychologen Hazan und Shaver haben 60 % als sicher gebunden eingestuft, etwas über 20 % als vermeidend und etwas weniger als 20 % als unsicher/ambivalent.[9] Die Bindungstypen verteilen sich gleichmäßig über jede Altersgruppe und beide Geschlechter.

Der Bindungsstil eines Erwachsenen kann mit einem standardisierten Interview relativ leicht erhoben werden. Bezeichnend dabei ist, wie ein Mensch über seine Beziehungen – aktuelle wie vergangene – spricht. Eine Selbstbeschreibung der drei erwachsenen Bindungstypen könnte sich laut der Schweizer Psychologin Annette Cina vom Institut für Familienforschung in Fribourg folgendermaßen anhören. (Wetten, dass Sie sich in einer der Beschreibungen wieder erkennen werden?)

Ich finde es relativ leicht, anderen nahe zu sein, könnte ein sicher gebundener Mensch von sich sagen. Ich mag es, wenn ich von anderen abhänge und sie von mir. Ich mache mir keine Sorgen darüber, von anderen verlassen zu werden.

Sicher gebundene Personen haben gelernt, ihre Bindungsbedürfnisse zu artikulieren, und sie wissen, wie ihre Bedürfnisse erfüllt werden. Sie betrachten sich als kompetent, erwünscht und liebenswert. Ihre Partner nehmen sie als hilfreich und unterstützend wahr. Sie sehen sich selbst und andere in positivem Licht.

Ein Vermeidend-Gebundener würde von sich sagen: Ich mag es nicht, anderen sehr nahe zu sein. Ich finde es schwierig, anderen vollkommen zu vertrauen und abhängig von anderen zu sein. Ich werde nervös, wenn mir jemand zu nahe kommt, und oft wollen Partner intimere Beziehungen mit mir, als mir lieb ist.

Vermeidend-Gebundene werden als Erwachsene in zwei Gruppen unterteilt: Gleichgültig-vermeidend und ängstlich-vermeidend. Beide haben ein negatives Fremdbild; mit anderen Worten: Sie erwarten von anderen Menschen nichts Gutes. Sie haben ihre Eltern als abweisend erlebt und das Vertrauen in die Erfüllung ihrer Bedürfnisse verloren. Ängstlich-Vermeidende sind sich ihrer Bedürfnisse zwar bewusst, vermeiden aber enge Bindungen aus Angst, verletzt zu werden. Sie haben ein negatives Selbstbild und Fremdbild. Gleichgültig-Vermeidende hingegen leugnen ihre Bindungsbedürfnisse und legen Wert darauf, niemanden zu brauchen. Sie haben zwar ein negatives Bild von den anderen, sehen sich selbst jedoch positiv – nicht zuletzt deshalb, weil sie sich stark und unverwundbar fühlen.

Der Ängstlich-Ambivalente hingegen würde sich so beschreiben: Ich finde, dass andere zögern, mir so nahe zu kommen, wie ich es möchte. Ich mache mir oft Sorgen, dass mein Partner mich nicht wirklich liebt oder nicht bei mir bleiben will. Ich möchte mit einer anderen Person vollkommen verschmelzen und dieser Wunsch verscheucht die Leute manchmal.[10]

Die Ängstlich-Ambivalenten halten intime Beziehungen für sehr wichtig, doch das wechselhafte Verhalten der Eltern hat bei ihnen zur Überzeugung geführt, dass sie nicht liebenswert genug sind, um ständige Unterstützung zu erhalten. Diese Leute wünschen sich immer mehr Liebe, als sie bekommen, und brauchen die Bestärkung anderer für die Erhaltung ihres Selbstwertgefühls. Sie haben ein negatives Bild von sich und anderen.

Interessant ist nun zu betrachten, wer mit wem zusammenkommt. Und da zeichnet sich ein Hang zum gleichen Bindungstyp ab – nicht immer zum Vorteil der Beziehung, wie wir gleich sehen werden. Also: Sicher-Gebundene finden häufiger zu Sicher-Gebundenen, Ambivalente häufiger zu Ambivalenten und so weiter. Das Motto »Gleich und gleich gesellt sich gern« trifft zwar zu, ist aber nicht der Schlüssel zu einer glücklichen Verbindung. Darüber hinaus unterscheiden die ForscherInnen zwischen haltbar, also stabil, und instabil, also zum Scheitern verurteilt, glücklich und unglücklich. Auch das Geschlecht spielt in der Partnerschaftsarithmetik eine nicht unwesentliche Rolle.

Als erstrebenswerteste Verbindung hat sich – wenig überraschend – die Partnerschaft von zwei sicher gebundenen Menschen erwiesen. Diese Konstellation ist am häufigsten sowohl glücklich als auch stabil. Am anderen Ende des Spektrums, das man niemandem wünschen möchte, steht eine stabil unglückliche Beziehung. Also eine unglückliche Partnerschaft, die wie Pech und Schwefel hält – aus der es kein Entrinnen gibt. Diese Unglückskonstellation gibt es immer nur in folgender Besetzung: Vermeidender Mann, Marke schroffer Gefühlsklotz, findet zu ängstlich ambivalenter Frau. Als einzige Erklärung für diese unerfreuliche Geschlechterverteilung geben die WissenschaftlerInnen konservativ-traditionelle Geschlechterrollen an. Sie wissen schon: Ein echter Indianer kennt keinen Schmerz und folglich auch keine sonstigen Gefühle. Frauen gerade der älteren Generation wurden häufiger zu unselbstständigen, (materiell und psychisch) abhängigen Menschen

erzogen. Ohne Mann seien sie eben nichts wert, wurde ihnen eingetrichtert. Glücklicherweise wird diese Konstellation immer seltener – wohl weil sie im Aussterben begriffen ist. In umgekehrter Besetzung ist dieser Kombination weder Glück noch Dauer beschieden. Ängstlich ambivalente Männer und vermeidende Frauen halten es, laut Guy Bodenmann und seinen Forscherinnen, wenn überhaupt, dann nicht sehr lange miteinander aus.
Auch nicht gerade erstrebenswert für jene, die eine dauerhafte Beziehung im Auge haben, ist eine instabil-glückliche oder eine instabil-unglückliche Verbindung.[11] Letztere hat aber noch ihr Gutes. Wir alle kennen das Sprichwort »Besser ein Ende mit Schrecken als ein Schrecken ohne Ende«. Eine Empfehlung, wie sie von einem Paartherapeuten kommen könnte.
Erstere Konstellation kommt vielleicht auch vielen von uns bekannt vor und erinnert uns an die ersten unreifen Gehversuche im holprigen Gelände der Partnerschaft – nach dem Motto: Sie tanzte nur einen Sommer. Oder mit anderen Worten: Ein heftiges Strohfeuer, das nichts als verbrannte Erde hinterlässt.
Unwidersprochen ist bei aller Partnerschaftsarithmetik eine Zahl, die durchaus Anlass zur Hoffnung gibt. Denn 80 % aller Ehen werden als sichere Bindungen klassifiziert. Das bedeutet, dass so mancher unsicherer Kantonist in einer Beziehung mit einem sicher gebundenen Partner auf einen sicheren Bindungsstil umschwenkt. Sie erinnern sich – die Studie von Hazan und Shaver an einzelnen Erwachsenen hat nur 60 % als sicher gebunden klassifiziert. Wenn sich das Ergebnis also zugunsten der sicher gebundenen verschiebt, sobald man zwei Menschen als Paar beurteilt, kann das nur heißen, dass der sichere Bindungsstil eines Partners, einem starken Magneten gleich, die unsicher tanzenden Beziehungsantennen des anderen auf seine unerschütterliche Linie bringt.
Das ist das Schöne an der Bindung: Sie ist ein angeborenes Programm, das so oder so genutzt werden kann, je nach den Lebensumständen und den individuellen kindlichen Erfahrungen, die ein Mensch macht. Sie ist ein genetisches Programm im Dienste der Paarbildung, die dritte der drei Grazien – aber sie ist hochflexibel. Jeder, der mit einer noch so schweren Hypothek in die Welt der

Beziehungen startet, der, kaum dass er auf der Welt war, erfahren musste, dass auf die Liebe kein Verlass ist, kann lernen, eine glückliche Beziehung zu führen. Denn der sichere Bindungsstil ist erlernbar und bleibt keineswegs nur den Kindern glücklicher Ehepaare vorbehalten, wenngleich diese zugegebenermaßen mit wesentlich besserem Rüstzeug in ihre eigenen Beziehungen starten. Aber im weiten Land der Gefühle ist alles machbar.

Wenn also die Sogwirkung des sicheren Bindungsstils unbestritten ist und eine derart große Zahl ehelicher Verbindungen als sicher eingestuft wird, stellt sich eigentlich nur noch eine Frage: Woher kommt dann die enorme Scheidungsrate, die mittlerweile jede dritte Ehe in unseren Breiten für bankrott erklärt – und in unseren Ballungszentren sogar schon jede zweite?

Wie immer im zwischenmenschlichen Gefüge ist es eine ganz bestimmte Mischung aus individuellen Merkmalen, gesellschaftlichen Phänomenen und unserer biologischen Ausstattung, die eine brauchbare Erklärung dafür abgeben.

Drum prüfe, wer sich ewig bindet –
Scheiden tut weh

Als hätten wir unfertigen Geschöpfe nicht genügend Hypotheken aus unserer Vergangenheit mit uns herumzutragen, hängen auch noch moralische Normen bleischwer an uns. Sie scheinen zwar die Haltbarkeit einer Partnerschaft zu fördern, allerdings auf Kosten von individuellem Glück und Zufriedenheit. Nun, vielerorts – etwa in den Großstädten unserer westlichen Zivilisation – hat man sich gottlob darauf verständigt, dass Scheidung nichts Unmoralisches mehr ist. Dafür ist die Zahl der »Sünder« mittlerweile viel zu groß. Einmal oder mehrmals ehelich Gestrauchelte versuchen ihr Glück immer wieder aufs Neue. Scheinbar unbekümmert und ohne Hypotheken aus vorangegangenen Rosenkriegen. Wir sind tatsächlich, wie es scheint, für die Zweisamkeit gemacht. Aber nicht für die ewig währende und ständig exklusive. Paradoxerweise ist es dennoch das, was wir immer wieder schlafwandlerisch ansteuern. Das Glück zu zweit – mit dem, der Richtigen. Treibt uns die Natur zu diesem irrationalen Verhalten oder sind wir Opfer spießbürgerlicher Indoktrination? Wo sind denn die Bannerträger der freien Liebe, die Sprücheklopfer der 60er-Jahre? »Wer zweimal mit derselben pennt, gehört schon zum Establishment.« Sind sie heute nicht alle unter der Haube? Warum hält sich die Institution Ehe so hartnäckig, dem unübersehbaren Schwund an gläubigen Katholiken zum Trotz. Und warum enden so viele Ehen vor dem Scheidungsrichter?

Um es gleich vorwegzunehmen: Ja, wir sind monogam, aber nicht ein Leben lang. Es stimmt, wir bilden Paare, aber nicht nur mit einem einzigen, sondern vielmehr mit einem Partner nach dem anderen. Wir sind serienmonogam – jedenfalls die meisten von uns. Betrachten wir es doch nüchtern und von jener Romantik entkleidet, die sich einem bei diesem Thema so gerne aufdrängt: Menschen haben Sex, bekommen Kinder und dazu bilden sie Paare. Doch der Sex ist nicht immer exklusiv und die Verbindung zwischen zwei Menschen hält in den seltensten Fällen bis an ihr Lebensende. Aber die Arche-Noah-Variante, immer hübsch zwei und zwei miteinander, ist die mit Abstand am weitesten verbreitete Form des Zusammenlebens von Mann und Frau. Selbst in Kulturen, die sich als polygyn bezeichnen, es Männern also erlauben, mehrere Frauen zu heiraten – und das sind immerhin 84 % aller Kulturen auf der Welt –, bleiben 90 % der Männer bei einer einzigen Ehefrau pro Eheleben.[1]

Paarbildung und Ehe sind also universell; in der einen oder anderen Form existieren sie überall, wo es Menschen gibt – Scheidung auch. Menschen gehen geschlechtliche Verbindungen ein und lösen sie wieder auf, gehen neue ein und lösen sie wieder auf. Sehen Sie sich um: Welches Bild bietet sich in Ihrem Bekannten- oder Freundeskreis? Und nebenbei bemerkt, wo ist das Problem? Könnten wir nicht alle glücklicher leben, wenn wir uns mit diesem ewigen Reigen wechselnder Partner zufrieden geben würden? Woher kommt nur dieses Bedürfnis nach einer Verbindung, die ein Leben lang hält? Das ausschließliche Diktat unserer gesellschaftlichen Normen kann es nicht allein sein. Auch wenn die katholische Kirche mit ihrer langen Tradition selbst auferlegter Qualen und Selbstverleugnung als Erklärung dafür geradezu prädestiniert wäre. Warum hegen wir dennoch unsere Zweifel? Egal wo sich Menschen auf der Erde trennen, in den Steinwüsten der Kalahari, am Arktischen Bogen oder in Berlin Mitte – scheiden tut weh. Und das hat seine guten Gründe.

Sie erinnern sich an die drei Grazien, die wir Ihnen vorhin schon ausführlich vorgestellt haben: Verliebtheit, Sex und Bindung. Jene drei Kräfte, die die Zweierbeziehung geformt und so nebenbei die Erhaltung unserer Art gesichert haben. Es sind die drei ewig in gleicher Reihenfolge wiederkehrenden Episoden oder sprichwörtlichen »Szenen einer Ehe«, die uns die Natur als Drehbuchautorin vorgegeben hat. Die Verliebtheit fungiert als Magnet, der die Menschen einander in die Arme treibt. Der Sex sorgt dafür, dass die beiden so lange zusammen bleiben, bis Nachwuchs unterwegs ist. Und die Bindung schafft die reiferen, langlebigeren Emotionen wie Vertrauen und Sicherheit, die notwendig sind, um ein Paar so lange zusammenzuhalten, bis die gemeinsamen Kinder einigermaßen unabhängig sind.

Die Bindung ist, wie schon gesagt, ein zutiefst biologisches Bedürfnis – eine fundamentale Notwendigkeit im Leben eines jeden Menschen. Ein Kind, dem es nicht gelang, seine Mutter für sich zu begeistern und sich mit unwiderstehlichem zahnlosen Lächeln, kläglichem Schreien oder Anklammern ihrer Zuwendung zu versichern, zählt ganz sicher nicht zu unseren Vorfahren.[2] Jemanden zu haben, der für einen sorgt, war und ist eine Frage des Überlebens. Um sich so einen jemand auf Dauer zu verpflichten, bedarf es starker Gefühle – Gefühle vom Typ Bindung. Dieses Programm sitzt tief in uns drinnen und es ist kein Wunder, dass dieses Thema eines der menschlichsten überhaupt ist.

Das mit Abstand am meisten strapazierte Motiv in Dramen, Filmen, Schnulzen, Balladen, Klatschspalten und im Übrigen auch im Gespräch mit Freunden und Bekannten ist: »Wer mit wem und warum und warum nicht mehr.« Manche Anthropologen mutmaßen sogar, dass sich die Sprache durch diese Art von Klatsch und Tratsch entwickelt haben könnte.[3] Möglicherweise ist dieses Thema ein bestimmender Faktor der Menschwerdung. Auf jeden Fall aber ist es eine Säule der menschlichen Existenz. Kein Wunder also, dass es so verflucht wehtut, eine Bindung zu lösen. Warum es dennoch immer öfter geschieht und immer mehr Ehen vor dem Scheidungsrichter enden, wollen wir genauer untersuchen. Gleichzeitig gehen wir der Frage nach, warum sich die meisten unserer Artgenossen überhaupt einen Partner fürs Leben wünschen. Nur so viel vorweg: Die Dauermonogamie hat handfeste Vorteile, die sie für Opportunisten, wie wir Menschen es nun einmal sind, so erstrebenswert macht.

Lassen wir die Zahlen sprechen: Gut ein Drittel der Ehen in Europa werden mittlerweile geschieden und ein weiteres Drittel gilt als unglücklich bis zerrüttet, das heißt scheidungsgefährdet. Sogar in der konservativen Schweiz wurden beispielsweise im Jahr 1998 42 % der Ehen geschieden, das ist 1 % mehr als im Jahr davor. Ein Trend, der über die letzten Jahrzehnte nicht nur die eidgenössischen Ehen erfasst hat. Deutsche und österreichische Statistiken zeichnen exakt dasselbe Bild.[4] In Österreich wurden vergangenes Jahr 46 % der Ehen geschieden. Das ist neuer trauriger Rekord. Was treibt nur derart viele Paare, die zu Beginn ihrer Ehe glücklich und verliebt gewesen waren, oft schon nach wenigen Jahren auseinander?

Scheidung schafft ihre eigene Dynamik. Sie erzeugt einen Sog, der immer mehr Scheidungen nach sich zieht. Sie betrifft in den seltensten Fällen nur zwei Menschen. Die meisten Scheidungen reißen tiefe Gräben zwischen zwei Familien, sie hinterlassen verwirrte Kinder, verfeindete Großmütter, ratlose Freunde, geplünderte Konten und reiche Anwälte. Die meisten Scheidungen ziehen tatsächlich eine breite Spur der Verwüstung. Die ForscherInnen, die sich mit der Endstation menschlicher Beziehungen befassen, sprechen von einer »selbst perpetuierenden Scheidungsspirale«.[5] Und wie bei ähnlich verheerenden Erscheinungen in der Natur – bei destruktiven Spiralen muss man unwillkürlich an Wirbelstürme denken – sind immer mehrere Phänomene an deren Entstehung beteiligt.

Da ist einmal die Großwetterlage, die einen Hurrikan, sprich eine Scheidung, begünstigt. Sie ist, für sich betrachtet, noch nichts Schlimmes. Im Gegenteil: Die Liberalisierung der 1960er-Jahre war zweifellos ein Befreiungsschlag für die Frauen. Sobald die Frauen selbstständig wurden und ihr eigenes Geld verdienten, bestimmten sie selbst, wie ihr Leben aussehen sollte. Wenn zwei finanziell unabhängige, gleichberechtigte Partner unterschiedlicher Meinung sind und diese Situation anhält und immer wieder zum Streit führt, wird die Scheidung irgendwann unausweichlich. Früher konnte der Alleinverdiener, sprich Mann, noch das »viel gerühmte« Machtwort sprechen. Doch in modernen Ehen funktioniert das nicht mehr. Je unabhängiger und selbstbewusster die Partner werden, desto schneller dreht sich die Scheidungsspirale.

Auch die Wirtschaftslage hat ihren Anteil daran. In Jahren der Rezession beispielsweise gibt es weniger Scheidungen als in den fetten Konjunkturjahren.[6] Klar, denn Trennungen muss man sich im wahrsten Sinn des Wortes auch leisten können.

Der Trend zur Scheidung hat eine Portion Misstrauen in moderne

Beziehungen getragen. Eheverträge und dergleichen zeigen nur, was die Menschen erwarten, die sich heute das Jawort geben. Das Scheitern der Verbindung ist ein sehr reales Szenario geworden. Deshalb will keiner derjenige sein, der ohne Sessel dasteht, wenn die Musik der Liebe aufhört zu spielen. Nicht zuletzt deshalb wollen immer mehr Frauen finanziell auf eigenen Beinen stehen und haben sich ihren Anteil an der Erwerbstätigkeit gesichert. Nach dem Motto: Im Fall des Falles tut die Scheidung weniger weh, wenn man zwar ohne Partner, dafür aber mit eigenem Gehalt dasteht. Schließlich waren und sind es immer noch die Frauen, meistens mit Kindern, die sich im Fall der Scheidung am finanziellen Abgrund wieder fanden. Doch diese Erwartungshaltung scheint auch die Investitionen in eine Beziehung einzuschränken. Ist ja logisch. Wer lässt schon neu ausmalen, wenn das Haus in ein paar Jährchen zusammenfällt? Drum rechne, wer sich ewig bindet, könnte heute der Leitspruch am Heiratsmarkt heißen. Oder: Investiere niemals mehr, als du wahrscheinlich herausbekommst. Auch die neue Nüchternheit hat die Scheidungsspirale angekurbelt. Wo die Gefühle von Haus aus nicht so tief sind, fällt die Scheidung um einiges leichter.
Früher blieben unglückliche Eheleute auch deshalb zusammen, weil sie die Ächtung der Gesellschaft fürchteten. Das fällt heute, Gott sei Dank, weg. Und nachdem die Gruppe der Geschiedenen stetigen Zuwachs verzeichnet, ist es heute auch nicht mehr so schwierig, einen neuen Partner zu finden und es ein zweites oder drittes Mal zu versuchen. Warum auch nicht. Wir sind, wie gesagt, serienmonogam, und dieser Tatsache ins Auge zu sehen, ist vielleicht das Vernünftigste, was man unter diesen Umständen tun kann.
Wieder sprechen die Zahlen für sich. Drei Viertel der Geschiedenen, zwischen 70 und 80 %, heiraten noch einmal.[7] So weit, so gut, doch die Zweit- und Drittehen erweisen sich als noch instabiler als die Erstehen. Und wieder gewinnt unsere Spirale an Momentum. Hier beginnt, was ScheidungsforscherInnen mit Besorgnis erfüllt. Denn das Scheidungsrisiko wird nicht nur beim Einzelnen von Ehe zu Ehe größer, es wird auch an die nächste Generation weitergegeben – gewissermaßen von den Eltern an die Kin-

der »vererbt«. Manche SozialwissenschaftlerInnen und PsychologInnen befürchten einen Schneeballeffekt. Je weniger funktionierende Ehen es gibt, desto weniger Kinder wachsen mit Eltern auf, die ihnen vorleben, wie man im Ehealltag Probleme löst und Konflikte konstruktiv austrägt. Und dieses Defizit an Gesprächs- und Streitkultur, darin sind sich die einschlägigen Studien einig, gehört zu den am häufigsten genannten Scheidungsgründen. In welchem Ausmaß sich das Scheidungsrisiko auf die Kinder vererbt – wenn wir von Vererbung sprechen, meinen wir in diesem Fall selbstverständlich soziale Vererbung –, hat der deutsche Sozialwissenschaftler Andreas Diekmann genauer ergründet und mit einer Aufsehen erregenden Studie belegt.[8] Er hat Interviews mit 10043 Deutschen aus den alten Bundesländern genauer analysiert und Erstaunliches festgestellt.

Demnach haben Scheidungswaisen, so nennt man Kinder, die nach der Scheidung ihrer Eltern bei einem Elternteil aufwachsen, später ein doppelt so hohes Risiko, selbst geschieden zu werden, wie Kinder, die bei beiden Eltern aufgewachsen sind. Interessanterweise hatten andere traumatische Umstände, wie der Tod eines Elternteils durch Krankheit oder Unfall, keinerlei Einfluss auf das spätere Scheidungsrisiko der betroffenen Kinder. Es ist also nicht das »Defizit« eines fehlenden Elternteils, das den Kindern nachhaltig zu schaffen macht, sondern das Ereignis der Trennung. Kein Wunder, dass der Glaube an die Partnerschaft erschüttert wird, wenn man hört, wie Scheidungen ablaufen. Die größte Überraschung erlebte Andreas Diekmann, als er seine Ergebnisse nach dem Geschlecht aufschlüsselte. Es macht offenbar einen großen Unterschied, ob der Ehemann oder die Ehefrau aus einer Scheidungsfamilie stammt. Wenn der Ehemann ein Scheidungswaise war, endete seine Ehe doppelt so häufig beim Scheidungsrichter als wenn die Ehefrau aus einer zerbrochenen Familie kam. Noch dramatischer ist das Zahlenverhältnis, wenn man die Ehen von Männern aus Scheidungsfamilien und Männern aus intakten Familien vergleicht: Die männlichen Scheidungswaisen werden dreimal so häufig von ihren Partnerinnen geschieden wie Männer, die mit beiden Eltern groß geworden sind.

Was hat das zu bedeuten? Reagieren Jungen empfindlicher auf die

Trennung der Eltern? Noch können sich die WissenschaftlerInnen dieses Ungleichgewicht nicht recht erklären. Dass es wirtschaftliche Nöte sind, die Scheidungswaisen zwangsläufig mitbekommen, wenn sie mit einem allein erziehenden Elternteil aufwachsen, ist unwahrscheinlich. Denn dann müsste der gleiche Effekt auch bei echten Halbwaisen zu beobachten sein, was nicht der Fall ist. Außerdem erklärt die wirtschaftliche Schlechterstellung der Ein-Eltern-Familie noch nicht, warum weibliche Scheidungswaisen so viel robuster auf die Trennung ihrer Eltern reagieren beziehungsweise sich das Scheidungsrisiko in so viel geringerem Maß auf sie überträgt als auf Jungen, die ihr Schicksal teilen. Eine mögliche Erklärung ist, dass es leichter ist, mit dem Elternteil des gleichen Geschlechts aufzuwachsen als mit dem Elternteil des anderen Geschlechts. Nach wie vor sind es überwiegend Frauen, die in die Rolle der Alleinerzieherin geraten. Da Kinder Geschlechterrollen von ihren Eltern lernen, sind Buben in dem Fall stärker benachteiligt als Mädchen, wenn man davon ausgeht, dass die meisten Scheidungswaisen bei der Mutter bleiben. Aber amerikanische Studien über Scheidungswaisen haben auch ergeben, dass Buben seelischen Stress wie die Scheidung ihrer Eltern weniger gut verkraften dürften als Mädchen.[9] Es zeigt sich auch, dass männliche Scheidungswaisen als Erwachsene weniger bereit sind in ihre eigenen Beziehungen zu investieren als weibliche Scheidungskinder. Sie haben seltener ein gemeinsames Eigenheim, haben weniger Kinder und werden nach kürzerer Zeit geschieden. Sind Männer möglicherweise weniger gut gerüstet, die Trennung ihrer Eltern zu verkraften als Frauen? Ist es vielleicht ihre biologische Ausstattung, die sie so auffallend verletzlicher macht? Untermauern die Erkenntnisse dieser Studie nicht unsere Theorie von den irrlichternden Neutronen-Männern, die nur durch ein stabiles weibliches Molekül zu etwas Sesshaftem, in sich Ruhendem gebunden werden können? Das Programm zur Gemeinschaft ist wohl in beiden festgeschrieben – doch Frauen scheinen eher zu wissen, wie es geht. Wie sonst sollte man erklären, warum Mädchen, die die Scheidung ihrer Eltern miterleben mussten, später eher in der Lage sind, eine glückliche Beziehung zu führen als Buben mit demselben Schicksal?

An dieser Stelle eine ketzerische Frage: Wozu die ständige Beziehungsverkrampfung? Warum plagen wir uns so unendlich, damit eine Beziehung so recht und schlecht funktioniert? Warum wollen wir uns denn unbedingt an einen Menschen ketten, wenn wir schon unabhängiger und selbstsicherer geworden sind? Warum blicken wir nicht tapfer der Wahrheit ins Gesicht und finden uns damit ab, dass die meisten noch so innigen Beziehungen mit einem Ablaufdatum versehen sind?
Die bekannte amerikanische Anthropologin Helen Fisher hat das Verfallsdatum von Ehen untersucht und überraschende Übereinstimmungen zwischen den unterschiedlichsten Kulturen festgestellt.[10] Vom Ural bis New York City zerschellen Ehen nicht etwa im verflixten siebenten Jahr, sondern am häufigsten nach nur vier Jahren. Helen Fisher hat sich die Mühe gemacht, die UN-Familienjahrbücher aller Mitgliedsstaaten zur Hand zu nehmen und die Scheidungsstatistiken mehrerer Jahrzehnte zu vergleichen. Ihr verflixtes viertes Jahr ist mittlerweile wohl dokumentiertes Faktum. Auch ihre Erklärung scheint plausibel. Die durchschnittliche »Verweildauer« von vier Jahren bei einem Ehepartner könnte damit zusammenhängen, dass unsere Gehirne auf dieses Intervall programmiert sind. Das ist in etwa die Zeit, die vergeht, bis ein hilfloses Neugeborenes ein lebenstüchtiges Kleinkind ist, das nicht mehr ständig an der Mutter hängt. Die starken Bindungsgefühle an einen Partner lassen deshalb möglicherweise nach vier Jahren nach. Auch die anderen der »drei Grazien« sind zeitlich begrenzt. Sie erinnern sich: Ein Mann, der zwei Jahre lang um eine Frau werben müsste, wäre nach eineinhalb Jahren tot. Auch die sexuelle Aktivität, die am Anfang jeder Beziehung herrscht, muss nachlassen – wenn die Beteiligten noch gemeinsam die Elternschaft erleben wollen.
Fortpflanzung ist kostspielig – in der Währung des Energieaufwands ausgedrückt. Deshalb sind die Programme, die sie gewährleisten, die Schwärmerei, der Sex und die Bindung, nur auf eine bestimmte Zeit angelegt. Sie dauern gerade so lange, wie sie vonnöten sind. Während wir bekennenden Ururenkelinnen Darwins über so viel Funktionalität bei gleichzeitigem Raffinement plus Lustgewinn nur ins Schwärmen geraten können, fühlen sich an-

dere Menschen vielleicht von so viel Biologie im heimischen Tabernakel angewidert. Fortpflanzungsgemeinschaft? Igitt! Liebende als Opportunisten entlarvt – Aasgeier, die kreischend über dem Genpool der anderen kreisen. Eine widerwärtige Vorstellung!

Wer weiß – vielleicht ist es ja von Vorteil, über den manchmal engen biologischen Rahmen Bescheid zu wissen, innerhalb dessen wir agieren. So ist man wenigstens vor den Stolpersteinen gewarnt, die auf dem Weg zum Glück so reichlich verstreut liegen.

Aber all jenen zum Trost, die an die ewige Liebe glauben: Es gibt sie wirklich, unter ganz bestimmten Bedingungen oder aus purem Glück, wie uns manche muntere Altehepaare versichern. Jene, die sich das Phänomen ihrer »Nirostaliebe« nicht erklären können, helfen uns nicht weiter. Jene, die sich ihr Glück hart erarbeitet haben, schon. »Niemals zerstritten zu Bett gehen« ist so ein häufig genanntes Hausmittelchen, das tatsächlich einiges für sich hat.

Die Scheidungsspirale hat in letzter Konsequenz auch die Zahl der WissenschaftlerInnen vermehrt, die sich mit Scheidungsvorhersagen beschäftigen. Erfreulicherweise mit ansehnlichem Erfolg. So hat die Gruppe um Guy Bodenmann, den Schweizer Psychologen und Scheidungsforscher, einige Prädiktoren, so etwas wie Scheidungs-Frühwarnsignale, für die Zerrüttung von Ehen aufgespürt.

Welche Faktoren geben einer Ehe gute Chancen und welche können ihr zum Verhängnis werden? Wenn sich Partner ähnlich und ideologisch gleich gepolt sind, ähnliches Bildungsniveau, ähnlichen gesellschaftlichen Status etc. haben, stehen die Vorzeichen für eine glückliche, zufriedene Partnerschaft besonders günstig. Allen Volksweisheiten zum Trotz, wie sehr sich Gegensätze doch anziehen. Beziehungskiller Nummer eins ist hingegen – Sie haben es geahnt – mangelnde Gesprächs- und Konfliktkultur. Mit anderen Worten: Die meisten Ehen gehen daran kaputt, dass sich die Partner nichts mehr zu sagen haben oder das Streiten verlernt haben – das konstruktive Streiten wohlgemerkt. Destruktive Kritik, ein verächtlicher Ton, Verteidigung und »Mauern«, also der totale Gesprächsboykott, sind die Schatten an der Wand, die das nahe Ende einer Ehe vorauswirft. Es ist schon ironisch, dass die Vertrautheit zwischen zwei Menschen oft zum Pferdefuß einer

Beziehung wird. Denn der nachlässige, abfällige, oder verletzende Ton, der sich in langjährigen Partnerschaften gelegentlich breit macht, ist der missratene Bruder der Intimität. Während das Institut für Familienforschung in Freiburg bereits mit großem Erfolg Streitkurse für Ehepaare anbietet[11], hat sich ein prominenter Fachkollege Bodenmanns auf die Vorhersage von Scheidungen beziehungsweise Eheverläufen verlegt.
John Gottman von der Universität von Washington in Seattle hat 124 jung verheiratete Paare mit der Videokamera beim Streiten aufgenommen.[12] Er bat seine Versuchspersonen ihr Lieblingsstreitthema aufzugreifen und darüber zu debattieren. Jedes Paar hat klarerweise ein oder mehrere solcher Reizthemen. Der Schlüssel zu Gottmans Forschung war aber, *wie* die Paare miteinander streiten. Seine Ergebnisse zeigten, dass der Eröffnungszug nicht nur entscheidend für den Ausgang der jeweiligen Diskussion war, sondern auch eine hochzuverlässige Prognose über den restlichen Verlauf der Ehe zuließ. Am Ende der Studie waren bereits 17 der frisch vermählten Paare wieder geschieden. Was war passiert?
Die Streitszenen zeigten es ganz deutlich: Männer fielen generell eher aus der Rolle als Frauen. Doch die Männer jener Paare, die sich kurz nach der Untersuchung scheiden ließen, wurden schneller wütend und um einiges aggressiver als die anderen Männer. Auch die Frauen wurden im Lauf eines Streits negativer. Doch die Frauen, die sich bald scheiden lassen sollten, wurden nicht in dem Maße aggressiv wie ihre Männer. Sie zeigten dafür sehr früh im Verlauf der 15-minütigen Streitsitzung Anzeichen von Verachtung und Geringschätzung ihres Partners. Sie verdrehten die Augen, seufzten oder verhöhnten ihr männliches Gegenüber. Je früher Frauen so reagieren, desto eher, fand Gottman heraus, ging die Ehe in die Brüche.
Es scheint, als wären Frauen nicht nur beim Gestalten einer Beziehung aktiver, sondern auch wenn es darum geht, die Zelte wieder abzubrechen. Das untermauert auch die aktuelle Scheidungsstatistik. 80 % der österreichischen Scheidungen werden tatsächlich von Frauen eingereicht. Das widerspricht auf den ersten Blick dem Bild der Frau als der Architektin des familiären Glücks. Sieht

man sich aber die Gründe an, warum Frauen ihre Männer verlassen, kann man nur schwer übersehen, was Frauen in ihren Beziehungen am wichtigsten ist – sozusagen nicht verhandelbar erscheint. Frauen wollen die Scheidung überwiegend dann, wenn sie sich emotional vernachlässigt fühlen, wenn sie und ihr Partner sich nichts mehr zu sagen haben, die viel beschworene Zerrüttung der Beziehung eingetreten ist, erzählt der prominente Wiener Scheidungsanwalt Dr. Alfred Boran. Männer hingegen denken erst an Absprung, wenn sie »was Jüngeres« gefunden haben.

Die emotionale Grundlage, auf der Frauen über ihr Ausbrechen aus einer unglücklichen Ehe entscheiden, ist für sie bezeichnend. Bevor sie eine erkaltete Liebe ertragen, sehen sie noch eher über einen Seitensprung oder eine Geliebte hinweg. Das wird gerne falsch interpretiert – eine ältere Frau findet ja keinen Jüngeren mehr. Deshalb bleibt diese Option natürlich dem Mann vorbehalten. Unsinn! Frauen sind nur einfach die bindungsstärkeren Geschöpfe. Sie lassen eine jahrelang glückliche, erfüllte Partnerschaft – ihr Lebenswerk – nicht so einfach im Stich. Erst wenn das Feuer unwiderruflich erloschen, jede Hoffnung auf Besserung aufgegeben ist, ziehen sie von sich aus den Schlussstrich.

Ironischerweise hat die galoppierende Scheidungsrate auch ihr Gutes. Niemand muss heute mehr bis ans Lebensende in einer unglücklichen Ehe ausharren; und das waren früher vor allem Frauen. Immerhin ist es erfreulich, dass man – zumindest in unserer Kultur – neu beginnen kann, sooft man will. Schade ist nur, wenn sich zwei Menschen vorschnell trennen, weil sie vielleicht nicht rechtzeitig erkannt haben, auf welchem Schatz sie die längste Zeit gesessen sind. Oft sind es über viele Jahre eingespielte, langsam gewachsene Beziehungen, die dann vor den Augen der fassungslosen Familie und Freunde in die Brüche gehen. Nicht dieses Paar, schütteln dann alle den Kopf. Von allen, nur nicht von den beiden hätten wir erwartet, dass sie auseinander gehen.

Die Schweizer ScheidungsforscherInnen haben im Zuge einer einschlägigen Befragung eine ganz unglaubliche Zahl zu Tage gefördert. Sie haben herausgefunden, dass 40 %, also fast jede/r zweite Geschiedene/r, noch einmal den alten Partner heiraten würde, wenn sie die Chance dazu hätten. Das gibt Anlass zum

Nachdenken. Denn diese Zahl sagt im Grunde nichts anderes, als dass fast die Hälfte aller Scheidungen vermeidbar wäre.
Wie können wir es besser machen? Paare müssen als solche hart an sich arbeiten, natürlich! Aber auch jeder einzelne Partner ist gefordert, sich den Wert des anderen – besonders wenn eine Beziehung in die langen Jahre kommt – immer wieder aktiv ins Bewusstsein zu rufen. Denn oft kehren die Probleme, deretwegen man sich von einem Partner trennt, mit einem neuen Partner wieder. In diesem gar nicht so seltenen Fall liegt das Problem eben nicht an der Partnerschaft, sondern bei einem selber.
Wir glauben, dass die Arbeit noch vor einer angepeilten Langzeitbeziehung beginnen müsste. Denn oft sind es die völlig irrationalen, überzogenen Erwartungen, die Menschen in die Ehe oder Partnerschaft setzen, an denen eine Beziehung ganz einfach scheitern muss. Schließlich setzen sich Paare in der Regel aus zwei Menschen zusammen: aus einer Frau und einem Mann – und nicht aus Feen, Zauberern, Märchenprinzessinnen oder -prinzen. Wenn die Konsequenzen der Ignoranz nicht so dramatisch, oftmals sogar tragisch wären, müsste man eigentlich amüsiert den Kopf schütteln, wie wenig Männer und Frauen über das jeweils andere Geschlecht wissen, mit dem sie vorhaben ihr Leben, oder wenigstens einen großen Teil davon, zu verbringen.
Das folgende Kapitel ist deshalb den großen, tragischen Irrtümern über das jeweils andere Geschlecht gewidmet.

Legenden der Leidenschaft –
populäre Irrtümer über Frau und Mann

Haben Sie je zugehört, wie sich Männer über ihre Eroberungen unterhalten? Nein? Das hört sich etwa so an: Die Mädels, auch Hasen genannt, werden »angebaggert«, »abgeschleppt«, »aufgerissen«, »angemacht«, später werden sie »flachgelegt«, es wird ihnen »besorgt« und so weiter. Wer diese Art verbaler Kraftmeierei für bare Münze nimmt, müsste meinen, für die Frau bliebe nur noch die Rolle der passiven Statistin, der willenlosen Plastikpuppe, die – einmal vom unwiderstehlichen Märchenprinzen hypnotisiert – alles mit sich geschehen lässt. Ist ihr schwacher Wille erst gebrochen, braucht sie dann nur noch »die Beine breit zu machen«. Selbst wenn Sie für sich in Anspruch nehmen, diese Art vulgärer Rhetorik zu verabscheuen und niemals in den Mund zu nehmen, bleibt eines doch unwidersprochen: Frauen, da sind sich fast alle, die man fragt, einig, sind sexuell weniger aktiv als Männer.

Das Märchen von der passiven Frau ist eines unserer Lieblingsmärchen. Darum wollen wir es gleich als Erstes auseinander nehmen. Solange die Wissenschaft die Rolle der Frau bei der Partnerwahl geflissentlich ignoriert hat, war es eine beliebte Volksweise: Frauen hätten kein Interesse an Sex, sie hätten keinen Spaß daran. Sie wären von Natur aus treu, scheu und passiv. Flirten wäre Männersache. Männer sind beim Sex initiativ und dominant, Frauen abwartend und duldsam. Frauen werden genommen – Männer nehmen. Die Liste der Irrtümer über weibliche Sexualität ließe sich beliebig lange fortsetzen. Seit die Wissenschaft allerdings ihr Augenmerk auf das weibliche Paarungsverhalten gerichtet hat, ist eine kleine Revolution im Anmarsch. Eine, die dabei ist, mit den schwerwiegendsten Irrtümern über das weibliche Geschlecht aufzuräumen. Weil solche Irrtümer aber leicht den Weg zum Glück zwischen Mann und Frau versperren, hier eine Auswahl der vielleicht folgenschwersten.

Bleiben wir gleich beim Kennenlernen – beim Aufriss, dem unvermeidlichen Eröffnungszug beim »Paarlauf«. Eine mittlerweile klassische Studie der amerikanischen Psychologin Monica Moore von der University of Missouri hat Mitte der 1980er-Jahre für Aufsehen gesorgt.[1] Sie beobachtete 200 Frauen im Alter zwischen 18 und 35 in Singlebars, Campus-Cafés und Szenetreffs. Die Frauen wussten nicht, dass sie im Dienste einer der ersten umfassenden Untersuchungen des weiblichen Flirtverhaltens beobachtet wurden. Keine von ihnen war in Begleitung und keine von ihnen war auf ihrer Lokaltour einer Männerbekanntschaft abgeneigt. Monica Moore erfasste mit ihrer Studie erstmals die gesamte Bandbreite weiblichen Flirtverhaltens – ein reiches Repertoire an Bewegungen und Gesten, dessen sich jede Frau bedient und das sie unbewusst in immer gleicher Abfolge zur Schau stellt, wenn sie das Interesse eines Mannes auf sich lenken will. Moores Studie war es auch, die das passive Mauerblümchen ins Reich der Fabel verwies.

Frauen, stellte sich heraus, machen nicht nur den ersten Zug beim Kennenlernen, sie führen vom ersten Augenblick der Begegnung an Regie. Sie bestimmen, wer sich ihnen nähert, auf welche Weise und wie rasch. Sie fordern Männer auf, locken sie an und stoßen sie weg – wie Puppenspielerinnen ihre Marionetten. Dabei kommen sie fast ohne Worte aus und senden stattdessen Blicke und andere körperliche Signale an den Mann, der ihr Interesse geweckt hat. Das schloss Monica Moore aus dem immer wiederkehrenden Muster von weiblicher Aktion und männlicher Reaktion. Die Abfolge der Körpersignale war bei ihren heimlich beobachteten Single-Frauen so verblüffend ähnlich, als gingen diese nach einem Lehrbuch für das Schließen von Männerbekanntschaften vor. Insgesamt 52 flirtstrategische Gesten, Blicke und Bewegungen registrierten Moore und ihre Mitarbeiter im Lauf ihrer ungewöhnlichen Feldstudie – jede mit einer bestimmten Bedeutung und fast jede mit einer ganz erstaunlichen Wirkung.

Was Moore und ihre Mitarbeiter beim allabendlichen »Ansitzen«

in den Singletreffs zu sehen bekamen und protokollierten, muss man sich etwa so vorstellen:
Eine Frau betritt das Lokal – ein möglichst voll besetztes – und verschafft sich einen Überblick. Sie sieht sich um; das dauert etwa 10 Sekunden. Dabei bleibt ihr Auge vorerst noch an niemand Bestimmtem haften. Sie setzt sich oder stellt sich an die Bar. Dann wird das Ziel fixiert. Sie schaut den Mann, der ihr gefällt, nur ganz kurz – maximal 3 Sekunden – an. Monica Moore nannte diesen Blick »darting glance«, weil er wie ein Pfeil ist, der rasch und zielsicher geworfen wird und dazu dient, das Ziel zu markieren. Dieser Blick wiederholt sich ein paar Mal in Serien von je drei Blicken. Dann folgt nach einer Weile ein »gaze fixate«, ein Fixierblick. Der Blick verweilt nun etwas länger auf dem auserwählten Mann. Auch dieser Blick wiederholt sich ein paar Mal – in dieser Phase begegnen sich erstmals die Blicke der beiden, der Senderin und des Empfängers, wie Moore die flirtenden Frauen und ihre Ziele nennt. Es folgt ein Blick, bei dem einen Moment lang die Augenbrauen hochgezogen werden – nur ganz kurz, kaum 2 Sekunden lang. Dieser Blick wird oft mit einem hinreißenden Lächeln garniert. Das Eis ist gebrochen. Die Männer, die noch zögern die Senderin anzusprechen, werden mit Kopf-in-den-Nacken-Werfen weiter bearbeitet. Dabei schaut das Gesicht einige Sekunden lang nach oben. Das geschieht auch mehrmals, wobei jetzt auch die Haare ins Spiel kommen. Die Frauen fahren sich mit den Fingern durchs Haar, schütteln ihre Mähne oder streichen sich kokett eine Strähne aus dem Gesicht. Als Krönung der Eröffnung präsentieren manche Frauen ihren bloßen Nacken.
Die meisten Männer beißen spätestens dann an, kommen näher und sprechen die Frau an. An dieser Stelle entscheidet sie, ob sie will, dass er noch näher kommt. Wenn ihr das, was er sagt, seine Stimme, sein Aussehen aus nächster Nähe auch noch gefallen, nickt sie ein paar Mal mit dem Kopf, während sie sich unterhalten.
Wenn eine Frau stark gestikuliert, gefällt ihr die neue Bekanntschaft. Streichelt sie liebevoll ihre Zigarettenschachtel, ihr Weinglas oder ihr Feuerzeug, zeigt sie ihm, wie nett sie sein kann. Auch den ersten Körperkontakt initiiert sie. Meistens streift sie

wie zufällig an ihm an. Er fühlt sich dadurch ermutigt. Aber ohne ihre Signale traut er sich nicht. Die Frau scheint den Mann durch diese erste Begegnung durchzulotsen wie einen Piloten bei einer schwierigen Landung auf einem Flugzeugträger bei Sturm und schlechter Sicht.

Sie macht den Eröffnungszug bei jeder der vier Phasen des Flirts: Sie erregt seine Aufmerksamkeit, sie gibt sich als interessiert zu erkennen, ermöglicht die Begegnung und sorgt schließlich für Körperkontakt oder auch nicht. Die einzelnen Gesten, die Monica Moore beobachtet hat, wie das Kopf-zurück-Werfen oder Schütteln des Haars, das Liebkosen eines Objekts oder die viel sagenden Blicke, sind nichts Neues. Was zum Zeitpunkt der Moorschen Studie allerdings neu, um nicht zu sagen revolutionär war, ist, dass Frauen den aktiven Part beim Kennenlernen innehaben. Und diese Rolle geben sie, ganz im Gegensatz zu dem, was jahrzehntelang als Lehrmeinung anerkannt war und gepredigt wurde, im ganzen Ringelpiez der menschlichen Fortpflanzung nicht ab.

Sie ahnen schon, worauf wir anspielen? Vielleicht haben ja auch Sie im Biologieunterricht Folgendes über die Paarung des Homo sapiens erfahren: Während der Mann unserer Spezies zwei Millionen wimmelnder Samenzellen für jeden Geschlechtsakt mobilisiert, harrt im Inneren der Frau, ganz still und stumm, nur ein einziges, untätiges Ei seiner Befruchtung. Am Ziel angelangt, bohrt sich das schnellste, beste Spermium unter Aufbietung all seiner Kräfte durch die zähe Hülle des trägen Eis und befruchtet es mannhaft. Die Gebrüder Grimm hätten es nicht besser erfinden können! Hier ist, was wirklich passiert:

Wie viele der rund zwei Millionen Samenzellen – an dieser Zahl gibt es wirklich nichts zu rütteln – auch nur in die Nähe des Eis kommen, bestimmen einige Faktoren, die allesamt, teils bewusst, teils unbewusst, von der Frau gesteuert werden.

Da wäre einmal das Scheidenmilieu. Ätzend sauer, ausgenommen während der fruchtbaren Tage in der Mitte des Zyklus, werden die Samenzellen, die vorwiegend aus Eiweiß bestehen, sofort zersetzt. Game over. Sie kommen nicht einmal an den Muttermund heran, der ohnedies mit einem Schleimpfropfen fest verschlossen wäre. Während des Eisprungs herrscht, wie gesagt, ein freundlicheres Klima und die Samenzellen werden nicht gleich abgetötet. Allerdings kommen auch nur etwa zweihundert von den ursprünglichen zwei Millionen in die Umgebung der Eizelle. Samenzellen sind, um unnötige Aufenthalte in ihrem kurzen Dasein zu vermeiden, dazu geschaffen, nirgends hängen zu bleiben. Und auch in oder an das Ei könnten sie niemals andocken, wäre da nicht ein chemisches Signal, mit dem sie das Ei sozusagen heranwinkt. Erinnert irgendwie an die Singlebar, oder? Jedenfalls lockt das Ei, genauer gesagt die Follikelflüssigkeit, in der das Ei bis zum Eisprung eingebettet liegt, mit einem Lockstoff die ansonsten ziel- und planlos herumirrenden Spermien an. An der Eihülle endet schließlich der letzte Mythos vom aktiven Mann und dem passiven Weib. Nicht das Super-Turbo-Spermium schlägt ein wie ein Torpedo. Nein, das Ei entscheidet, für welche der hilflos zappelnden Samenzellen es die Pforten öffnet. Und dafür gibt es auch eine logische Erklärung. Die Pulitzerpreisträgerin Natalie Angier schreibt in ihrem Buch »Frau – eine intime Geographie des weiblichen Körpers«, dass immerhin die Eizelle die Party schmeißt und die Samenzellen nur zu kommen brauchen.[2] Treffender kann man es nicht sagen. Denn die Eizelle ist beladen mit Nährstoffen, die den Fötus die erste Zeit am Leben erhalten – das sind immerhin 7 bis 10 Tage –, bis er sich in der Gebärmutter eingenistet hat und direkt vom mütterlichen Organismus mitversorgt wird. Und wer schon ein Fest ausrichtet, möchte auch bestimmen, wer eingeladen wird, nicht wahr?

All die bisher genannten Faktoren fallen unter die Kategorie »unbewusst«. Ein interessanter Grenzfall zwischen bewusst und unbewusst ist der weibliche Orgasmus. Wieder ein überaus legendenumrankter Stoff, wie wir gleich sehen werden. Und wieder hat unsere immer noch mehrheitlich patriarchalisch ausgerichtete Gesellschaft den Frauen das Label »spröde« und »passiv« umgehängt – zu Unrecht.

Die berühmten Untersuchungen von Masters und Johnson in den 1960er-Jahren, die die sexuelle Befreiung der Frau wie sonst kaum eine wissenschaftliche Arbeit vor und nach ihnen gefördert haben, zeigten, dass die Gebärmutter während und kurz nach dem Orgasmus wie eine Saugglocke Spermien ansaugt.[3] Je heftiger die

Kontraktionen, desto stärker die Saugbewegungen. Wie spätere Studien ergaben, nehmen Frauen, die multiple Orgasmen erleben, mehr Samenzellen in die Gebärmutter auf. Das bedeutet, dass der weibliche Orgasmus auch für den Reproduktionserfolg von entscheidender Bedeutung ist. Sicher, eine Frau kann auch ohne Orgasmus schwanger werden und trotz Orgasmus nicht schwanger werden. Aber das Ammenmärchen vom weiblichen Orgasmus, der für die Fortpflanzung ohne Belang ist, aus biologischer Sicht unnötiger Tand, ist damit endgültig vom Tisch. Frauen können auch ganz bewusst einen Großteil der Spermien nach einem Schäferstündchen wieder loswerden. Sie brauchen nur gleich aufzustehen und herumzulaufen – den Rest erledigt dann die Schwerkraft.

Wer immer noch glaubt, Sex wäre vor allem eine Männerdomäne, den wird folgende Studie vielleicht umstimmen. Ausgerechnet die Menstruation, die als Inbegriff der sexuellen Beschränktheit der Frau galt, scheint einer neuen Theorie zufolge das krasse Gegenteil zu beweisen. Margie Profet, eine Evolutionsbiologin an der University of Washington, hat herausgefunden, dass die Blutungen eine reinigende, desinfizierende Wirkung haben.[4] Nachdem sich der Geschlechtsakt im Körper der Frau ereignet, hat dieser offensichtlich einen Weg gefunden, sich vor Schmutz und Krankheitserregern zu schützen – häufigen unerfreulichen Andenken an ein paar vergnügliche Stunden. Aus Sicht der Natur ist die Monatsblutung eine kostspielige Sache – immerhin wird alle 4 Wochen das aufwendig gemachte Nest für allfällige befruchtete Eier in der Gebärmutter wieder abgetragen – und das Regelblut schwemmt alle Fremdkörper und potenziellen Infektionsherde ins Freie. All systems clear! Eine solche Energie- und Ressourcenverschwendung hätte sich in unserer Entwicklungsgeschichte niemals etablieren können, wären ihre Vorteile nicht klar und überzeugend gewesen. Und das waren sie: Dank der regelmäßigen Reinigungsprozedur konnten sich unsere weiblichen Vorfahren relativ ungetrübter Promiskuität erfreuen.

Die Frauen-haben-keinen-Spaß-am-Sex-Lobby hatte natürlich stets einflussreiche Fürsprecher. Und so ist es klar, dass alles, was die Wissenschaft jahrhundertelang über Frauen zutage förderte, eher von dem geprägt war, was Patriarchen gerne hören wollten, als von dem, was wirklich der Wahrheit entsprach. So ist es ausschließlich der Tabuisierung der Sexualität zuzuschreiben, dass ein auffallender Unterschied im Liebesleben von Frau und Mann, mitsamt seiner logischen Konsequenz, so lange unbemerkt blieb. Wir meinen die so genannte Refraktärzeit. So heißt die Zeitspanne, die ein Mann braucht, um nach einem Orgasmus alle Systeme für das nächste Mal wieder in Gang zu bringen. Bei der Frau gibt es nichts Vergleichbares. Sie kann, auch diese Erkenntnis verdanken wir Masters und Johnson, unmittelbar nach einem Orgasmus gleich den nächsten haben. Auch der multiple Orgasmus, die S-Klasse unter den erotischen Empfindungen, ist ausschließlich Frauen vorbehalten. Wenn es also ein Geschlecht gibt, das immer potent ist, dann ist es das weibliche.

Vor ein paar Jahren schien eine Studie dem Mythos von der spröden Frau wieder Leben einzuhauchen – wenn auch nur für kurze Zeit. Aber in dieser wurde wieder heftig über die unterschiedliche Einstellung von Männern und Frauen zum Sex diskutiert.

Die Psychologen Russell Clark von der University of North Texas und Elaine Hatfield von der University of Hawaii rekrutierten gut aussehende weibliche und männliche College-StudentenInnen für ein ungewöhnliches Experiment.[5] Sie gaben den attraktiven Frauen und Männern den Auftrag, Kommilitonen des jeweils anderen Geschlechts am Campus anzusprechen. Sie sollten sagen, dass ihnen die oder der Angesprochene schon lange aufgefallen war, um dann gleich mit der Tür – sprich den drei experimentellen Fragen – ins Haus zu fallen: »Würdest du heute mit mir ausgehen?«, »Würdest du heute Abend mit in mein Apartment kommen?«, »Würdest du heute Nacht mit mir schlafen?«

Während die angesprochenen Frauen und Männer beide zu exakt 50% die Einladung zu einem abendlichen Rendezvous annahmen, sah die Sache beim schnellen Sex schon etwas anders aus. Hier wollten gleich 75% der Männer der freizügigen Aufforderung zu einem Schäferstündchen nachkommen, während es bei den Frauen genau 0% waren. Auch die Art und Weise, wie Männer und Frauen auf das unverhoffte Angebot reagierten, war interessant. Die Frauen reagierten ungläubig bis verärgert: »Das soll wohl ein Witz sein!« Die Männer, die das Angebot ausschlugen, brachten

hingegen fast alle irgendeine Art von Entschuldigung vor – sie hätten bereits eine Verabredung, es täte ihnen Leid, aber ... gerade, dass sie keine Migräne vortäuschten!
Natürlich wurde das Ergebnis der Studie zuerst einmal traditionell gedeutet: Ist doch klar, hieß es aus der Ecke der Evolutionspsychologen, Männer wollen immer Sex und Frauen sind eben spröde. Doch einige Wissenschaftlerinnen sahen in dem Ergebnis eine ganz andere Botschaft. Meredith Small findet es bemerkenswert, dass 50 % der Frauen sich überhaupt mit einem wildfremden Mann verabreden wollten. Sie sieht darin ihre Theorie bestätigt, dass Frauen auf gar keinen Fall weniger Interesse an Sex haben als Männer. Im Gegenteil. Sie meint, dass die Studienautoren einen entscheidenden Faktor nicht berücksichtig haben – nämlich den, dass Frauen, die spontan der Einladung eines Fremden folgen, ein größeres Risiko auf sich nehmen als Männer. Und denkt man an die Zahl der Frauen, die beim ersten Rendezvous vergewaltigt oder misshandelt werden, hat sie natürlich Recht. Frauen, die mit einer solchen Einladung konfrontiert werden, müssen bei ihrer Entscheidung, ob sie sie annehmen oder ausschlagen, immer das Risiko körperlicher Gewalt mit einkalkulieren. Unter diesen Auspizien ist es tatsächlich bemerkenswert, dass sich immerhin jede Zweite für ein spontanes Date entscheidet.
Womit wir bei einem düsteren Abschnitt unter den Missverständnissen zwischen Mann und Frau wären. Meint eine Frau ja, wenn sie nein sagt? Nein! Eine Untersuchung an Männern, die wegen sexueller Übergriffe gerichtlich belangt worden waren und als sexuell besonders aggressiv eingestuft wurden, ergab, dass besonders dieser Menschenschlag glaubt, Frauen würden nicht sagen was sie meinen, die Wahrheit absichtlich verschleiern und Männer gezielt mit der Unwahrheit verunsichern.[6] Tatsache ist auch, dass Männer ganz allgemein dazu neigen, neutrale Signale von Frauen mit sexuellen Signalen zu verwechseln. Nicht jede Frau, die freundlich lächelt, will mit einem Mann ins Bett. Nicht jede zufällige Berührung ist eine sexuelle Aufforderung und nicht jeder Blick einer Frau, der zufällig auf einen Mann trifft, bedeutet »Du gefällst mir«. Dass es dennoch viel zu oft zu Übergriffen kommt, liegt zum Teil an der weit verbreiteten Annahme, dass

Frauen sich gerne von Männern dominieren lassen. Das ist falsch! Frauen wollen keine gewalttätigen Männer – ganz im Gegenteil. Eines der finstersten Kapitel unserer Stammesgeschichte sollte uns das gelehrt haben. Die amerikanische Anthropologin Sarah Blaffer-Hrdy hat ganz entscheidend zur Aufklärung jenes Phänomens beigetragen, das wie kein anderes den weiblichen Teil unserer Spezies geprägt haben dürfte. Die Rede ist vom Infantizid – dem Töten eines abhängigen Jungtiers durch ein dominantes Männchen.

Sarah Blaffer-Hrdy hatte dieses schockierende Verhalten an Languren in Indien beobachtet.[7] Jedes Mal, wenn ein neues Alpha-Männchen sich an die Spitze der Gruppe setzte, gab es Szenen, die selbst dem nüchternen Wissenschaftler das Blut in den Adern gefrieren lassen. Der neue Alpha-Mann an der Spitze der Männerhierarchie raubte den verzweifelt kreischenden Jungmüttern ihre noch nicht entwöhnten Babys und biss sie tot. Für kurze Zeit herrschten ohrenbetäubendes Geschrei und – nach menschlichem Ermessen – Szenen unbeschreiblichster Brutalität und Grausamkeit. Das Prinzip, das Blaffer-Hrdy dahinter vermutete, war, dass die Weibchen, solange sie ein abhängiges Jungtier mit sich herumtrugen, nicht wieder trächtig werden konnten. Deshalb entledigten sich die neuen Alpha-Affen blitzartig aller Babys ihrer Vorgänger, um für eigenen Nachwuchs Platz zu schaffen. Was Sarah Blaffer-Hrdy besonders erschütterte, war die Tatsache, dass die Mütter der getöteten Kinder sich bald nach dem Infantizid mit dem neuen Alpha-Männchen paarten.

Da Menschen keine Harems haben und sich durch die Hilflosigkeit und lange Abhängigkeit ihrer Kinder zu einer paarbildenden Art entwickelten, liegt diese dunkle Seite der Geschichte eine Weile hinter ihnen. Dennoch gibt es einige Besonderheiten in unserem Verhalten, die daran erinnern, dass auch Menschenfrauen und ihre Kinder womöglich einmal ähnlicher männlicher Gewalt ausgesetzt waren. Frauen verabscheuen brutale Männer, sie hegen tiefes Misstrauen gegen fremde Männer, die sich ihren Kindern nähern. Und Kleinkinder, die fremdeln – also sich vor fremden Erwachsenen zu fürchten beginnen, sobald sie aus eigener Kraft von ihrer Mutter wegkrabbeln können –, zeigen dieses Verhalten fremden Männern gegenüber noch deutlicher als fremden Frauen.[8] All das bedeutet, dass ein angeborenes Programm in unseren Köpfen existieren muss, das vor potenziellen Gefahrenquellen warnt. Und das sind für Kleinkinder immer noch fremde Männer. In ihrem Buch »Mutter Natur« berichtet Sarah Blaffer-Hrdy von einer Studie, deren Inhalt man kaum für möglich halten kann. Die Statistik, auf die sie sich beruft, zeigt, dass die meisten Kleinkinder, die eines gewaltsamen Todes sterben, durch die Hand eines Stiefvaters oder eines Freundes der Mutter zu Tode kommen. Diese Zahl eröffnet einen Blick in einen tiefen Abgrund und beleuchtet dennoch nichts anderes als unsere gewalttätige Vergangenheit. Kein Wunder, dass sich Frauen vor allem dahingehend entwickelt haben, diese männliche Gewalttätigkeit einzudämmen – und das in sehr subtiler, vielschichtiger Weise, wie wir im Folgenden noch sehen werden.

Wie es dennoch zu dem profunden Missverständnis kommen konnte, dass Frauen angeblich auf Brutalos stehen? Wahrscheinlich deshalb, weil Frauen dominante Männer mögen. Aber was heißt schon dominant?

Die beiden Psychologen Weisfeld & Weisfeld versuchten mit einer Studie über Zufriedenheit in der Ehe herauszufinden, was Frauen unter Dominanz verstehen, und brachten damit etwas Licht in die Sache.[9] Sie fragten Frauen, ob sie es mögen, wenn ihre Partner ihnen Entscheidungen abnehmen. Der überwiegende Teil der Frauen beantwortete die Frage mit ja. Allerdings stellte sich heraus, dass sie einen Mann, der sie bevormundet und ständig den Ton angeben will, als wenig hilfreich empfinden – genauer gesagt als ziemliche Nervensäge. Daraus schlossen die Studienautoren: Was Frauen an Männern mögen, ist Entschlossenheit und Entscheidungsfreude. Was sie aber genauso wenig wollen wie einen Zauderer ist ein Wichtigmacher, der ihnen gegenüber den Chef heraushängen lässt. Leadership, also Führungsqualitäten, sind gefragt, nicht kindische Rechthaberei.

Frauen wollen dominante Männer – das ist im Prinzip richtig. Das haben Hunderte, um nicht zu sagen Tausende Studien zweifelsfrei ergeben. Aber, und das ist der springende Punkt: Frauen wollen keinen Mann, der *sie* dominiert, sondern einen, der andere Männer dominiert. Sie finden Männer attraktiv, die sich in der verwirrenden Welt der männlichen Hierarchien und Machtspielchen zurechtfinden. Dominanz wird gerne mit Aggressivität verwechselt, was möglicherweise daran liegt, dass beide auf das männliche Sexualhormon Testosteron zurückzuführen sind. Und dieses ist auch verantwortlich für eine ganze Reihe urmännlicher Eigenschaften wie das Zurschaustellen von Fähigkeiten aller Art. Social Visibility nennt die Wissenschaft dieses Räderschlagen vor Zuschauerinnen. Männer lassen ihre Muskeln spielen – auch im übertragenen Sinn. Sie tragen stolz ihre Führungsqualitäten in Politik und Gesellschaft vor sich her, ihre künstlerischen oder handwerklichen Fähigkeiten oder ihre Leistungen als Sportler – das kommt bei den Frauen an und wird unter dem Prädikat »dominant« subsumiert. Auffallend ist, dass solche Werbebotschaften mit einem hohen Testosteronspiegel Hand in Hand gehen.[10]

Das männliche Sexualhormon ist allerdings ein ziemlich unsicherer Kantonist. Testosteronwerte sind bis zu einem gewissen Grad erblich – doch sie schwanken bei jedem einzelnen Mann ganz beträchtlich, je nach Tagesverfassung, beruflichen Erfolgserlebnissen, Zurückweisung oder Anerkennung durch das zarte Geschlecht. Männer, die beispielsweise einen Konkurrenten bei einem kleinen Büroscharmützel in die Schranken weisen, verschaffen sich auf die Schnelle einen gewaltigen Testosteronschub. Sie fühlen sich, wenigstens für kurze Zeit, überlegen, unbesiegbar und begehrenswert. Das macht sie offensichtlich in den Augen von Frauen attraktiv. Wer sich jemals über die vielen kleinen, nichtigen Anlässe gewundert hat, deretwegen Männer untereinander ihre Kräfte messen, sich Gefechte, Rede- oder Argumentationsschlachten liefern, hat hier die passende Antwort darauf: Männer suchen permanent die Auseinandersetzung mit anderen Männern, um sich das begehrte Testosteronhoch zu verschaffen, das ihre Vorzüge erst so richtig zur Geltung bringt.

Das heißt, die hierarchische Rempelei unter Männern – das ständige Evaluieren, wer überlegen und wer unterlegen ist – dient einem einzigen Zweck: die weiblichen Zuschauer zu beeindrucken und den eigenen Marktwert in die Höhe zu treiben. Dass die Frauen, also die Zielgruppe, die es zu beeindrucken gilt, zum Gut-

teil selbst bestimmt, wer in der Hierarchie auf- oder absteigt, ist schon bemerkenswert.
Noch größer kann der weibliche Einfluss auf die Welt der männlichen Hormone gar nicht werden, denkt man. Aber weit gefehlt: Der Höhepunkt der Machtergreifung spielt sich in einem späteren Stadium der Zweisamkeit ab, wenn bereits alle Räder geschlagen, alle Serenaden gesungen und alles Werbepulver längst verschossen ist. Dann nämlich, wenn es gilt, den Mann familientauglich zu machen.

Cou vadis? –

Wo es mit den Männern hingeht

Haben wir die Fäden transparent gemacht? Die Frau ist nicht die graue Eminenz hinter ihrem Partner. Frauen geben den Ton an, sie bestimmen die Richtung, in die es geht. Doch wie dominieren sie?

Die übergeordnete Rolle, die Frauen in der Partnerschaft spielen, ist zwar manchen in unserer Gesellschaft inzwischen intuitiv selbstverständlich. Viele Männer lassen sich nur allzu gern zurückfallen und überlassen die Beziehungsarbeit ihren Frauen. Viele Frauen stöhnen über die Last dieser Verantwortung und das mangelnde Engagement ihrer Männer. Die Wissenschaft allerdings ist bisher alle Beweise schuldig geblieben.

Die Gründe dafür sind vielfältig. Einerseits ist es schwierig, hinter die Kulissen einer Paarbeziehung zu blicken. Gerade Dominanz ist etwas sehr Subjektives, Daten darüber zu erheben, die statistischen Prüfverfahren standhalten, problematisch. Andererseits war auch das Interesse gering, einer Domäne, die sich immer offensichtlicher als weiblich entpuppte, so viel Aufmerksamkeit zu widmen. Das hat seine Gründe, war es doch in der Vergangenheit eher üblich, den Mann in den Vordergrund zu rücken. Dabei stand viel auf dem Spiel: Der Mann sollte ja als Oberhaupt der Familie bestätigt werden.

Offenbar gab es gravierende Ausstattungsunterschiede zwischen Mann und Frau, die den Mann dazu prädestinierten, auch in der Beziehung den Ton anzugeben, seine »von Natur aus unterlegene Partnerin zu lenken und zu leiten«. Die WissenschaftlerInnen waren dazu aufgerufen, diese Unterschiede zu finden. So wurde etwa die Genetik bemüht, zu erklären, woher die Überlegenheit des Mannes käme.

Frauen bekommen von Natur aus mehr genetisches Material mit als Männer: Sie haben zwei große X-Chromosomen, Männer hingegen nur eines. Wissenschaftler entwickelten daher die Hypothese, dass die Frau von der Flut der Geninfo schlichtweg behindert werde. Das männliche Genom, so die weiterführende Überlegung, ermögliche seinem Träger hingegen viel mehr Variabilität. Zwar gibt es aus diesem Grund mehr unterdurchschnittlich begabte Männer als Frauen, andererseits natürlich vor allem mehr hochbegabte. Ähnlich wie bei einer Eishockeymannschaft, die gerade in der Unterzahl zu besonderer Leistung auffährt, gäbe es daher Männer, die Frauen genetisch überlegen sind, obwohl sie mit weniger Genen ausgestattet sind. Bei der Frau hingegen, um bei unserem Beispiel zu bleiben, wären einfach zu viele Spieler am Eis. Ihre Gene behinderten sich gegenseitig.[1]

Solche Thesen, so bemüht sie auch entwickelt und durchdacht wurden, erreichten jedoch meist nicht mehr, als ihre geistigen Väter der Lächerlichkeit preiszugeben. Auch die Hypothese von der überlegenen genetischen Unterlegenheit des Mannes konnte sich nicht lange halten. Es stellte sich nämlich heraus, dass in keiner einzigen weiblichen Körperzelle beide X-Chromosomen gleichzeitig aktiv sind. Immer ist eines angeschaltet und eines deaktiviert. Im so genannten »Barrschen Körperchen« sitzt es an der Zellkernwand und beteiligt sich nicht am Stoffwechsel. Die doppelte X-Ausstattung verhilft der Frau dazu, einige Gendefekte wie Farbenblindheit oder die Bluterkrankheit auszugleichen. Es gibt daher viel mehr bluterkranke und farbenblinde Männer als Frauen. Eine genetische Überlegenheit des Mannes konnte bisher nicht gefunden werden.

Die Dogmatiker des Patriarchats bemühten daraufhin die Gesellschaftssysteme. Die Überlegenheit des Mannes schien ihre Bestätigung darin zu finden, dass alle wichtigen Positionen in der Gesellschaft fast ausschließlich von Männern bekleidet wurden. In der Vergangenheit dominierten Männer fast alle gesellschaftlich relevanten Gebiete: Wirtschaft, Wissenschaft, Politik und Kunst.

Allein die Tatsache, dass der Mann in so vielen Kulturen das Oberhaupt der Familie ist, zeigte, wie sehr er seiner Frau in allen Bereichen überlegen ist. Die Gesetze wurden aufgrund von allgemeinen Übereinkünften und langen Traditionen etabliert. Die Vormachtstellung des Mannes in der Ehe sei aus vernünftigen, logischen Überlegungen zum Wohle von Familie und Gesellschaft entstanden.[2]

Doch auch die gesellschaftlichen Theorien ließen sich nicht halten. Hatten Frauen in den letzten Jahrhunderten dieselbe Ausbildung wie Männer? War es schick, dass sie arbeiteten, malten, schrieben? Und taten sie es tatsächlich – wurden ihre Werke genauso anerkannt? Werden nicht viele Schriftstellerinnen und Künstlerinnen erst heute entdeckt, wenn sie nicht wie George Eliot den genialen Einfall hatten, unter männlichem Pseudonym zu publizieren um überhaupt wahr- und ernst genommen zu werden?[3]

Mit der größer werdenden Anzahl von Wissenschaftlerinnen veränderte sich auch die Fragestellung und so manch festgefahrener Karren konnte aufgrund von veränderten Perspektiven und Überlegungen wieder flott gemacht werden.[4] So wird heute niemand, der ernst genommen werden möchte, von einer naturgegebenen Überlegenheit des Mannes sprechen. Im Gegenteil – immer mehr Studien deuten darauf hin, dass der Mann das schwache Geschlecht ist.[5] In unserem ersten Buch »Der kleine Unterschied« haben wir deutlich gemacht, wie traurig es um das so genannte »starke« Geschlecht bestellt ist. Vor allem was die Beziehung anbelangt, haben die Herren der Schöpfung nicht das geeignete Rüstzeug mitbekommen um dominieren zu können. So manches einfache Gemüt sieht daher auch keinen anderen Ausweg, als sich mit Brachialgewalt Geltung zu verschaffen.

Frauen dominieren aber nicht nur den Flirt, die Entstehung der Beziehung, deren Aufrechterhaltung und Pflege, sie unterwerfen den Mann sogar dem Diktat ihrer Hormone.

So verrückt es klingt: Ein Mann, der mit einer Frau zusammenlebt, passt sich ihrem Hormonhaushalt an, vorzugsweise während einer ganz bestimmten Zeit – der Schwangerschaft.

Was haben der Actionheld Hollywoods, Arnold Schwarzenegger, und der Komödienheld seichter deutscher B-Movies, Mike Krüger, gemeinsam? Sie verkörperten beide den Albtraum der Männerwelt: den schwangeren Mann. Arnie und Mike werden weinerlich, empfinden die Kollegen, die Partnerin als derb und uneinfühlsam. Ihr Appetit wächst mit jedem Pfund, das sie zunehmen, und ihre Gefühlsschwankungen eskalieren mit jedem Tag, den die Geburt näher rückt. Schließlich löst sich doch alles in Wohlgefallen auf, denn der Traum ist aus und neben dem Angstschweiß bleibt beiden die Erkenntnis, wie schwer es ist, eine schwangere Frau zu sein.

Alles nur Fiktion? Ein Mann klagt über Gewichtszunahme und Verstopfung, ein anderer über Schlaflosigkeit, Schwindelgefühl und Kopfschmerzen, ein dritter erbricht sich häufig und entwickelt eigenartige Vorlieben für, ja Heißhunger auf bestimmte Speisen. Diese Männer leiden alle unter verschiedenen Symptomen desselben klinischen Erscheinungsbildes: Couvade. Schuld daran ist keine Grippewelle und auch kein Burnout-Syndrom überarbeiteter männlicher Workaholics. Dieses Krankheitsbild kennt die Medizin von werdenden Vätern.

Die Symptome sind vielfältig: Appetitschwankungen, Gewichtszunahme, Übelkeit, Schlaflosigkeit, Verdauungsstörungen, Durchfall, Verstopfung, Kopfschmerzen, Zahnprobleme, Gemütsschwankungen, Rückenschmerzen, juckende Haut, Heißhunger auf bestimmte Lebensmittel. Klingt alles sehr nach Anzeichen einer Schwangerschaft. Nur, dass in diesem Fall die Betroffenen Männer sind.[6]

Couvade ist ein Ausdruck aus der Völkerkunde und bedeutet Männerkindbett. Bei vielen Völkern ist es noch heute üblich, dass der Vater eines neugeborenen Kindes bestimmte Verhaltensregeln auferlegt bekommt, die Kindsmutter hingegen ihren alltäglichen Verrichtungen nachgeht und sich meist auch noch um das Kind kümmert, darunter vor allem süd- aber auch nordamerikanische Indianer, afrikanische Völker, Inder, Basken, Chinesen und die Papua auf Neuguinea.[7]

Bei den Papua beispielsweise muss der Mann, sobald die Schwangerschaft seiner Frau feststeht, eine Hütte bauen, in welche er Kleidung und Essen bringt. Die Wochen und Monate der Schwangerschaft verbringt er alleine in der Hütte, ohne jeglichen Sozialkontakt. Während der Geburt muss er auf seinem Lager liegen und den Wehenschmerz nachvollziehen, bis die Frau seine Hütte betritt und ihm das Neugeborene überreicht.

Die Baskenmänner aus Nordspanien und Südwestfrankreich legen sich während der Geburt ins Bett und klagen über Krämpfe und Schmerzen. Unmittelbar nach der Geburt bleiben die Männer mit dem Neugeborenen im Bett, um die Glückwünsche der Nachbarn entgegenzunehmen, während die Frauen aufstehen und sofort wieder die alltäglichen Verrichtungen übernehmen. Ähnlich bei den Mozetena-Indianern aus Nordwest-Bolivien: Auch hier übernehmen die Männer unmittelbar nach der Geburt die Säuglingspflege, während die Frauen sich um die Zubereitung des Essens kümmern.

Selbst in unserer zivilisierten Gesellschaft, in welcher Rituale und Traditionen dieser Art eine untergeordnete Rolle spielen, kann das Phänomen Couvade beobachtet werden.

Viele werdende Väter sprechen über ihre Erfahrungen während der Schwangerschaft ihrer Partnerinnen, manche von ihnen outen sich im Internet. »Meine morgendliche Übelkeit begann früh im ersten Trimester«, erzählt Joe, Vater einer fünf Monate alten Tochter. Während der Schwangerschaft seiner Frau nahm Joe rund 13 Kilo zu, entwickelte seltsame Vorlieben für bestimmte Speisen, litt unter Übelkeit und Schlaflosigkeit.[8]

Die Zahlen sprechen für sich. ForscherInnen gehen davon aus, dass etwa 12 bis 65 % aller werdenden Väter von Couvade betroffen sind.

Fragt man die Menschen aus den verschiedensten traditionellen Kulturen nach einer Erklärung des Phänomens Couvade, fällt diese meist sehr allgemein aus: Die typisch männlichen Verrichtungen könnten dem Kind schaden. Typisch männliche Tätigkeiten sind je nach Kulturkreis unterschiedlich. Dennoch erscheinen sie vielen Gesellschaften mit dem Vorgang der Geburt unvereinbar.

Manche Naturvölker meinen, wenn der Vater während der Geburt lauter schreit als die Mutter, würde er die bösen Geister auf sich ziehen. Liegt gar der Vater statt der Mutter im Wochenbett, glauben die bösen Geister, das Kind sei noch nicht geboren. Die südamerikanischen Indianer glauben, der Vater hätte eine stärkere Beziehung zum Kind als die Mutter und könnte durch den Vollzug des Rituals das Kind besser in die Welt geleiten.

Joe, der werdende Vater aus dem Internet, glaubt an eine symbio-

tische Verbindung zwischen ihm und seiner Partnerin, die nun durch diese Erfahrung auf spirituelle Weise auch auf das Kind ausgeweitet wurde.
Die Wissenschaften (Soziologie, Psychologie, Anthropologie, Ethnologie) bieten eine ganze Reihe von Erklärungen für das Ritual der Couvade bei Naturvölkern an.
Grund dafür sei eine Stärkung der Vater-Kind-Beziehung. Durch das Ritual werde der Vater davon überzeugt, mit dem Kind verwandt zu sein, er wird auf seine Rolle als Vater besser vorbereitet. Vor allem Kulturen, die keine institutionelle Sicherung väterlicher Rechte kennen, greifen auf das Ritual der Couvade zurück, um die Rechte des Vaters in Erinnerung zu rufen. Außerdem kann der werdende Vater seine Ängste aufarbeiten: Die Couvade-Rituale sind in diesem Fall ein körperlicher Ausdruck seiner Angst vor der Geburt.
Für andere wiederum steht die Festigung der Beziehung zu seiner Frau im Vordergrund. Indem der Mann versucht ihren Schmerz zu empfinden, kann er sich besser in sie hineinversetzen. Auch Schuldgefühle der Partnerin gegenüber, immerhin ist er an den Schmerzen, die sie leiden muss, nicht ganz unschuldig, werden als Ursache für die Couvade angesehen.
Manche meinen auch, die Ursache für die Rituale wären schlicht und einfach Gebärneid, Neid auf die Erlebnisse der Partnerin während der Geburt und Neid auf die Fähigkeiten ihres Körpers. Auch Eifersucht auf das Kind ziehen manche Psychoanalytiker in Erwägung.
Doch was ist mit den zahlreichen werdenden Vätern in unserer modernen hoch technisierten Gesellschaft, wo kein Platz mehr für Geister und Rituale ist? Eine Gruppe italienischer ForscherInnen meinte Anfang der 1990er-Jahre, die Couvade der modernen Männer sei nichts anders als das psychosomatische Pendant zu den Initiationsriten der Naturvölker.[9] Eine Gesellschaft wie die unsere bietet all die vielen wichtigen kulturellen Traditionen nicht mehr, die nötig sind, um grundlegende psychische und physiologische Bedürfnisse auszuleben. Die Schwangerschaftssymptome der modernen Männer sind daher durchaus mit den kreißenden Männern der Naturvölker vergleichbar.

Wie immer man auch die Erscheinungsbilder der Couvade in den verschiedensten Kulturen zu erklären versucht, ein Mysterium bleibt bestehen. Diese Rituale und Symptome um die Geburt des Kindes findet man bei vielen Völkern, die geografisch und ethnisch so weit voneinander entfernt sind, dass man keine gemeinsame Wurzel ihrer Traditionen annehmen kann. Wenn sich aber ähnliche Bräuche völlig unabhängig voneinander entwickeln, liegt die Vermutung nahe, dass es sich um den kulturellen Ausdruck sehr ursprünglicher Bedürfnisse handelt. Ursprüngliche Bedürfnisse haben immer eine biologische Wurzel.
Irgendwo in der Stammesgeschichte muss es nützlich für das Überleben der Art gewesen sein, nicht nur Frauen auf die Geburt eines Kindes vorzubereiten, sondern auch Männer. In diesem Fall sind aber neben dem Überbau von kulturellen Verhaltensregeln und Gesetzen auch biologische Programme zu erwarten. Pünktlich zum Millennium gelang es zwei kanadischen Wissenschaftlerinnen tatsächlich, ein derartiges Programm dingfest zu machen.[10]
Die kanadische Biologin Kathrin Wynne-Edwards von der Queens University Kingston, Ontario, untersuchte gemeinsam mit Anne Storey, Professorin für Psychologie an der Memorial University, Blutproben von werdenden Vätern vor und nach der Geburt. Sie wollten die Konzentration von drei verschiedenen Hormonen untersuchen: Cortisol, das Stresshormon im menschlichen Körper, Testosteron, das männliche Geschlechtshormon, das mit aggressivem Verhalten in Verbindung gebracht wird, und Prolaktin, das Stillhormon, das die Muttermilch zum Fließen bringt und das auch mit mütterlichem bzw. väterlichem Verhalten assoziiert wird.
Die männlichen Probanden machten gemeinsam mit ihren Partnerinnen einen Geburtsvorbereitungskurs. Ein Teil der Probanden wurde vor, ein Teil nach der Geburt des Kindes zu Hause besucht. Zweimal, in einem Abstand von 30 Minuten, wurde jedem Probanden an Ort und Stelle Blut abgenommen. In diesen 30 Minuten bekam der Mann eine weiche Puppe zu halten, die in eine gebrauchte Decke aus der Säuglingsstation gewickelt war. Gemeinsam mit seiner Partnerin sah er auch ein Videoclip über das Stillen und hörte Babygeschrei aus der Säuglingsstation, das dazu eingespielt wurde.

Zunächst wollten die Autorinnen nur herausfinden, ob sich die Hormonzusammensetzung im Blut des werdenden Vaters verändern würde, wenn er mit allen Sinnen einer geburtsähnlichen Situation ausgesetzt wäre. Die Hormonschwankungen des einzelnen Probanden vor und nach dem Versuch mit Puppe, Decke, Video und Babygeschrei waren unterschiedlich – abhängig davon, ob der Versuch lang vor, unmittelbar vor oder nach der Geburt durchgeführt wurde. Im Verlauf des Versuchs stieg vor der Geburt der Cortisolspiegel, nach der Geburt der Testosteronspiegel im Blut der werdenden Väter an. Es konnte eindeutig eine hormonelle Reaktion des Mannes auf eine geburtsähnliche Situation nachgewiesen werden.
Die Auswertung der Blutproben brachte allerdings auch eine Überraschung ganz anderer Art. Die Hormonveränderungen konnten nicht nur vor und nach dem Versuch festgestellt werden, sondern im Verlauf der gesamten Schwangerschaft der Partnerin. Je weiter diese fortschritt, je näher also der Geburtstermin rückte, umso mehr stieg die Konzentration zweier Hormone im Blut des Mannes an: Cortisol und Prolaktin. Nach der Geburt sanken vor allem die Testosteronwerte drastisch ab.
Diese Hormonveränderungen wurden von den Autorinnen folgendermaßen interpretiert: Werdende Väter machen offenbar hormonelle Veränderungen durch, die sehr an die hormonelle Umstellung im schwangeren weiblichen Körper erinnern. Überrascht merkten die Autorinnen an, dass es sich dabei um dieselben Hormonveränderungen handelte, die bereits im Tierversuch eindeutig mit der Entstehung von mütterlichem und väterlichem Verhalten in Verbindung gebracht werden konnten.
Machen Männer tatsächlich schwangerschaftsähnliche Hormonveränderungen durch oder war die Versuchsgruppe der werdenden Väter nur durch die Puppe, die Gerüche, Geräusche und die optischen Eindrücke beeinflusst worden? Um das zu klären, wurde ein weiterer Versuch gemacht.[11]
Diesmal sollte auch die Konzentration von Östradiol, dem weiblichen Geschlechtshormon, untersucht werden. Außerdem sollte eine Kontrollgruppe von Männern getestet werden, die keinem freudigen Ereignis dieser Art entgegenfieberten.

Beginnend im ersten Trimester der Schwangerschaft bis drei Monate nach der Geburt des Kindes sollten die werdenden Väter wöchentlich Speichelproben sammeln. Die Speichelproben wurden auf die Konzentration der vier Hormone Östradiol, Testosteron, Cortisol und Prolaktin untersucht.
Tatsächlich zeigte sich, dass die werdenden Väter im Verlauf der Schwangerschaft starken Hormonveränderungen ausgesetzt waren. Östradiol war bei werdenden Vätern häufiger nachweisbar als bei der Vergleichsgruppe. Bei jenen männlichen Speichelproben, bei denen Östradiol im Blut nachgewiesen werden konnte, war die Konzentration bei werdenden Vätern höher als bei den »Nichtvätern«. Vor allem nach der Geburt des Kindes waren erhöhte Östradiolwerte bei ihren Vätern nachzuweisen.
Deutlich niedriger fiel dagegen die Konzentration von Testosteron und Cortisol aus. Werdende Väter hatten im Vergleich zur Kontrollgruppe der Nichtväter geringere Testosteron- und Cortisolspiegel.
Was bedeutet das? Das Östradiol ist eines der wichtigsten weiblichen Geschlechtshormone. Nimmt seine Konzentration zu, kann von einer Verweiblichung des werdenden Vaters ausgegangen werden. Das Testosteron, sein männlicher Gegenpart, nimmt dabei gleichzeitig ab. Der werdende Vater ist damit weniger aggressionsbereit. Cortisol, oder Cortison, das Stresshormon im menschlichen Körper, setzt die Schwelle für Stressanfälligkeit fest. Werdende Väter erhalten dadurch eine erhöhte Stresstoleranz. Das Hormon Prolaktin wird mit mütterlichem bzw. väterlichem Verhalten assoziiert. Eine erhöhte Prolaktin-Konzentration im Blut bereitet die Entwicklung von Zuneigungsgefühlen und Pflegebereitschaft vor.
Wynne-Edwards hielt sich noch bedeckt, was die Interpretation ihrer Ergebnisse anlangte. Sie meinte, die physiologische Bedeutung dieser Ergebnisse sei nicht bekannt, wenn es überhaupt Auswirkungen gäbe. Allerdings, fügt sie kryptisch hinzu, beeinflussen gerade diese Hormone mütterliches Verhalten.
Es erscheint sinnvoll, auch den Vater auf die Ankunft eines hilflosen schutzbedürftigen Neugeborenen vorzubereiten. Vor allem bei einer paarbildenden Art wie der unseren ist es wichtig, das

emotionale Vorfeld der elterlichen Gefühle nicht nur bei der Mutter aufzubereiten.
Der ungeheure Nutzen der hormonellen Ansteckung des Mannes durch die Frau ist augenfällig: Die Aggression des Mannes dem Neugeborenen gegenüber wird effektiv gebremst. In der griechischen Mythologie musste die Titanin Rhea ihre Kinder nach der Geburt sofort ihrem Bruder Chronos, dem Kindesvater, übergeben. Dieser verschlang die in Windeln gewickelten Neugeborenen. Als Zeus geboren wurde, ersann Rhea eine List. Auf Anraten von Mutter Erde versteckte sie ihn in einer Höhle auf Kreta. Sie packte statt des neugeborenen Knaben einen Felsen in Windeln ein und Chronos verschlang diesen im Glauben, es handle sich um das Kind. Rhea hätte ein leichteres Leben gehabt, wenn Chronos vor der Niederkunft durch einen effizient gemischten Hormoncocktail milde gestimmt worden wäre.
Es kann nicht oft genug betont werden: Wir sind die Erben einer überaus gewalttätigen Vergangenheit. Die Fähigkeit, aggressive, vor allem männliche Zeitgenossen sanft zu stimmen, wird nicht selten über Tod oder Leben eines Neugeborenen entschieden haben.
Frauen müssen ungeheuer von einem angeborenen Programm, das es ermöglichte, den künftigen Vater auf seine Rolle einzustimmen, profitiert haben. Die Couvade-Rituale sind daher wahrscheinlich unterschiedliche kulturelle Ausprägungsformen eines alten biologischen Erbes, das allen Menschen gemeinsam ist. Die Existenz eines solchen Programms aber deutet darauf hin, dass die Paarbindung mindestens ebenso alt sein muss. Nur in einer dauerhaften Zweierbeziehung ist es nämlich sinnvoll, die Hormonkonzentration im Blut des werdenden Vaters auf die der Partnerin abzustimmen. Weder in der Haremssituation noch in einer gemischtgeschlechtlichen Gruppe ohne fixe Paarbildung wäre ein derartiges Programm nützlich.

Teil 2

Face Value –
der Marktwert des Gesichts

Es ist schon ein paar Jahre her, als ich die Kärntner Straße, eine der eleganteren Shoppingmeilen Wiens, entlangflaniere – einmal ohne Kinder, ohne Mann, ohne besondere Verpflichtungen. Es sind Unmengen von Menschen auf den Beinen, Touristenhauptsaison, buntes Gewühl, Sehen und Gesehenwerden – das Übliche eben. Ich tauche ein – mal schauen, was geboten wird. Da fällt mir auch schon von weitem ein interessanter Typ auf. Breite Schultern, gute Haltung, männlicher Gesamteindruck. Den schau ich mir näher an, sage ich mir insgeheim – und muss über mich selber lächeln. Einmal an der langen Leine – schon schaut sie sich die netten Bengels an. Die anziehende Gestalt verschwindet in der Menschenmenge, taucht aber immer wieder auf. Mein Jagdinstinkt ist jetzt hellwach – schauen wir mal, ob mir der Hübsche entwischt, bevor ich ihn mir näher ansehen kann. Ziel erfasst – nähert sich. Ich versuche ihn zu fixieren – interessant! Weg ist er, verdammt, wo bist du? Zeig dich endlich. Na, wer sagt's denn! Da ist er ja wieder. Zsssst, zssst, Schärfe ziehen. Jawohl, passt immer noch. Gleich kann ich sein Gesicht genauer sehen. Da steht er auch schon vor mir und ich bin wie vom Blitz getroffen. Das eine Gesicht, das ich unter Tausenden ausgesucht habe, gehört niemand anderem als meinem eigenen Mann!

Das Erlebnis hat mich noch lange beschäftigt, weil es gleich mehrere Fragen aufwirft, die für ein glückliches, erfülltes Leben jeder/jedes Einzelnen von immenser Bedeutung sind. Gleichzeitig rührt es an den Kern der menschlichen Existenz, an die Frage, wohin sich unsere gesamte Spezies bewegt. Wie finde ich die/den

Richtige/n im großen Spiel des Lebens? Eine Frage, die letztlich über unseren reproduktiven Erfolg entscheidet – wer steigt in die nächste Runde auf und wer scheidet aus? Oder: Wer hinterlässt der Welt Nachkommen und wer stirbt aus?

An welchen äußeren Kriterien orientieren wir uns, wenn wir unsere Lebenspartner aussuchen, jene Menschen, mit denen wir später Babys machen? Wie entscheiden wir, welche Merkmale attraktiv und welche abstoßend sind? Und welche Rolle kommt dabei dem Gesicht zu, diesem ehrlichen Makler menschlicher Attraktivität?

Wer kennt das nicht? Eine Gestalt nähert sich von ferne. Man stuft sie als attraktiv ein. Man ist interessiert, sieht näher hin und plötzlich ein freudiger Schrecken, die Person ist genau das, wonach man gesucht hat – als ob wir einen Suchraster im Gehirn hätten, den wir über jedes Gesicht legen, in das wir blicken. Jene, die überhaupt nicht passen, fallen uns gar nicht auf – rutschen durch die Maschen unserer inneren Suchmaschine, ohne wahrgenommen zu werden. Aber jene, die passen, erregen unsere Aufmerksamkeit – nachhaltig. Kritischer Punkt bei der Beurteilung anderer Artgenossen scheint jedoch immer das Gesicht zu sein. Wenn das nicht passt, werden wir uns abwenden, auch wenn der Rest noch so überzeugend ist.

Wie kommt ein Mensch zu so einer persönlichen Suchschablone? Und hat sie irgendeine Bedeutung für den erfolgreichen Verlauf einer Partnerschaft? Ist sie Ursache oder Wirkung im komplizierten Gefüge der Partnerwahl? Oder liegt unserem Schönheitsempfinden doch etwas Universelles zugrunde, etwas, das uns verraten würde, welche selektiven Kräfte unsere Spezies geformt haben?

Diesen Fragen habe ich mich als Anthropologin leidenschaftlich verschrieben und viele Jahre mit Hunderten freiwilligen Paaren damit zugebracht, Antworten darauf zu finden. Da es 1986 so gut wie keine Arbeiten über das Gesicht und seine Bedeutung für die menschliche Partnerwahl gab, entschloss ich mich in dieses weite, unbekannte Terrain vorzustoßen.

Das Gesicht ist zweifellos einer unserer interessantesten Körperteile. Generationen unserer Ahnen haben darin ihre Spuren hinterlassen. Es ist ein ausdrucksstarker Vermittler unserer Gefühlsregungen und macht jeden von uns unverwechselbar. Vor allem aber ist es heute der einzige Ausweis unserer biologischen Identität, den wir ständig unverhüllt mit uns herumtragen. (Es sei denn, es wird aus politischen oder religiösen Gründen verschleiert.) Wie leicht lassen sich im Zeitalter von Kostümen, Anzügen und Aktentaschen Figur und Status aufpolieren – aber das Gesicht bleibt immer nackt. Natürlich: Lippen lassen sich aufspritzen, Falten straffen, Nasen gerade richten und so weiter. Aber ganz so einfach wie den Körper kann man das Gesicht nicht bemänteln oder geradebiegen. Es gilt daher als ein »ehrliches Signal«. Diesen Ausdruck verwenden Anthropologen für Auswahlkriterien bei der Partnerwahl, die nur schwer oder gar nicht zu manipulieren sind. Diesem Begriff werden wir in unserem Buch noch häufig begegnen. Ehrliche Signale haben großes Gewicht bei der Entscheidung, wer längere Zeit an unserer Seite zubringen soll. Anders als es vielleicht Szene- und Beautymagazine vermuten lassen, bevorzugen Männer die ungeschminkte Wahrheit in Frauengesichtern – also keine übermalten Lippen und nicht zu viel Kleister auf der Haut. Möglicherweise ein Hinweis darauf, wie viel Wert Menschen auf ehrliche Signale legen. Schönheit ist zwar wünschenswert, aber nur, wenn sie echt ist.

Mein Entschluss, die Schönheitskriterien bei der Partnerwahl meiner Artgenossen zu ergründen, stand also fest. Auch eine Methode hatte ich mir überlegt. Ich wollte verheiratete oder fix gebundene Frauen und Männer nach ihrem Idealtyp befragen und diesen anschließend mit dem realen Partner vergleichen. Doch da stand ich schon vor dem ersten großen Problem: Wie sollten künstlerisch ungeschulte Menschen ihren Idealtyp darstellen?

Mit umständlichen Fotomontagen etwa, wie sie Mitte der 1980er-Jahre für Studien über Attraktivität üblich waren? Diese Methode war viel zu ungenau.[1] Wer in der Schule Collagen aus Zeitungspapier gemacht hat, weiß, wie die Gesichter aus zerstückelten Fotos aussehen: Ein großes Auge thront über einem zu kleinen Mund, daneben ein riesenhaftes Ohr – na ja, einfach grotesk-belustigend, aber keine große Hilfe bei dem, was mir vorschwebte. Außerdem haben Fotos, wie sie für Collagen verwendet werden, bereits persönliche Merkmale – jedes Auge, jedes Fältchen oder

Grübchen transportiert Individualität. Genau das wollte ich vermeiden. Ich wollte jeder meiner Versuchspersonen die Möglichkeit geben, ihren Traumpartner bis ins kleinste Detail selbst zu gestalten.

Ich hatte Riesenglück. Ein damals hochmodernes Computerprogramm für kriminalpolizeiliche Ermittlungen, das von zwei IBM-Technikern[2] im Auftrag des Innenministeriums entwickelt worden war, stand kurz vor seinem ersten Einsatz: Es trug den beziehungsvollen Namen »AFRAID« (eine Abkürzung für »A Face Recognition Aid«). Tatsächlich sollte es flüchtige Verbrecher das Fürchten lehren. Denn es ließen sich damit Phantombilder in noch nie da gewesener Genauigkeit erstellen. Hunderte Merkmale waren darin gespeichert: Augen, Ohren, Nasen, Kinne, Augenbrauen, Bärte, Frisuren, Gesichtsschnitte, Falten, Haaransätze und so weiter. Und – das war das Revolutionäre daran – sie ließen sich alle in der Proportion beliebig verändern.

Die Computerfirma zeigte sich so sehr an meiner Studie interessiert, dass sie mir sogar ein Zimmer nebst Terminal in der Stadt zur Verfügung stellte. Dorthin lud ich die Paare ein. Sie waren nicht älter als vierzig Jahre und mindestens zwei Jahre verheiratet oder in »wilder Ehe« vereint. Erst nachdem beide getrennt voneinander ihr Idealgesicht am Computer zusammengesetzt hatten, verriet ich den Versuchspersonen die eigentliche Fragestellung.

Da ich neben weiblichen und männlichen Probanden jeweils eine gute Stunde zubrachte, während sie Gesichtsschnitte, Frisuren, Augen und Münder durchsahen, ausprobierten und schließlich wählten, fiel mir die erstaunliche Treffsicherheit der Frauen auf. Während Männer sich von verschiedenen Varianten angezogen fühlten und sich schließlich zögernd für eine Form entschieden, weil sie wählen mussten, waren Frauen schneller entschlossen. Sie schienen eher zu wissen, was sie wollten.

Ich fotografierte die Gesichter der Partner, gab sie originalgetreu in den Computer ein und verglich sie anschließend mit den »Idealgesichtern«.

Die Ergebnisse waren überraschend: Ich hatte eigentlich erwartet, dass die Gesichter der weiblichen Versuchspersonen eher mit den Gesichtern der virtuellen Traumfrauen übereinstimmen würden.

Schließlich gibt es unzählige Studien, die belegen, wie viel mehr Wert Männer auf das Aussehen ihrer Partnerin legen als umgekehrt. Doch das war keineswegs der Fall. Im Gegenteil: Es waren vor allem die Frauen, die oft detailgetreu das Gesicht ihres Partners als Idealgesicht wiedergegeben hatten. Während die männlichen Probanden mit ihren Wunschvorstellungen oft meilenweit vom Aussehen ihrer realen Partnerinnen entfernt waren.[3] Was hatte das nur zu bedeuten?

Um mir einen besseren Überblick zu verschaffen, beschloss ich einen weiblichen und einen männlichen Prototypen aus den Hunderten virtuellen Traumpartnern zusammenzusetzen. Dazu fütterte ich den Rechner mit den am häufigsten ausgewählten Merkmalen der weiblichen und männlichen Idealgesichter und ließ den Computer ein weibliches und ein männliches Idealgesicht berechnen.

Der gleichen Behandlung unterzog ich anschließend die realen Gesichter meiner Testpaare, bis ich am Schluss nur noch mit übersichtlichen vier Gesichtern operieren musste: jeweils einem realen und einem idealisierten Frauen- und Männerbild. Der Trend, der sich bereits abgezeichnet hatte, bestätigte sich eindrucksvoll: Frauen wählten als Traummann einen absolut unscheinbaren Durchschnittstypen, der sich nur in unwesentlichen Details von der Summe der realen Männergesichter unterschied. Die Männer hingegen kürten ein schmollmündiges, kuhäugiges Wuschelköpfchen zu ihrer Partnerikone, das so gut wie nichts mit dem durchschnittlichen Gesicht der realen Partnerinnen gemein hatte. Sollten die Frauen eher nach dem Aussehen gewählt haben als die Männer?

Wer weiß, dachte ich. Vielleicht war dieser Trend ja nicht die Ursache, sondern die Wirkung. Vielleicht empfinden Frauen das Gesicht ihres Partners als ideal, weil das Aussehen für ihre Wahl nicht so wichtig ist. Hat eine Frau sich einmal für einen Mann entschieden, wird sein Gesicht zu ihrem Idealgesicht. Der Idealpartner entspricht deshalb eher dem realen Partner. Ich vermute dahinter, wie bei allem, was Frauen anpacken, eine kluge Strategie. Sie scheinen sich beim Aussehen möglicher Partner mehrere Optionen offen zu halten. Damit halten sie ihre Frequenzen für viel wichtigere Botschaften wie charakterliche Merkmale frei.

Männer behalten offenbar die Präferenz für ein bestimmtes Schönheitsideal, auch wenn die von ihnen auserwählte Partnerin diesem nicht entspricht. Woher kommt diese fast klischeehafte Vorliebe für die süße Kindfrau mit den großen unschuldigen Augen? War ich etwa ungewollt einem fundamentalen Geschlechtsunterschied bei der Partnerwahl auf die Spur gekommen?

Ein Blick in die Archive schien mir Recht zu geben: Wenn Frauen andere Männer betrachten, stülpen sie ihnen unbewusst den strengen Formenraster des eigenen Partners über – wer nicht entspricht, ist sozusagen unten durch. Ralph Fauss, deutscher Anthropologe aus Mainz, hat sich in seiner Doktorarbeit damit beschäftigt, wie Frauen und Männer zu ihren »Idealgesichtern« kommen, und dabei festgestellt, dass Frauen dazu neigen, den eigenen Partner zu idealisieren und fortan das Gesicht des »Liebsten-Besten« als Schablone der Attraktivität auf »Kurti und Hurti« anzuwenden.[4] Ich würde das nicht als Selbstkasteiung bewerten, sondern als einen gezielten Beitrag zur Erhaltung der Zweierbeziehung. Das gilt natürlich nur für glücklich gebundene oder bis über beide Ohren verliebte Mädels. Und selbst die sehen sich auch gerne attraktive Männer an, die nicht ihre eigenen Partner sind. Doch wie es scheint, können sie zwischen dem »selektiven« und einem freizügigeren Modus der Männerbeurteilung hin- und herschalten – je nachdem, ob ihnen die aktuelle Beziehung schützenswert erscheint oder nicht.

Ehelich oder sonst wie gebundene Männer scheinen eine etwas andere Strategie zu fahren; eine, die all ihre Chancen am Paarungsmarkt intakt lässt – und zwar immer. Das Gesicht der Auserwählten ist ihnen zwar lieb und wert, verschleiert jedoch nicht den Blick fürs Wesentliche: und das sind die vielen Schönen, die es noch zu beäugen gilt.

Genau das bestätigten meine eigenen Ergebnisse. Aber wie kann es sein, dass ein Großteil der Männer, die doch nach eigenen Angaben so großen Wert auf weibliche Schönheit legen, mit ihrer Idealschablone in der rauen Wirklichkeit ihres Ehealltags auf der Strecke bleiben? Frauen scheinen, was das Aussehen anlangt, die flexiblere Strategie zu fahren. Nach dem Motto: Was ein Glückstreffer ist, bestimme ich. Was ist aber mit all den Männern, die of-

fenbar nicht bekommen haben, was sie wollten? Genügt es ihnen etwa, sich ihr Schönheitsideal in den Spind zu hängen?
Vier Jahre später entschloss ich mich zu einer Nachuntersuchung.[5] Ich wollte herausfinden, ob die Zufriedenheit mit dem Gesicht der besseren Hälfte Auswirkungen auf die Haltbarkeit der Partnerschaft hatte. Ich beschloss mir anzusehen, welche Partnerschaften die vergangenen Jahre überdauert hatten. Waren es die, bei denen der reale Partner beziehungsweise die reale Partnerin näher an die Idealversion herangekommen waren?
Mit erschreckender Präzision waren meine Versuchspaare der damals aktuellen Scheidungsstatistik gefolgt. Ein Drittel hatte sich getrennt, zwei Drittel lebten noch zusammen. Und tatsächlich gab es einen Zusammenhang zwischen der Schönheit der Frau und der Stabilität der Partnerschaft. Paare, bei denen das vom Mann zusammengesetzte weibliche Idealgesicht dem tatsächlichen Gesicht der Partnerin eher entsprochen hatte, waren vier Jahre später noch häufiger zusammen als Paare, bei denen das weibliche Idealgesicht von der realen Partnerin weiter entfernt war. Damit bestätigte sich meine ursprüngliche Vermutung, dass das Gesicht für die Partnerwahl des Mannes wichtiger ist als für die Partnerwahl der Frau. Dieses Ergebnis wurde später von einem renommierten amerikanischen Psychologenehepaar bestätigt.
In ihrer Untersuchung über Zufriedenheit von Paaren konnten die Weisfelds feststellen, dass Männer dann besonders zufrieden waren, wenn sie das Gefühl hatten, ihre Partnerin wäre etwas attraktiver als sie selbst.[6] Sie hatten es geschafft, eine Trophäe an Land zu ziehen, die ihnen eigentlich nicht zugestanden wäre. Aber der »Besitzerstolz« schien zumindest an der Haltbarkeit der Beziehung teilzuhaben.
Diese Erkenntnis deutet allerdings an, dass es sehr wohl eine universelle Vorstellung von Schönheit geben muss, sonst wäre mit der »Haupttreffer-Frau« ja kein Staat zu machen. Sonst gäbe es keine Hochglanzmagazine mit Millionenauflage, keine Kosmetikindustrie, Fitnessstudios etc. Die entscheidende Frage ist: Gibt es für unseren gemeinsamen Schönheitsbegriff eine biologische Grundlage? Oder ist er lediglich eine der jeweiligen Zeit und Mode unterworfene Erscheinung?

Spätere Studien sind genau dieser Frage nachgegangen, ob Menschen eine universelle, angeborene Vorstellung von Schönheit haben.
Judith Langlois von der University of Texas in Austin sorgte 1990 mit einer Studie über menschliches Schönheitsempfinden für Aufsehen.[7] Kernaussage ihrer Untersuchung: Durchschnitt ist Trumpf. Dafür hatte sie 96 Männer- und Frauengesichter verschiedener Ethnien gescannt und in den Computer eingegeben. Anschließend unterteilte sie die Gesichter per Zufallsgenerator in drei Gruppen zu je 32 Gesichtern. Dann ließ sie den Rechner aus jeder der drei Gruppen eine Vielzahl digitaler Kreuzungen anfertigen. Erst aus zwei, dann aus vier, acht, sechzehn und schließlich aus allen 32 Gesichtern. Diese virtuellen Schöpfungen führte sie einem großen Auditorium vor und bat darum, die Gesichter nach ihrer Attraktivität zu beurteilen. Mit großer Mehrheit entschieden sich die Testpersonen jeweils für jene Gesichter, die aus den meisten, also 32 Gesichtern, komponiert waren. Judith Langlois schloss daraus, dass Durchschnitt schön ist. Heißt das nun, dass wir uns mit dem Durchschnitt zufrieden geben? Keineswegs, ergänzt David Perrett, Gründer des »Face Lab« an der Schottischen St. Andrews University.
Perrett zeigte, dass Leute sich sehr wohl für Extreme entscheiden – allerdings nur, wenn es sich um ganz bestimmte Schönheitsattribute handelt.[8] Auch er ließ vom Computer den Durchschnitt aus verschiedenen Frauengesichtern berechnen. Allerdings ließ er vorher von weiblichen und männlichen Versuchspersonen die fünfzehn attraktivsten Gesichter auswählen. Dann verglich er das zusammengemischte Durchschnittsgesicht mit jenen Gesichtern der fünfzehn besonders attraktiven Frauen. Perrett veränderte nun jene Merkmale, die das Durchschnittsgesicht von den als besonders schön empfundenen Gesichtern unterschied. Das neue Gesicht hatte nun über die durchschnittlichen Merkmale hinaus auch jene Merkmale der besonders bevorzugten individuellen Gesichter. Dann komponierte Perret ein drittes »hyperattraktives« Gesicht, bei dem er ebendiese individuellen Merkmale noch übertrieb. Die drei Versuchsgesichter zeigte er anschließend seinen männlichen und weiblichen Versuchspersonen mit der Bitte, sie nach Attraktivität zu reihen. Es zeigte sich, dass vor allem das

»hyperattraktive« Gesicht besondere Zustimmung fand. Frauen und Männer waren sich einig: Ließ man ihnen die Wahl, kam immer übertriebene Schönheit vor Schönheit und Schönheit vor Durchschnitt.

Das wäre ja noch nicht wirklich überraschend. Aber was sind nun die Zutaten, die manche Gesichter so unglaublich anziehend machen? Eines kam ja in Perretts viel beachteter Studie unmissverständlich zum Ausdruck: Nicht jedes Merkmal, das übertrieben daherkommt, eignet sich zur weiteren Verschönerung eines hübschen Gesichts.

In zahlreichen Untersuchungen spürten WissenschaftlerInnen jene Abweichungen auf, die dem Durchschnittsgesicht das gewisse Etwas verleihen: Und was kommt heraus, wenn Versuchspersonen am Computer Schöpfer spielen dürfen? Sie setzen ein Gesicht zusammen, das Frauen wie Männern gleichermaßen »überoptimal« erscheint – ein Gesicht mit relativ hoher Stirn. Der Abstand zwischen Nase, Mund und Kinn ist kürzer als gewöhnlich, die Augen sind überproportional groß, die Lippen voller.

Ahnen Sie schon, wo es langgeht? Sehen Sie auch Bambis gewölbte Stirn, die langen Wimpern über dem Stupsnäschen? Oder Susi und Strolch? Im Disneyland der Partnerwahl regiert tatsächlich das Kindchenschema.[9] Wenn wir könnten, wie wir wollten, würden wir uns mit Schneewittchen oder Prince Charming paaren. Das ideale Frauengesicht hat gar die Proportionen einer Neunjährigen!

Aber was bedeutet das für die Männer, ich meine – die richtigen Männer? Hat man uns Frauen nicht immer eingetrichtert, dass man sich für raue Kinnladen und stechende Blicke unter finsteren Brauen erwärmen muss? Kann schon sein. Aber was Frauen wirklich wollen, sieht ganz anders aus. Auch Frauen bevorzugen »weiblichere« Männergesichter. Brad Pitt, Johnny Depp, Pierce Brosnan – die Hollywood-Menagerie der schnuckeligen »Kindmänner« ließe sich beliebig ergänzen. Und sie alle haben eines gemeinsam: Sie würden mit etwas Rouge und Perücken auch hübsche Frauen abgeben.

In seiner Studie über ideale Männergesichter stellte Perrett nicht nur diesen Trend fest. Es gelang ihm auch herauszufinden, warum sich Frauen weniger für die virilen Hulk-Hogan-Typen begeistern.[10] Er veränderte ein Durchschnittsgesicht, das er aus verschiedenen Männergesichtern zusammenmischte, indem er einmal die männlichen Merkmale übertrieb und einmal abschwächte. Dadurch entstanden neben der üblichen durchschnittlichen Gesichtermischung zwei weitere Gesichter. Eines war »hypermännlich« mit schwerer Kinnlade, hervortretenden Wangenknochen sowie kräftigen Wülsten über den Augen. Das andere Gesicht wirkte femininer. Kinn- und Augebrauenpartie waren zarter als beim Durchschnittsgesicht, die Wangenknochen weniger prominent, das Kinn runder. Diese drei Prototypen legte er nun Frauen zur Beurteilung vor. Die meisten bevorzugten das virtuelle Männergesicht mit den weiblichsten Proportionen.

Ist das nicht ein starkes Stück? Bleiben etwa die Machos im Regal? Als verstaubte Ladenhüter unserer gewalttätigen Vergangenheit? Will denn keine mehr den testosterontriefenden Knochenbrecher zu Hause haben? Wie es scheint nicht. Und das aus gutem Grund: Wenn Frauen gebeten werden, den Gesichtern charakterliche Attribute zuzuordnen, schneiden die männlichsten Gesichter am schlechtesten ab. Ihnen wird am häufigsten dominantes Verhalten, Unaufrichtigkeit und Gewaltbereitschaft zugeschrieben – Eigenschaften, auf die wir Frauen samt und sonders gerne verzichten können.

Die Softiegesichter hingegen strahlen Umgänglichkeit und Verlässlichkeit aus. Tatsächlich gibt es eine Korrelation zwischen maskulinen Gesichtszügen und Testosteron.[11] Und wenn es nach uns Frauen geht, was es ja tut, kann es ruhig ein bisschen weniger sein.

Ein Mann hat einmal mit nörgelndem Unterton zu mir gesagt: Ihr Frauen wollt uns Männer immer nach euren Vorstellungen ändern. Damit hat er unbewusst den Nagel auf den Kopf getroffen. Bis auf eine kleine Ungenauigkeit: Frauen modeln sich nicht den einen Typen zurecht. Sie setzen Zäsuren ganz anderer Art, indem sie entscheiden, welcher Mann in die nächste Generation aufsteigen darf. Das heißt, Frauen sitzen an den zentralen Schaltern der Evolution – und das schon ziemlich lange. Sie bestimmen mit ihrer Entscheidung, von wem sie Babys bekommen, wohin letztendlich die Reise der gesamten Spezies geht. Wir sollten uns deshalb die Gründe für den Trend zur Verkindlichung des Menschen, der so genannten Neotenie, genauer anschauen. Denn dahinter verbergen sich nicht nur die Vorlieben für ein bestimmtes Äußeres. Das ist nur ein gefälliges Nebenprodukt weiblicher Selektion, jener Urkraft, die unsere Art so einzigartig gemacht hat und die immer noch am Werk ist. Es geht vielmehr um den Inhalt der Verpackung. Von ihm wird es abhängen, wie die Zukunft unserer Art bestellt ist. Denn der Zug fährt immer noch und wir haben bereits eine leise Ahnung, wohin.

Der Körper – zwischen Form und Funktion

Verglichen mit dem Gesicht spielt der Körper bei der menschlichen Partnerwahl auf den ersten Blick lediglich die zweite Geige. Unsere Untersuchung hat gezeigt, dass sowohl Frauen als auch Männer mehr aufs Gesicht als auf den Körper schauen.

Ein Grund dafür ist, dass körperliche Merkmale in unseren Breiten leichter zu kaschieren sind. Das heißt, beim Körper kann man leichter mogeln. Sie wissen schon, ein guter Anzug macht aus Schmalhans einen Meisterringer und ein Miederchen schnürt eine Taille, wo von Natur aus keine ist. Ein Griff in den Kleiderschrank – und die Täuschung ist perfekt. Die nackten Tatsachen bleiben daher, anders als beim Gesicht, unter der Kleidung verborgen. Deshalb ist der Körper kein so ehrliches Signal wie das Gesicht.

Ein weiterer Grund ist die Bindung der Körperform an die Funktion. Der Körper muss in erster Linie funktionieren, nicht gefallen. Er interagiert mit der Umwelt und die natürliche Selektion sorgt dafür, dass er funktioniert. Sie ist eine erbarmungslose Richterin. Was nicht entspricht, wird ausgelesen. Die Form unseres Körpers ist daher ein Produkt der Anpassung, eine Art interaktive Feinabstimmung zwischen Bauteilen, Bauplan, Funktion und Milieubedingungen.

Das Ergebnis dieser Adaptierungen – unser heutiger Körperbau – ist daher meist ein Kompromiss zwischen sehr unterschiedlichen Bedingungen und Anforderungen. Das Becken des Menschen etwa wurde als Anpassung an den aufrechten Gang einerseits körbchenförmig, um die Eingeweide zu halten, andererseits schmal, um das Laufen zu erleichtern. Das Becken der Frau jedoch durfte nicht zu schmal werden, damit das Köpfchen eines Neugeborenen

bei der Geburt noch hindurchpasst. Die Form des weiblichen Beckens ist daher ein wahres Meisterwerk der natürlichen Selektion, die Formbedingungen und Funktion perfekt koordiniert.
Wäre die natürliche Selektion das einzige Ausleseverfahren für die Form unseres Körpers, hätte diese für die Wahl des Partners wahrscheinlich kaum mehr Bedeutung als die Beschaffenheit unserer Eingeweide. Doch es gibt eine zweite starke Kraft, die unseren Körper mitgestaltet hat: die sexuelle Selektion. Sie ist mindestens ebenso stark wie ihre Schwester, denn sie formt, was dem anderen Geschlecht gefällt. Bei oberflächlicher Betrachtung scheinbar ein geringer Beitrag, wie die Verteilung der Fettpölsterchen und der Körperbehaarung. Folgen wir aber dieser ersten zarten Spur, eröffnen sich plötzlich ungeahnte Einblicke in die Mechanik der Partnerwahl und die Strategie, die hinter der Paarbeziehung steckt.
Die sexuelle Selektion geht in eine ganz andere Richtung als die natürliche Selektion, oft sind sie sogar einander entgegengesetzte Kräfte. Was dem Partner gefällt, muss nämlich noch lange nicht vorteilhaft im Sinne der Funktionstüchtigkeit sein. Bekommt die sexuelle Selektion Oberwasser, kann das unter Umständen ins Auge gehen. Sie erlegt einer Art und ihren Individuen Bürden auf, die nicht nur unpraktisch sind, sondern sie sogar Kopf und Kragen kosten können.
Ein Beispiel dafür ist das Pfauenrad. Ein Riesen-Pfauenrad am Hinterende des Männchens signalisiert den Weibchen: Ich bin trotz dieses unpraktischen Ballasts noch nicht gefressen worden. Das heißt, ich bin fit – und werde dir gute, fitte Jungen bescheren.[1] Hier wird der Wettstreit zwischen den beiden Ausleseverfahren deutlich: Die Pfauenhenne hält Ausschau nach einem protzigen Rad. Das erhöht zwar die Chance des Pfauenhahns, bei der Paarung zum Zug zu kommen, gleichzeitig steigt damit aber sein Risiko, einem Fressfeind zum Opfer zu fallen.
Nicht wenige Tierarten sind wegen sexueller Überzüchtung ausgestorben. Der Säbelzahntiger bekam so riesige Hauer, dass er keine Beute mehr machen konnte. Der Riesenelch verfing sich mit seinem ausladenden Kopfputz im Geäst, auch er starb aus. Immer sind es die Männchen, die derartige Bürden als Körper-

merkmale mit sich herumschleppen müssen, um den Weibchen die Wahl leicht zu machen. Auf einen Blick kann das Weibchen abschätzen, mit wem sie es zu tun hat. Nur wer trotz größter Behinderungen zurechtkommt, ist einen zweiten Blick wert.
Wo drückt den Menschen der Schuh der sexuellen Selektion? Denn auch bei uns gibt es diese Messlatte für männliche Fitness: das Testosteron, jenen Stoff, der Männer ausmacht. Das männliche Geschlechtshormon ist das Pfauenrad, das heißt der Klotz am Bein des Mannes. Testosteron macht Männer nicht nur geschlechtsreif und fortpflanzungsfähig, es sorgt auch für äußerliche Virilität: breite Schultern, Muskelmasse, Bartwuchs und Körperbehaarung. Sind das nicht die Signale, nach denen wir Frauen Ausschau halten? Ja – aber gleichzeitig setzt ein hoher Testosteronspiegel dem Immunsystem zu.[2] Es kommt zu einem handfesten Interessenkonflikt im Körper des Mannes: einerseits möglichst viel Testosteron für die Werbung in eigener Sache zuzulassen, andererseits genügend Abwehrkräfte zu erhalten, um nicht beim ersten Schnupfen ins Grab zu plumpsen.
Wozu dieser heikle Balanceakt? Warum muss der Mann dabei fast draufgehen? Weil es kein verlässlicheres Zeichen für Fitness gibt, als außergewöhnliche Belastungen gerade noch zu überleben. Sorry, aber das finden Frauen anziehend.
Und seien wir ehrlich: Bietet nicht die gesamte männliche Selbstdarstellung dasselbe Bild? Eine Variation des ewig gleichen Themas: Risiko bis zur Selbstzerstörung? Mit 200 km/h wahlweise auf der Autobahn oder auf Schiern, am Bungeeseil von der Brücke baumelnd, im Hightech-Ballon in dünner Luft, auf dem Mond, im Kampfjet wahlweise mit dem Finger am Drücker oder im Fadenkreuz des Gegners. Kampftrinken und Kettenrauchen ist dasselbe Phänomen in seiner alltäglichsten Gestalt – für jedermann erschwinglich und trotzdem schön gefährlich. So lehnt der Mann mit blutunterlaufenen Augen am Tresen und grölt mit letzter Kraft: Seht her, Mädels, was ich aushalte ohne umzukippen! Die Konstitution, die all dem standhält, kann wahrlich nicht so übel sein.
Die Strategie der Beinahe-Selbstzerstörung macht sich bezahlt, denn Frauen verlassen sich tatsächlich auf körperliche Signale, die

dem Mann Widerstandskraft und Vitalität bescheinigen. Wir haben es also wieder mit einem »ehrlichen Signal« zu tun. Das gilt natürlich auch für den weiblichen Körper. Auch Männer fliegen auf dessen »ehrliche Signale«. Doch hier ist nicht Risikobereitschaft gefragt, sondern Fruchtbarkeit.

Die Fettpolster, die den Frauenkörper so dekorativ vom Männerkörper unterscheiden, sind nicht nur schön, sondern ein zuverlässiger Indikator für Fruchtbarkeit.[3] Ein weiblich geformter Körper, der gleichzeitig jugendlich und straff ist, signalisiert Jungfräulichkeit und Fruchtbarkeit zugleich: bin unberührt und geschlechtsreif, werde deine Kinder zur Welt bringen.

Kein Wunder, dass Männer sich daran nicht satt sehen können. Und so ist dieses Konterfei als Werbeträger für Männerprodukte auf Bildschirmen und Plakatwänden, in Männermagazinen, an Türen muffiger Sportclubspinde und eingeritzt auf haarigen Unterarmen allgegenwärtig.

Männer bevorzugen im Experiment relativ füllige Frauen. WissenschaftlerInnen konnten nachweisen, dass weder die ganz dünnen noch die besonders dicken Frauen von Männern begehrt werden. In einem Versuch wurden Männern schematische Darstellungen von insgesamt zwölf Frauenfiguren gezeigt. Die oberste Reihe zeigte vier zarte Gestalten. Die zweite Reihe zeigte vier durchschnittlich gebaute, die unterste Reihe vier kräftige Frauen. Die Frau links in der Reihe hatte die jeweils schmalste Taille, die Frau rechts in der Reihe die jeweils relativ breiteste.[4]

Männer befanden eine Silhouette aus der mittleren Reihe links als die schönste. Das Schema, das am meisten Beifall fand, entsprach der Figur einer durchschnittlichen 22-Jährigen.[5] Eine junge Frau am Höhepunkt ihrer fruchtbaren Phase. Das macht Sinn. Der Mann, der eine Familie gründen will, sollte sich nach einer möglichst jungen, fruchtbaren Frau umsehen. Die amerikanische Psychologin Linda Mealy, die die Schemata der weiblichen Figuren in ihrer Vorlesung präsentiert hatte, befragte neben den Studenten auch die Studentinnen nach ihrer bevorzugten Frauenfigur. Dabei kam ein überraschender Geschlechtsunterschied zutage. Die Studentinnen wählten hauptsächlich Frauenfiguren aus der oberen Reihe: also eine untergewichtige Geschlechtsgenossin.

Warum aber sollten Frauen weniger fruchtbare Geschlechtsgenossinnen bevorzugen? Aus Konkurrenzdenken, meint Mealy. Und eben deshalb sei der Schlankheitswahn in unserer Gesellschaft entstanden: Konkurrenz unter Frauen. Die gute Freundin erschlankt bis zur Unfruchtbarkeit und wird dafür von ihren wohlmeinenden Geschlechtsgenossinnen auch gebührend gelobt.
Dabei wird ein alter Mechanismus aus unserer Vergangenheit aktiviert: natürliche Fortpflanzungshemmung bei ungünstigen Umständen. Frauen haben natürliche Schranken eingebaut, über eine gesunde Bevölkerungsdichte, in der sich Menschen wohl fühlen, hinaus Kinder in die Welt zu setzen. Die Fortpflanzungshemmung wirkt durch psychischen Druck. Die Frau fühlt sich nicht wohl, sie will sich nicht fortpflanzen, weil die Zeit nicht günstig scheint. Die einfachste Art, die Geburten zu regulieren, ist, so viel Gewicht zu verlieren, dass der Körper eine Fruchtbarkeitspause einlegt (sekundäre Amenorrhöe).
Psychischen Druck erzeugen widrige Umstände aller Art. Nicht nur Überbevölkerung und dadurch bedingte Ressourcenknappheit, auch beruflicher Stress oder seelische Belastungen können dazu führen, dass die junge Frau das Bedürfnis hat, abzunehmen, ihren Körper zu kontrollieren. Magersucht ist charakteristischerweise eine Krankheit junger Frauen am Beginn oder in der Blüte ihrer fruchtbaren Phase. Ältere Frauen sind davon selten betroffen, Männer in viel geringerem Maße.
Auch das Gegenteil, die Fettsucht, kann eine Flucht aus unangenehmen Situationen sein. Die Frust-Esserin entflieht wie ihre magersüchtige Schwester einer für sie unerträglichen Situation. Nachweislich sind sehr dicke Frauen, ebenso wie die stark Untergewichtigen, weniger fruchtbar als die von den Männern so heiß begehrte »Sanduhr-Frau«.[6]
Man kann es drehen und wenden, wie man will: Das Partnerleitbild des Mannes ist ein Fruchtbarkeitsdetektor. Die schlanke Taille fungiert dabei als »ehrliches Merkmal«: Ich bin nicht schwanger. Frauen legen daher auch besonderen Wert auf diesen Teil des Körpers. Früher trug man Korsetts und Mieder, heute bieten Fitnessstudios Trainingsprogramme für die weiblichen Problemzonen an. Flacher Bauch und straffer Po, fester Busen sowieso. Für

zu Hause gibt es Heimtrainer. »Abtoner« plätten die unerwünschten Schwabbelbäuche.

Die visuelle Ausrichtung der Herren der Schöpfung motiviert viele Frauen dazu, ihren »ehrlichen Signalen« etwas nachzuhelfen. In der gestärkten, trägerlosen Korsage kommen die halbkugeligen Fettdepots am weiblichen Oberkörper noch besser zur Geltung.

Den bekannten englischen Verhaltensforscher, Zoodirektor und Kunstliebhaber Desmond Morris inspirierte dieser schöne Anblick gar zu einem gewagten Vergleich: In seinem Buch »Der nackte Affe« postulierte er, die weiblichen Brüste seien nichts anderes als eine Kopie des Gesäßes an strategisch günstigerer Position.[7] Unsere haarigen Cousinen haben ballongroße, fleischfarbene Schwielen an ihrer Kehrseite, wenn sie paarungsbereit sind. Dieser Anblick hat über Jahrmillionen bei der sexuellen Erregung paarungsbereiter Männchen gute Dienste geleistet. Damit wurden sie in Zusammenarbeit mit dem unverwechselbaren Vaginalgeruch mit der Zeit zum unverzichtbaren Auslöser männlicher Kopulationsbereitschaft. Was tut nun eine Affenart, die nicht nur keine Gesäßschwielen mehr hat, sondern auf zwei Beinen geht und noch dazu häufig auf ihrem Hinterteil sitzt? Jawohl – die attraktiven Signale müssen woanders hin. Die rosigen Höcker, die so unwiderstehlich auf das männliche Geschlecht wirkten, wanderten auf die Vorderseite, wo sie männliche Interessenten heranwinkten.

Dort tun sie auch heute noch ihre Wirkung. Dabei kommt ihnen bloß ästhetische Bedeutung zu, denn die eigentliche Funktion der Brüste als Milch spendendes Organ wird durch die zusätzlichen Fettpolster keineswegs unterstützt. Im Gegenteil: Es scheint, als würden Milchdrüsen sogar mit dem Fettgewebe konkurrieren. Frauen mit großen Brüsten haben nicht mehr Milch als Frauen mit kleinem Busen.

Und wo sind die schönen roten Schamlippen geblieben, die leuchtenden Signale unserer Paarungsbereitschaft? Wir bemalen sie rot in unserem Gesicht. Schleimhautlippe bleibt Schleimhautlippe – wen kümmert da schon eine kleine anatomische Unschärfe.

Alle Merkmale, die Frauen- und Männerkörper heute haben, sind im Spannungsfeld zwischen natürlicher und sexueller Selektion entstanden. Zwei antagonistischen Bildhauern gleich formten sie uns aus biologischen Gegebenheiten, Anforderungen der Lebensumstände und den Präferenzen des jeweils anderen Geschlechts. Der körperliche Geschlechtsunterschied zwischen Mann und Frau – WissenschaftlerInnen sprechen vom Geschlechtsdimorphismus – verrät daher nicht nur, welchen Form- und Funktionsbeschränkungen wir im Lauf der Evolution ausgesetzt waren, sondern darüber hinaus auch noch einiges über unser Sozialleben.

Der Geschlechtsdimorphismus ist bei uns Menschen im Lauf der letzten Jahrmillionen immer geringer geworden. Mann und Frau sind sich heute ähnlicher, als das bei unseren Ahnen üblich war. Der Mann ist im Verhältnis zur Frau kleiner geworden. Doch nicht nur die Körpergröße ist betroffen. Auch die starken Knochenwülste über den Augen, die langen Eckzähne und der Kamm auf dem Schädeldach – Ansatz ehemals gewaltiger Kaumuskulatur – sind verschwunden.

Der Mann ist heute weiblicher, als er es jemals war. Und das verrät uns eine ganze Menge über die Paarungsstrategie unserer Vorfahren. WissenschaftlerInnen fanden nämlich einen interessanten Zusammenhang zwischen dem Paarungsverhalten einer Art und dem Unterschied im Körperbau zwischen Männchen und Weibchen.[8]

Je größer das Männchen im Vergleich zum Weibchen ist, umso größer ist sein Harem. Ein einziger riesiger Seeelefantenbulle erkämpft sich in einer Paarungssaison einen Harem von bis zu dreihundert Kühen.[9] Lange vor ihren Kühen kommen die mächtigen Bullen an den Strand um ihre Rangordnungskämpfe auszufechten. Das beste Stückchen Land gehört dann dem stärksten Bullen. Kommen die Weibchen an Land, wählen sie den geeignetsten Strand um ihre Jungen zur Welt zu bringen. Darauf befindet sich bereits der stärkste Bulle. Dieser hat sich bei den vorangehenden Kämpfen mit dem bestmöglichen Strandabschnitt auch die Aussicht auf zahlreiche Paarungen gesichert.

Die Weibchen tun gut daran, während der Kämpfe nicht anwesend zu sein. Immer wieder kommt es vor, dass bei späteren Duellen zwischen ansässigen Bullen und Nebenbuhlern Jungtiere zer-

quetscht werden. Männchen gegeneinander um Weibchen kämpfen zu lassen ist typisch für haremsbildende Tierarten. Und typisch ist auch ein großer körperlicher Unterschied. Der riesige Seeelefantenbulle wiegt ein Vielfaches seiner Weibchen.
Bei paarbildenden Arten hingegen, wie bei vielen Vogelarten, sind Männchen und Weibchen gleich groß. Der Kampf um die Weibchen ist durch ein längeres Balzritual ersetzt, damit wird die Bindung der Partner fixiert. Die Partnerschaft hält ein Leben lang.
Diese Regel gilt auch für das Primatenreich, zu dem wir selbst gehören. Gibbon-Mann und Gibbon-Frau sind gleich groß und stehen im Primatenreich in vorbildlicher Weise für die Perfektion der Paarbeziehung. Nur der Tod vermag sie zu trennen. Allerdings sind sie auch etwas unsozial. Sie verteidigen gemeinsam ein Revier gegen andere Artgenossen.[10]
Anders die Gorillas. Der Silberrücken ist viel größer als seine Weibchen, ein starker Knochenkamm ziert seinen Schädel und bietet Ansatz für eine gewaltige Kaumuskulatur. Seine Reißzähne sind viel mächtiger als die der Weibchen. Aufgrund seiner körperlichen Überlegenheit ist er in der Lage, mehrere Weibchen in einem Harem um sich zu scharen. Diesen verteidigt er gegen alle anderen Männchen, solange seine Kraft ausreicht.[11]
Da die Männer unserer Art sich körperlich kontinuierlich an die Frauen angenähert haben, glauben WissenschaftlerInnen, dass wir Menschen ursprünglich ähnlich wie der Gorilla in haremsähnlichen Gruppen gelebt, uns aber langsam zu einer paarbildenden Art entwickelt haben. Der verbleibende, relativ geringe Unterschied in der Körpergröße zeigt, dass wir noch nicht ganz an das neue Paarungssystem angepasst sind.
Ist der Geschlechtsdimorphismus ein Indikator für die Paarungsstrategie einer Art, so verrät das relative Hodengewicht der Männchen etwas über die eheliche Treue der Weibchen. Je kleiner der Hoden eines Primaten im Verhältnis zu seinem Körpergewicht, umso sicherer ist die Paarbeziehung.[12]
Gorillas haben verhältnismäßig kleine Hoden. Der Silberrücken hat, solange er bei Kräften ist, kaum Konkurrenz zu fürchten. Seine Weibchen verlassen die Gruppe nicht. Auch die paarbildenden Gibbons haben relativ kleine Hoden.

Schimpansen hingegen haben – verglichen mit ihrem Körpergewicht – sehr große Hoden. Die Männchen erkämpfen sich zwar hohe Ränge, um als erste Zugang zu den fruchtbaren Weibchen zu bekommen, aber die Weibchen finden immer Mittel und Wege, sich auch mit ihren rangniedrigeren Lieblingsmännchen in die Büsche zu schlagen. Ein hoher Rang allein ist für ein Schimpansenmännchen noch kein Garant für Vaterschaft. In derart unsicheren Verhältnissen ist es für ein Männchen besser, allzeit bereit zu sein und ein großes Samenreservoir anzulegen – für alle Fälle.
Der moderne Mann ist zwischen diesen beiden Extremen angesiedelt. Seine Hoden sind im Vergleich zu seinem Körpergewicht größer als die des Gorillas, aber wesentlich kleiner als die des Schimpansen. Die Hodengröße verrät, dass der Mann sich zwar häufig auf eine fixe Beziehung zu seiner Partnerin einstellen kann, aber eben nicht immer. Seine Hoden sind noch auf Wettbewerb eingestellt. Die Natur hat ihn vorsorglich für den Konkurrenzkampf ausgerüstet. Die überwiegende Mehrzahl der Spermien in seinem Ejakulat gehört zur Gattung der »Killerspermien«. Diese existieren nur aus einem Grund: die Konkurrenz auszuschalten.[13]
Der reduzierte, aber immer noch deutliche Geschlechtsdimorphismus, das relative Hodengewicht und die Killerspermien zeigen, dass sich der Mensch auf dem Weg zu einer paarbildenden Art befindet. Seine Entwicklung dahin ist noch im Gange. Die Anthropologie hat anhand von unzähligen Skelettfunden nachgewiesen, dass dieser Trend schon seit Jahrmillionen anhält. Aber aus welchem Grund ändert eine Primatengruppe plötzlich ihre lang bewährte Paarungsstrategie? Gorillas und Schimpansen sind alle mindestens so alt wie wir und haben keine derartige soziale Revolution durchgemacht. Das Klima hat sich für alle gleichermaßen verändert und mit ihm die Vegetation, das Nahrungsangebot und die Gefahren durch Fressfeinde. Warum haben wir den Weg zur Zweisamkeit eingeschlagen?
Für den individuellen Mann liegt der Vorteil klar auf der Hand: Männliche Merkmale sind teuer in der Erhaltung – manchmal kosten sie sogar das Leben. In der Haremssituation spielt es keine Rolle, wie viele Männchen außer dem Pascha überleben. Die

überzähligen Männchen können Infektionen erliegen oder Fressfeinden zum Opfer fallen, ohne dass das für den Fortbestand der Art von Belang wäre. Für eine paarbildende Art ist der Tod so vieler Männchen eine unerträgliche Verschwendung, denn sie braucht möglichst viele Individuen, die sich an der Familienbildung beteiligen. Aber auch für die gesamte Gattung muss die Paarbildung von Vorteil gewesen sein.

Die deutsche Anthropologin Inge Schröder von der Christian-Albrechts-Universität zu Kiel sieht die Kooperation der Männergruppe als Schlüssel zur Monogamie.[14] Der ständige Konkurrenzkampf um die Frauen war dem Zusammenhalt in der Männergruppe abträglich. Daher wurde der Pascha heimlich entmachtet. Damit jeder Mann in der Gruppe Sex haben konnte, durfte dieser nicht mehr in der Öffentlichkeit stattfinden. Sex wurde zur intimen Sache und fand nur mehr in der Abgeschiedenheit statt, um den Big Boss nicht zu provozieren.

Eine Theorie, die durchaus etwas für sich hat, wenn man der Kooperation der Männergruppe so große Bedeutung beimessen will. Die neue Familienstruktur wäre sicher nur dann über die Generationen erfolgreich gewesen, wenn die Kooperation der Männergruppe stärker zum Überleben der Nachkommen beigetragen hätte als die alleinigen Bemühungen eines einzelnen Potentaten.

Durch die männlich dominierte Wissenschaft der letzten Jahrhunderte sind wir so sehr daran gewöhnt, die Evolution mitsamt ihren Errungenschaften aus dem Blickwinkel des Mannes – respektive der Männchen – zu sehen, dass wir gar nicht daran denken, welchen Vorteil Frauen von der neu errungenen Paarbeziehung hatten. Vor allem die stark männerlastige Anthropologie hat es verabsäumt, evolutive Trends im Licht weiblicher Selektionsvorteile zu betrachten.

Für die Reproduktion der Frau ist vor allem ein System besonders nachteilig: die Haremssituation.[15] Während ranghohe Männer von polygynen Systemen profitieren, kommen die Frauen zu kurz. Sie und ihre Kinder müssen sich dann um die Ressourcen eines Mannes mit dessen anderen Ehefrauen und Kindern streiten. Der Reproduktionserfolg der einzelnen Frau in einer Ha-

remssituation sinkt nachweislich verglichen mit dem von Frauen, die monogam leben.
Es ist also vor allem die Frau, die von der Einführung der Einehe profitiert. Ist das Grund genug für eine derartige soziale Umwälzung, eine Veränderung der Paarungsstrategie einer ganzen Art? Und warum mussten die Männer dafür weiblicher werden?

Im Disneyland der Partnerwahl – eine evolutionäre Betrachtung

Um zu erfahren, ob der Mann im Lauf der Evolution tatsächlich allein aufgrund der weiblichen Paarungsstrategie all seine dekorativen Federn lassen musste oder ob noch andere Kräfte im Spiel waren, müssen wir einen Blick in den Rückspiegel[1] werfen. Nehmen wir die Veränderungen, die dem menschlichen Gesicht und Körper im Lauf der Stammesgeschichte widerfahren sind, etwas genauer unter die Lupe, fallen einige erstaunliche Parallelen auf.

Der Hirnschädel hat sich enorm vergrößert. Natürlich weil sich das wachsende Gehirn, das unserer Spezies den unvergleichlichen Selektionsvorteil eines scharfen Verstandes brachte, mehr Platz verschaffte, sind wir versucht zu denken. Doch die Größe des Gehirns allein macht die charakteristisch gewölbte Stirn, den kugelig geformten Hinterkopf nicht aus. Einer unserer nahen Verwandten, der Neandertaler, hatte etwa ein Viertelliter Hirnvolumen mehr als wir. Dennoch wirkt sein Schädel im Vergleich zu unserem primitiv und grobschlächtig. Die flache Stirne flieht wie bei den Menschenaffen nach hinten – keine Spur von Bambi oder Susi und Strolch. Zwar waren Neandertalerfrauen und -kinder zarter als die Männer, doch von Kindchenschema nach heutigem Maßstab kann bei ihnen keine Rede sein. Allerdings, und das ist bemerkenswert, sind die Gesichtsproportionen eines Neandertalerkindes jenen eines »modernen« Erwachsenen vergleichsweise am ähnlichsten.

Mit den Augen eines Neandertalers betrachtet, müsste unser Gesicht aussehen wie eine Karikatur – eine groteske Ansammlung schnuckeliger Babymerkmale, die, jedes für sich, auch noch schamlos übertrieben sind. Die Partie zwischen Augenbrauen und Kinn – lächerlich verkümmert wie die eines zahnlosen Säuglings.

Die zarten Kieferchen bieten heute kaum noch genug Platz für die Zähne, die hinter der Entwicklung der knöchernen Strukturen hinterherhinken.[2] Wie um das zu kompensieren, reckt sich dafür unser Kinn keck nach vorne. Kleine Speckpölsterchen an den Wangen runden das Bild ab. Sie waren ursprünglich dazu da, einem Neugeborenen das Saugen zu ermöglichen. Dennoch bleibt uns dieses Wangenfett ein Leben lang erhalten. Und dann erst der Mund! Wir sehen aus wie Schimpansenkinder, die ständig die Lippen schürzen.[3] Jetzt einmal ehrlich: Verglichen mit den Menschenaffen oder unseren äffischen Vorfahren sind wir einfach drollig, unwiderstehlich niedlich! Wir sind, was Konrad Lorenz einen überoptimalen Auslöser genannt hat, eine geschlechtsreife Jugendform, eine Spezies, deren Äußeres schon von weitem ruft: »Bitte lieb haben!«

Selbst der Körper, der noch mehr als das Gesicht den Anforderungen seiner Funktion unterliegt, ist für die Niedlichkeit einige Konzessionen eingegangen. Er beeindruckt heute durch seine schutzlose Haarlosigkeit und seine Fähigkeit, Fett anzusetzen. Auch relativ dünne Artgenossen haben Speckpölsterchen, wohl überlegt an jenen Stellen platziert, die die Aufmerksamkeit des anderen Geschlechts auf sich ziehen. So ein Kinderpopo ist wirklich allerliebst. Für nichts in der Welt würden wir dieses Prachtexemplar wieder gegen den flachen, struppigen Affenarsch unserer pongiden Ahnen eintauschen.

Wozu all diese Babymerkmale an einem Erwachsenen? Wo bleibt die reduzierende Hand von Mutter Natur, die sonst jeden unnötigen Schnörkel sofort wegrationalisiert?

Wie würden wir heute aussehen, wenn wir alle Merkmale früherer Entwicklungsstadien mit uns herumtragen würden? Zunächst hätten wir Kiemen, kleine dezente Löcher hinter den Ohren; wir hätten jede Menge Brustwarzen, wie die Knöpfe einer Gardeuniform am Oberkörper verteilt. Wir wären am ganzen Körper mit einem weichen schwarzen Pelz bedeckt, dem Lanugo, und natürlich hätten wir einen Schwanz. All diese Merkmale sind in unserer Embryonalentwicklung angelegt, weil sie uns in der Stammesgeschichte einmal nützlich waren.[4] Heute gibt es keine Verwendung mehr für Kiemen, überzählige Brustwarzen, dichte Körperbehaarung und einen Greif- und Kletterschwanz. Daher werden sie zurückgebildet, bevor wir auf die Welt kommen. Es wäre unnötige Energieverschwendung, sie fertig auszubilden und bis ins Erwachsenenalter zu erhalten. Doch auch das erklärt noch nicht unser heutiges Aussehen.

Warum sehen wir noch als Erwachsene wie große Babys aus? Wozu soll das gut sein?

Die Natur behält sich die Möglichkeit vor, ehemals Nützliches wieder ins Leben zu rufen, wenn es aus irgendeinem Grund wieder gebraucht wird, also etwa der Arterhaltung dient. Hat der Träger eines jugendlichen Merkmales auch nur den geringsten Selektionsvorteil gegenüber normal entwickelten, erwachsenen Tieren, werden diese »Babyfaces« schon in der nächsten Generation häufiger vertreten sein.

Das Phänomen der Verkindlichung ist auch bei Tieren zu beobachten. Es trägt den schönen Namen Neotenie[5] (vom griechischen teínein – »spannen«, »ausdehnen«), weil Merkmale des Embryonalstadiums über die Geschlechtsreife hinaus erhalten bleiben. Pate der Neotenie ist ein ebenso geniales wie unscheinbares Geschöpf: der Axolotl.[6] Dieser glitschige Molch, der in den Tümpeln Amerikas haust, ist der Peter Pan unter den Lurchen. Er hat es so wie wir verstanden, kindliche Merkmale zum Nutzen seiner Art hervorzuholen. Als überdimensionales Kind wird er geschlechtsreif und pflanzt sich fort. Üblicherweise gehen Molche als Erwachsene an Land und atmen fortan über ihre Lungen. Dabei werden die Kiemen zurückgebildet – sie verlieren ihre Fähigkeit, im Wasser zu atmen. Indem der Axolotl seine kindliche Gestalt beibehält, bleiben seine Kiemen erhalten. Dadurch kann er im Wasser bleiben, was seiner Vorliebe für feuchtkühle Umgebungen entgegenkommt.

Wie ist das nun mit unserem Babyface? Welcher Vorteil für unsere Art sollte sich dahinter verbergen? Wie sollte uns ein kindliches Gesicht nützen? Überlebenswichtig ist es jedenfalls nicht. Auch den Vorteil einer klimatischen Anpassung, wie beim Axolotl, können wir ausschließen. Dennoch müssen bei uns Menschen starke selektive Kräfte am Werk gewesen sein, um die robusten Affenköpfe unserer Vorfahren auf Kindchenschema um-

zumodeln – und allem Anschein nach sind diese Kräfte immer noch am Werk.
Auch die natürliche Auslese durch Fressfeinde, Krankheitserreger oder Nahrungskonkurrenten erklärt diesen Trend zur Verkindlichung, der für uns Menschen so charakteristisch ist, nicht – bleibt eigentlich nur mehr die sexuelle Selektion. Und die ist in diesem Fall – wenn man den gängigen Theorien Glauben schenkt – schon immer Männersache gewesen. Sie wissen schon: Wir Frauen sind deshalb so niedlich-kindlich geworden, weil uns die Männer so haben wollten. Nun, das ist, wenn überhaupt, bestenfalls die halbe Wahrheit. Der Trend zum niedlichen Gesicht folgt ebenso sehr einer Präferenz der Frauen, die, wie wir glauben, bereits vor Jahrmillionen vorhanden war und bis heute nachzuweisen ist. Wenn sich ein Trend wie der zur Verkindlichung des Menschen so eindrucksvoll über eine derart lange Zeit hinweg durchsetzt, kann man getrost davon ausgehen, dass beide Geschlechter ihren fairen Anteil an dieser Entwicklung haben. Aber wie das Leben so spielt, wollen Männer und Frauen nicht immer das Gleiche. Und wenn sie das Gleiche wollen, dann meistens aus unterschiedlichen Gründen.
Warum Männer kindliche Frauen anziehend finden, hat die Wissenschaft bereits hinlänglich dokumentiert.
Männer wollen Frauen mit kindlichen Gesichtern. (Sie erinnern sich, das Idealgesicht hat die Proportionen einer Neunjährigen.) Aber was nützt einem Mann eine derartige Kindfrau? Wäre es nicht besser, eine Frau zu wählen, die nachweislich fruchtbar ist, vielleicht schon ein Kind hat und deren Gesicht man ihren reifen Status ansieht? Immerhin sind bei unseren nächsten Verwandten, den Schimpansen, jene Weibchen am begehrtesten, die schon einige Schwangerschaften und Geburten hinter sich haben. Junge unerfahrene Weibchen müssen sich ganz schön ins Zeug legen, um überhaupt von einem Männchen beachtet zu werden.
Warum ist das bei uns nicht so?
Weil wir eine paarbildende Art sind. Unsere Kinder kommen sehr unreif zur Welt und bleiben lange Zeit von ihren Eltern abhängig. Das heißt, beide Eltern müssen mächtig dahinter sein, wenn ihre Kinder wachsen, gedeihen und irgendwann selbstständig sein sol-

len. Bei so viel Engagement, das ein Menschenkind nun einmal fordert, will »Mann« wenigstens sicher sein, dass das Kind tatsächlich das eigene ist. Die Urheberschaft der Mutter ist ja immer unbestritten. Was also tut ein Mann um sicherzugehen, in seine eigenen Gene zu investieren und nicht in die eines Nebenbuhlers? Er beschränkt sich – mehr oder weniger – auf eine einzige Frau, die allerdings möglichst jung, ist gleich jungfräulich, sein sollte.[7] So jung, dass sie gerade am Anfang ihrer reproduktiven Phase steht, und gerade so alt, dass sie bereits Kinder empfangen und zur Welt bringen kann. Diese Konstellation bürgt am ehesten für die sichere Vaterschaft. Ihre Kinder sind dann aller Wahrscheinlichkeit nach auch die seinen.
Ist die Frau jung genug, kann er mit einer größeren Anzahl von Nachkommen rechnen. Kann er die Frau durch Ehe und die gesellschaftliche Tabuisierung außerehelichen Geschlechtsverkehrs für sich alleine beanspruchen, wird er mit größerer Wahrscheinlichkeit der biologische Vater all ihrer Kinder sein. Damit investiert er seine Ressourcen ins eigene Genom. Der Mann, der eine solche Fortpflanzungsstrategie verfolgt, ist auf jeden Fall genetisch auch noch in der nächsten Generation vertreten.
Es ist daher zu erwarten, dass Männer im Allgemeinen besonderen Wert auf eine junge, unberührte Partnerin legen.
Die Studie eines deutschen Anthropologen bestätigt das eindrucksvoll. Eckart Voland vom Institut für Anthropologie in Göttingen untersuchte das Heiratsverhalten einer bäuerlichen Bevölkerung aus Ostfriesland im 19. Jahrhundert. Die Menschen aus Krummhörn eigneten sich besonders gut für seine Arbeit, weil sie in ihrer Abgeschiedenheit alle Merkmale einer traditionellen, bäuerlichen Gesellschaft behalten hatten. Voland erhob das Heiratsalter von Braut und Bräutigam sowie den sozialen Status, der in Krummhörn von der Größe des Grundbesitzes abhing. Er konnte feststellen, dass das Alter der Braut negativ mit der Größe des Grundbesitzes des Bräutigams korrelierte. Mit anderen Worten: Je reicher der Bräutigam, desto jünger die Braut. Männer mit weniger oder gar keinem Besitz heirateten Frauen reiferen Alters.[8]
Voland schloss daraus, dass Männer ihrem Marktwert entsprechend wählerisch waren. Gut situierte, besitzende Männer – gute

Partien in der bäuerlichen Bevölkerung – folgten jenem prognostizierten Diktat der Gene: Sie suchten tatsächlich nach der unberührten Jugend. Ärmere Männer oder Besitzlose mussten mit älteren Frauen um die dreißig vorlieb nehmen oder gingen leer aus. Auch die Frauen wählten ihrem Marktwert entsprechend den bestmöglichen Ernährer für ihre Nachkommen. Solange sie jung und hübsch waren, ließen sie sich nur auf die besten Partien ein. Je älter sie wurden, umso geringer wurden ihre Chancen auf eine gute Partie, darum gaben sie sich mit einem weniger vermögenden Bräutigam zufrieden.

Und welches Bild bietet sich heute im Rest der Welt – fernab der Einschicht des ostfriesischen Krummhörn?

Ein Blick in die Society-Seiten von *Vogue, Esquire,* ja sogar des elitären *New Yorker* macht doch irgendwie stutzig. Die Crème de la Crème der reichen, emanzipierten westlichen Gesellschaft scheint nach denselben Regeln zu funktionieren: Tycoons, Popstars, Politiker, Spitzensportler, Prominente, sie alle brüsten sich mit einer jungen schönen Unbekannten an ihrer Seite, die sie später bis auf die Unterhose ausplündert.[9] Das Schema ist so omnipräsent, dass man als Frau wütend aufstampfen möchte. Dabei liegt der Grund für diesen Kuhhandel auf der Hand. Status braucht Schönheit und Schönheit braucht Status. Frauen wollen nicht in erster Linie einen Mann mit Macht. Sie wollen Macht – mit oder ohne Mann. Und wenn es nur mit Mann geht, na, dann bitte schön! Solange Macht und Besitz so ungleich verteilt sind, wird es immer Frauen geben, die ihre schöne junge Haut auf dem Heiratsmarkt gegen Geld und Einfluss tauschen.

Haben wir es hier nun tatsächlich mit einer menschlichen Universalie zu tun? Bevorzugen denn alle Männer junge Frauen? Und die Frauen selbst – schielen sie vor der Partnerwahl lediglich auf die Brieftasche? Der amerikanische Biologe David Buss sagt ja.

In einer viel beachteten und noch mehr zitierten Arbeit untersuchte David Buss, ein Evolutionspsychologe der University of Michigan, Partnerwahlkriterien von Männern und Frauen in 37 verschiedenen Kulturen, vier afrikanischen, acht asiatischen, sechzehn europäischen, vier nordamerikanischen/kanadischen, zwei

ozeanischen und drei südamerikanischen, insgesamt aus 33 Ländern auf sechs verschiedenen Kontinenten und fünf Inseln.[10] Es fand sich durchwegs dasselbe Schema.
Männer bevorzugen relativ junge Frauen. Die Attraktivität der Partnerin ist ihnen besonders wichtig. In allen Kulturen sind die Ehefrauen auch meist jünger als ihre Männer. Obwohl die Vorstellung von Attraktivität zwischen den Kulturen variiert, sind es durchwegs die Männer, die Wert darauf legen.
Frauen wollen etablierte Ehemänner von hohem Status. Frauen legen Wert auf die finanziellen Möglichkeiten, den Fleiß und die Ambition ihres zukünftigen Ehemanns, weil diese Eigenschaften Zugang zu Ressourcen verschaffen, die nötig sind, um eine Familie zu erhalten. In allen Kulturen bemühen sich Frauen mehr um ihr Äußeres. Ebenso bemühen sich Männer in allen Kulturen um sichtbare Zeichen von Macht und Einfluss, sprich Statussymbole. So ist es wohl zu verstehen, dass junge Frauen selbst zu Statussymbolen geworden sind.
Zwei amerikanische Psychologen, Sigall und Landy, ließen Fotos von Männern von Versuchspersonen beiderlei Geschlechts beurteilen.[11] Welche Eigenschaften hat wohl der Mann auf dem Foto? Als kleine Entscheidungshilfe wurde dem Mann eine fiktive Ehefrau zur Seite gestellt. Einmal das Foto einer sehr attraktiven, einmal das Foto einer weniger attraktiven Frau.
Die Versuchspersonen bewerteten den Mann mit der hübschen fiktiven Partnerin ganz anders als mit der weniger attraktiven Partnerin. Unter der Annahme, eine hübsche Frau hätte sich für ihn entschieden, wurden ihm bessere Charaktereigenschaften zugedacht. Wurde er mit einer weniger attraktiven Frau assoziiert, fiel das Urteil über ihn wesentlich schlechter aus.
Kennen wir nicht alle folgendes Szenario: Verheirateter Mann, Ende vierzig, ist in der Firmenhierarchie aufgestiegen. Da erliegt er den Reizen einer jungen Schönen, was seiner hierarchischen Stellung zumindest in der Männergruppe nicht gerade abträglich ist. Die ältere Ehefrau hat meist Jugend und eigene Karriere geopfert und dem Mann zu seiner Position verholfen, indem sie die undankbaren, aber nichtsdestoweniger notwendigen Arbeiten des Alltags erledigt hat. Plötzlich ist sie nicht mehr gut genug. Den

Makel, unfair und undankbar zu sein, möchte niemand auf sich sitzen lassen. Darum war es auch so dringlich, eine biologische Erklärung für dieses Verhalten aus dem Hut zu zaubern: Der Mann als Opfer seiner egoistischen Gene – und seiner Eitelkeit.

Bei allem Übereifer, die Vorliebe für kindliche Merkmale aus der Sicht des Mannes zu erklären, ist eine wesentliche Komponente unter den Tisch gefallen. Natürlich hat die ungleiche Besitzverteilung Frauen zu Trophäen gemacht – aus der Sicht der Männerhorde.

Betrachten wir die Angelegenheit einmal mit den Augen einer Frau. Was ist es denn, was wir an einem Mann suchen und was vor uns unsere Ahninnen gesucht haben? Und zwar lange bevor der erste Ackerbauer sich zum Besitzer eines Landes, einer Herde und einer Frau gemacht hat.

In einem solchen Szenario wurde die Frau immer als duldendes Opfer dargestellt, das keinerlei Einfluss auf die unvergleichliche Erfolgsstory der menschlichen Spezies haben konnte. Und doch ist die weibliche Handschrift in der Entwicklung des Mannes kaum zu übersehen. War das nur ein Nebeneffekt der Evolution? Weil die niedlichen Kindfrauen ihre Puppengesichter ganz nebenbei auch an ihre Söhne weitergaben? Das kann nicht sein, weil die Männer im Lauf der Evolution in größerem Ausmaß verkindlicht sind als die Frauen. Aber warum?

Klarer Fall: Auch Frauen bevorzugen Männer mit kindlichen Gesichtszügen. Allerdings, wie schon erwähnt, aus anderen Gründen als Männer. Sind Männer mit femininen Gesichtszügen etwa fruchtbarer? Sind sie erfolgreicher, geschickter, sportlicher oder – Gott bewahre – intelligenter? Nichts von alledem. Sie sind schlicht und einfach sozialer.

Das männliche Geschlechtshormon, das die Stimme tief, die Braue finster macht und den Bizeps schwellen lässt, ist unglücklicherweise auch für recht unsoziale Verhaltsweisen wie Aggressivität, Impulsivität, rüde Umgangsformen und geringe emotionale Bindung verantwortlich.[12] Aus dem Tierreich wissen wir längst, dass ein hoher Testosteronspiegel mit einer lebenslangen Partnerbindung unvereinbar ist.

Das Paarungssystem der Vögel ist in vieler Hinsicht eher mit dem Partnerwahlverhalten des Menschen vergleichbar als das der übrigen Säugetiere. Die Balz der Vögel und das Werbeverhalten des Menschen sind sehr ähnlich und gehen notwendigerweise einer fixen Paarbildung voraus. Turtelnde Liebespaare werden zu Recht mit Tauben verglichen. Das ist auch der Grund, warum viele WissenschaftlerInnen auf das Vogelreich zurückgreifen, um die Mechanismen der Paarbeziehung zu durchleuchten.

Amerikanische Spatzen sind treu sorgende Ehemänner, vor allem wenn es gilt, die Brut aufzuziehen. In dieser Zeit ist ihr Testosteronspiegel im Vergleich zur Werbephase niedrig. Warum aber? Hat die Natur hier nur bis zur nächsten Paarungszeit das riskante Hormonsystem des Männchens abgeschaltet, quasi nach dem Motto: no fun no risk? Oder steckt hier noch etwas anderes dahinter?

Um das zu untersuchen, injizierten WissenschaftlerInnen einigen dieser treuen Spatzen-Ehemännern etwas Testosteron. Was geschah? Sofort wurde das heimische Nest nebst darin befindlicher Gattin verlassen und das nächste Weibchen wild flatternd umworben.[13] Hohe Dosen von Testosteron im Blut vertragen sich offensichtlich nicht mit familiären Verpflichtungen.

Vögel haben nichts mit Menschen zu tun? Auch beim Menschen konnte nachgewiesen werden, dass unverheiratete Männer oder frisch geschiedene wesentlich höhere Testosteronspiegel im Blut haben als zufriedene Ehemänner.[14] Wie kommt es dazu?

Der ungebundene, werbende Mann muss all seine Energie darauf verwenden, die Auserwählte von seinen Qualitäten zu überzeugen. Frauen sind später oft enttäuscht, dass diese schmeichelhaften Bemühungen, ist das Ziel einmal erreicht, ein jähes Ende finden. Was wurde aus dem eifrigen, zuvorkommenden Kavalier, der nie Blumen mitzubringen vergaß, der herbeistürzte, um aus Mänteln zu helfen, Türen aufzuhalten, der feurigen Blicks nackte Schultern und tiefe Dekolletees ergründete. Derselbe Mann sitzt nun da, stiert in die Zeitung oder die Glotze, kratzt sich am ungewaschenen Hals und fragt: »Ist kein Bier mehr da?«

Was ist passiert? Ganz einfach: Der Testosteronspiegel ist schuld. Er ist abgestürzt. Es liegt im Sinne der Natur, kostspielige Programme auf ein Minimum zu reduzieren, sobald sie ihren Zweck erfüllt haben. Ist die Frau einmal erobert, als Partnerin verpflichtet, schaltet das Balzprogramm auf »economy«. Kein Wunder, denn nun soll ja nicht mehr gebalzt werden. Nun ist Treue angesagt und das funktioniert am ehesten, wenn dem Mann der Testosteronhahn zugedreht wird. Denn in unserer Stammesgeschichte war es von arterhaltender Bedeutung, auch den Mann für die Hilfe am Nest tauglich zu machen. Das passiert nur bei paarbildenden Arten.

Frauen wissen scheinbar instinktiv, dass Männer mit hohen Testosteronwerten keine guten Familienväter abgeben. Daher bevorzugen sie Männer mit weiblichen Gesichtszügen als Langzeitpartner, die ja nachgewiesenermaßen die testosteronsparenderen Modelle sind.

Die männliche Paarungsstrategie, Kindfrauen zu bevorzugen, war sicher nützlich für die Fortpflanzung des individuellen Mannes. Sie trug zweifelsfrei auch zur Verkindlichung der menschlichen Spezies bei, brachte aber keine Weiterentwicklung. Die weibliche Paarungsstrategie, knabenhaften männlichen Gesichtszügen als Indikatoren für soziales Verhalten den Vorzug zu geben, brachte hingegen den Durchbruch für die menschliche Art.

Hier beginnen sich die Nebel um ein zentrales Geheimnis unseres stammesgeschichtlichen Erfolges zu lichten: das Sozialverhalten. Die kindlichen Männergesichter, die den Frauen so gut gefallen, stehen für Umgänglichkeit, Bindungsfähigkeit, Treue, Investitionsbereitschaft. Eigenschaften, die für die frühmenschliche Gesellschaft tatsächlich überlebensnotwendig waren.

Sehen wir ihn uns genau an, den nackten Affen. Durch globale Klimaveränderungen wurde er aus dem schützenden Wald in die Savanne mit ihrer sengenden Sonne, den Giftschlangen und Raubtieren hinausgestoßen. Weder konnten unsere Vorfahren laufen wie Gazellen noch klettern wie Affen noch schwimmen wie Fische. Sie hatten keine Zähne, Klauen, Gift oder Stacheln um sich zu verteidigen. Außerdem hatten sie kein Fell wie die Menschenaffen, an dem sich ein Jungtier festhalten konnte – und selbst wenn sie eins gehabt hätten: Die Füße der Kleinen waren keine Greiffüße mehr, sie waren für den aufrechten Gang konzipiert wie die Füße der Erwachsenen. Sie mussten also festgehalten werden. Die Arme waren zwar durch den aufrechten Gang frei geworden, doch wie sollte gleichzeitig ein Kind, ein Stock zur Verteidigung sowie ein Grabwerkzeug getragen werden – ganz zu schweigen von einem Behälter voll mit Sammelgut? Das große Plus unserer Vorfahren war ihr rasant wachsendes Gehirn: sie waren schlau und gerissen und sie hatten einander. Sie hatten die Gruppe. Die einzige Chance dieser frühen Menschen war der Zusammenhalt untereinander.

Unsere Ahninnen, die bei ihrer Partnerwahl einem sozial eingestellten Mann den Vorzug gaben, legten damit unbewusst den Grundstein einer langen Erfolgsgeschichte: der Geschichte des Homo sapiens.

In einer von Männern etablierten Paarungsordnung dominiert der Haudrauf vor den Schwächeren. Muskelkraft allein hätte den Homo sapiens jedoch nicht dorthin gebracht, wo er heute ist. Lässt man Frauen die Wahl, bekommen auch Männer eine Chance, deren Eigenschaften für die Entwicklung einer humanen Gesellschaft nützlich sind: der Kluge, der Kreative, der Einfühlsame, der Kinderliebe, der Fürsorgliche, der Hilfsbereite – sie alle können Familienväter werden, wenn es nach den Frauen geht. Dadurch gibt es mehr Variabilität, ein Vorteil, der sich vor allem bei schnell wechselnden Lebensumständen bezahlt macht. Die Gesellschaft profitiert vor allem durch die sozialen Eigenschaften ihrer Mitglieder. Die Frau war dem Mann darin um Längen voraus.

Der Schritt von der Bindung an ein Kind zur Bindung an einen Partner und schließlich zur Bindung an eine Gruppe ist nicht mehr groß. Sind die sozialen Gefühle einmal geweckt, sind sie leicht auf beliebige Objekte auszudehnen. Bei Männern lag die Sache anders. Einerseits brauchte die Gruppe Verteidiger, die sich mit Steinen bewaffnet Raubtieren oder aggressiven Horden der eigenen Art stellten. Andererseits war soziales Verhalten gegenüber Angehörigen der eigenen Gruppe ein Gebot der Stunde: Zuneigung zu den Kindern, aber auch Rücksichtnahme auf schwächere Gruppenmitglieder – es war die Geburtsstunde unserer besten und nobelsten Eigenschaften.

Die soziale Einstellung kam schließlich auch dem Mann selbst zugute. Nicht nur überlebten seine Kinder häufiger, wenn er sie umsorgte, auch die Gruppe stand in schlechten Zeiten zu ihm. Auch

ein starker, dominanter Mann kann einmal, krank oder verletzt, auf eine helfende Hand angewiesen sein.
Die Zugkraft sozialer Eigenschaften bei der Partnerwahl – heute besser bekannt unter dem trendigen Namen emotionale Intelligenz – ist bis heute ungebrochen. Speziell in unserer modernen, individualisierten Gesellschaft, in der Frauen zunehmend unabhängig von einem männlichen Beschützer und Ernährer werden, ist die »soziale Karte« oft der einzige Trumpf, den werbende Männer ausspielen können. Wie präsentieren sich die verliebten Jungs denn heute? Sie geben sich tolerant, sensibel, feinsinnig unterhaltend, charmant, kinderlieb und rücksichtsvoll. Heute wie in grauer Vorzeit beurteilen Frauen potenzielle Partner nach sozialen Kriterien. Kriterien, die nicht nur der eigenen Familie, sondern der ganzen Gesellschaft zugute kommen.
Wie verträgt sich aber die weibliche Präferenz für einen sozial eingestellten Partner mit ihrer Vorliebe für Männer von Rang und Ansehen?[15]
Es zeigt sich, dass diese beiden Kriterien gar nicht so widersprüchlich sind, wie sie auf den ersten Blick scheinen.
Frauen legen genau jene Kriterien bei ihrer Partnerwahl an, die auch bei Personalchefs und Headhuntern ganz oben auf der Liste stehen: Einfühlsamkeit, soziale Einstellung, Verlässlichkeit und Beständigkeit. Diese Eigenschaften machen einen Menschen nicht nur zu einem guten Partner, sondern auch zu einem guten Mitarbeiter. So erklärt sich vielleicht, dass Männer, die bei der Partnerwahl bevorzugt werden, auch in Firmenhierarchien leichter aufsteigen. Nur wenige Männer schaffen es an die Spitze ohne die Fähigkeit, ein Netz von Anhängern und Unterstützern zu weben und sich dessen zu bedienen.
Wir wollen uns gar nicht darin versteigen, den Frauen so viel evolutive Weitsicht bei ihrer Partnerwahl einzuräumen und so tun, als hätten sie noch als geduckte, haarige, kaum aufrecht laufende Kreaturen bereits das künftige Wohlergehen der gesamten Spezies im Auge gehabt. Doch es sollte auch nicht unerwähnt bleiben, dass der Mensch seinen besonderen Platz im Tierreich neben seinen kognitiven vor allem seinen sozialen Fähigkeiten verdankt. Und diese verdankt er in erster Linie den Frauen.

Es ist wahr, dass Frauen bereits seit Jahrmillionen Männer mit femininen Gesichtszügen bevorzugen, die ihre niedrigeren Testosteronspiegel an ihre Söhne vererben. Warum aber sind dann die Eisenfresser immer noch unter uns? Obwohl Frauen nach Kriterien wählen, die der Gesellschaft zugute kommen, behalten sie dabei natürlich immer auch ihren persönlichen Vorteil im Auge. Sie suchen zwar nach einem Partner, der bereit ist, ihnen beim Großziehen ihrer Kinder zu helfen. Das heißt aber nicht, dass dieser auch deren biologischer Vater sein muss.

Aus diesem Grund fühlen sich Frauen eben manchmal doch auch von testosterontriefenden Männern angezogen. Allerdings nicht als Lebenspartner, sondern nur für ein kurzes, sexuelles Abenteuer. Und das vor allem um den Eisprung herum. Die »Sexy-Söhne-Hypothese« hält dafür eine plausible Erklärung bereit.[16] Softies mit relativ niedrigem Testosteronspiegel geben zwar gute Dauerpartner ab, vererben ihren Söhnen aber ihre geringe sexuelle Aggressivität.

Frauen spielen aus diesem Grund ein doppeltes Spiel. Einerseits wünschen sie sich einen braven, häuslichen Ehemann, der mindestens die Hälfte der weiblichen Verpflichtungen übernimmt. Andererseits schielen sie mit einem Auge auf die nächste Generation. Was bringt es meinem Genom, wenn auch mein Sohn ein braver, treu sorgender Ehemann wird? Seine Frau setzt ihm vielleicht Hörner auf und er päppelt dann die Gene seines Nebenbuhlers auf. Die zwiespältigen Gefühle, die Männer häufig in Zusammenhang mit familiärem Engagement hegen, ist vielleicht nur ein Abbild der zwiegespaltenen Frauenseele, die überlegt, wer der Vater ihrer Kinder sein soll. Der sanfte Softie oder der testosterongetränkte Sexprotz? Das weibliche Genom fährt am besten mit einer Strategie für alle Fälle. Sicher, der treu sorgende Ehemann macht sich immer gut, aber muss er unbedingt der Vater all ihrer Kinder sein? Ein kleiner Seitensprung, von dem keiner erfährt, und die Karten sind neu gemischt. Und vielleicht wird ja der Sohn des rücksichtslosen Draufgängers unter denselben Umständen zum Vater wie sein Vater. Solange sich ein Helfer findet, der das Kuckucksei bebrütet und das Kind großzuziehen hilft – wen kratzt's? Die Gene bestimmt nicht.

Kein Wunder, dass die Monogamie und in ihrem Kielwasser die Ehe erfunden wurde, damit Männer nicht so leicht um ihre reproduktiven Chancen betrogen werden können. Wenn sich Männer heute vor der Ehe zieren und die Gesellschaft ihnen auf den Rücken klopft und ihnen versichert, wie sehr die Frauen es nötig haben, kann man eigentlich nur milde lächeln. Denn die Ehe ist ein wichtiger, wenn nicht sogar der wichtigste Schutz für den Fortpflanzungserfolg des Mannes. Im Grunde ist die Ehe ein Protektorat für den Mann.

Das Arche-Noah-Prinzip –

Warum ausgerechnet zu zweit?

Die Ehe ist ebenso universell wie die Zweierbeziehung. Das heißt, es gibt sie überall auf der Welt, quer durch alle Kulturen. Selbst in Gesellschaften, welche die Vielehe erlauben – und das ist bei weitem die Mehrheit auf unserem Globus – ist die heterosexuelle Paarbeziehung die gängigste Form des Zusammenlebens zwischen Frau und Mann.[1] Eine Vorliebe, die so viele Menschen miteinander teilen, muss eine sehr lange Tradition haben oder sogar angeboren sein – als fixes Element in unserem Bauplan.

Dass die Ehe einem Mann ermöglicht exklusive Rechte auf eine Frau anzumelden und sie auf diese Weise vor Rivalen abzuschirmen, haben wir bereits erwähnt. Doch das allein erklärt noch nicht, warum die Partnerschaft zu zweit sich mit so überwiegender Mehrheit gegen alle anderen Formen des Zusammenlebens durchgesetzt hat. Die alternativen Strategien sind so vielfältig, dass es beinahe einfallslos erscheint, immer wieder in dasselbe Paarungsmuster zu verfallen. Es gibt zahllose Möglichkeiten, bei der Fortpflanzung mitzumischen, ohne sich den Mühen einer dauerhaften Beziehung auszusetzen.

Im Reich der Tiere werden Weibchen mit Futter bestochen, von Brutplätzen überzeugt, Schaukämpfe werden abgehalten, manche Weibchen wollen Brunhilde gleich niedergerungen werden. Männchen umgehen mit allerlei List Rangordnungskämpfe, die für sie zu gefährlich wären. Manche bleiben klein und hängen sich als Satelliten an dominante Männchen an, von denen sie geduldet werden, weil sie nicht geschlechtsreif aussehen. Manche imitieren sogar Weibchen und täuschen so das dominante Männchen.[2]

Männer und Frauen halten stur an der Paarbeziehung fest. Das kann nur bedeuten, dass sie beide von der Monogamie, der Einehe, profitieren – jeder auf seine Weise. Deshalb wollen wir jenen geheimnisvollen biologischen und psychologischen Gesetzmäßigkeiten nachspüren, die dafür sorgen, dass Männer und Frauen vom Big Apple bis St. Peterburg und von Sydney bis Reykjavik sich weiterhin ineinander verlieben, heiraten und Nachwuchs zeugen werden.

Wenn sie es sich aussuchen können, wollen Menschen immer einen Partner für sich alleine haben. Wenn sie sich dennoch für die Ehe zu mehreren entscheiden, dann nur, weil Geld und Gut auf dem Spiel stehen. Nur sehr wenige, sehr reiche Männer können sich den Luxus mehrerer Ehefrauen leisten. Aber wer sie hat, genießt höchstes Ansehen. Üblicherweise sind Frauen nicht davon begeistert, ihren Ehemann teilen zu müssen. Wenn eine Frau aber bereit ist, in einen Harem zu heiraten, dann nur, wenn die wirtschaftlichen Vorteile die Nachteile überwiegen. Nur wenn sie als eine von vielen Ehefrauen besser versorgt ist und bessere Reproduktionschancen hat als die einzige Frau eines Mannes, wird sie bereit sein, die unvermeidlichen Streitigkeiten und Eifersüchteleien unter den Co-Ehefrauen in Kauf zu nehmen, die angeblich das Klima in jedem Harem vergiften. Wer jemals das Serail in Istanbul besucht hat, kann sich vorstellen, dass eine Frau damals nicht lange überlegen musste, um sich für ein Leben im Überfluss zu entscheiden, anstatt sich als einzige Frau eines Bauern oder eines kleinen Händlers halb tot zu rackern. So blickten die Haremsdamen des Sultans, auf seidenen Teppichen liegend und mit Juwelen behängt, aus den Fenstern ihres goldenen Käfigs über den Bosporus und die Skyline Konstantinopels – vielleicht nicht gerade überglücklich, dafür aber sozial abgesichert.

Aber nicht nur Wohlstand und Sicherheit bringen Frauen dazu, von ihrem Bedürfnis nach Exklusivität in der Ehe abzurücken: Bei den nigerianischen Ibo und Yoruba schämen sich Frauen ihres Ehemanns, wenn er keine zweite Frau nach Hause bringt.[3] Allerdings sollten wir nicht unerwähnt lassen, dass die Zweitfrauen bei diesen beiden Völkern den Status einer besseren Dienstmagd haben. Das heißt, wenn sich eine Ibo-Frau beschwert, dass ihr Mann keine zweite Frau heiratet, ist das so, als genierte sich eine Frau in

Westeuropa vor ihren Freundinnen, weil sie als Einzige keine Haushaltshilfe hat.

Auch hinter der Polyandrie, einer Eheform, bei der eine Frau mit mehreren Männern verheiratet ist, stecken handfeste wirtschaftliche Interessen. In einem Landstrich Westtibets beispielsweise teilen sich oft mehrere Brüder eine Frau.[4] Warum? Weil die ohnehin kleinen Landwirtschaften eine Aufteilung unter den einzelnen Geschwistern nicht überleben würden. Um also ihren Besitz zusammenzuhalten, nehmen sie gemeinsam nur eine Frau. Auf diese Weise bleibt auch die Zahl der Kinder auf ein Maß beschränkt, welches das Land gerade noch verkraften kann. Aber so wie im Harem gibt es auch unter den Co-Ehemännern bittere Gefühle. Zwar ist den jüngeren Brüdern durch den Erhalt des Hofs ein gewisser Wohlstand gewiss, doch den Ton gibt der älteste von ihnen an. Er ist Haushaltsvorstand und die Nummer eins unter den Ehemännern.[5] Diese Aufgabenteilung ist keineswegs nur willkürlich. Während der älteste Bruder meist auch der reifste und für die Ehefrau am attraktivsten ist, bleibt dem jüngsten meist nur die Rolle des schmollenden Teenagers. In Indien, wo diese Form der Ehe auch praktiziert wird, sparen die jüngeren Brüder auf eine eigene Frau und »kaufen«, wenn sie genügend Geld für den Brautpreis beisammen haben, eine weitere Ehefrau in die Familie ein.[6] Aber diese Form der Vielehe, die Polygynandrie, ist sehr selten.

Wann immer aber ein Ehepartner mehrere Männer oder Frauen um sich schart, kommt es unweigerlich zu Konflikten, die sich von Kultur zu Kultur nicht besonders unterscheiden, sondern vielmehr der Gefühlswelt des Homo sapiens entspringen dürften. Und die scheint, was die Paarbildung anlangt, überall auf der Welt den gleichen Gesetzen zu gehorchen.

Machen wir ein Gedankenexperiment: Stellen wir uns vor, wir würden in einer Ehegemeinschaft leben, in der alle Frauen mit allen Männern verheiratet sind, in einer Gruppenehe also. Und angenommen, das Postulat wäre nicht – wie in vielen Kommunen – die freie Liebe, bei der sich jeder seine Geschlechtspartner aussuchen kann, sondern mit jedem oder jeder gleich gern zu schlafen. Könnten Sie das und könnten Sie damit glücklich sein? Wären Sie als Frau jedem Mann eine gleich gute Frau, Geliebte und Mutter seiner Kinder? Würden Sie mit allen gleichermaßen gerne intim werden? Oder, wenn Sie ein Mann sind: Würden Sie all Ihre Frauen gleich begehren, mit jeder gleich gern schlafen und sie alle gleich glücklich machen wollen? Wahrscheinlich nicht. Aber, werden Sie sagen – was soll die Frage? So eine Gesellschaft gibt es nicht und wird es auch nie geben. Und doch gab es sie. Und obwohl sie als Experiment grausam und menschenverachtend war, verdanken wir ihr doch eine zentrale Erkenntnis über das menschliche Liebesleben.

»Ich werde niemals von beständigem Wert für Mr Noyes sein, solange ich nicht vollkommen kuriert bin von der Anbetung eines bestimmten Mannes«, vertraute die 31-jährige Tirzah Miller 1874 ihrem Tagebuch an. Sie war Mitglied der utopischen Oneida-Sekte, die der religiöse Fanatiker John Humphrey Noyes 1844 gründete und die ihren Sitz von 1848 bis zum Zerfall der Bewegung 1880 in der amerikanischen Kleinstadt Oneida im Bundesstaat New York, unweit der kanadischen Grenze, aufschlug.[7] Noyes war von dem Gedanken besessen, das Paradies auf Erden zu errichten. Niemand sollte mehr besitzen als ein anderer. Alles sollte gerecht geteilt werden. Frauen und Männer sollten absolut gleichgestellt sein. Die Kinder sollten gemeinsam aufgezogen werden, um später die gleichen Chancen in der Gesellschaft zu haben. So weit, so gut. Es war eine Art religiöser Kommunismus, den die so genannten »Perfektionisten« anstrebten. Das allein hätte noch keinen Anstoß erregt. Doch Noyes ersann für seine AnhängerInnen einen Verhaltenskodex, der selbst an liberalsten Maßstäben gemessen noch unerhört wirkt.

Noyes machte die so genannte komplexe Ehe zum Gesetz. Das bedeutete, dass alle Männer der Bewegung mit allen Frauen verheiratet waren und alle miteinander schlafen mussten. Niemand sollte sich jedoch verlieben dürfen. Das galt als selbstsüchtig und schändlich – als gotteslästerliche Götzenanbetung. Noyes erließ ein Ejakulationsverbot für Männer, um selbst bestimmen zu können, wer mit wem und wann ein Kind zeugen durfte. Wir müssen nicht extra darauf hinweisen, dass sich Noyes auf diese Weise selbst zum Vater einer beachtlichen Kinderschar machte. Junge

Männer wurden von älteren Frauen, welche die Menopause bereits hinter sich hatten, ins Geschlechtsleben eingeführt, um ungewollte Schwangerschaften zu vermeiden, und junge Mädchen waren ausschließlich älteren Männern wie Noyes selbst vorbehalten. Wenn sich zwei Menschen sichtlich näher kamen, und das passierte natürlich laufend, trennte Noyes die beiden, um leidenschaftliche Gefühle für einen bestimmten Menschen im Keim zu ersticken. Es wird niemanden wundern, dass dieses Experiment zum Scheitern verurteilt war.

Das berührende Tagebuch der Tirzah Miller zeigt, wie zerrissen die Mitglieder zwischen ihrer Treue und Pflichterfüllung gegenüber John Humphrey Noyes und ihren übermächtigen Gefühlen für einen geliebten Menschen waren. »Scheinbar ist es Gottes Wille, mich klein und gebrochen zu halten, damit ich mich nicht ungebührlich erhebe«, schreibt sie, nachdem ihr Sektenführer Noyes abermals verboten hatte, ihren Geliebten wieder zu sehen. »Es beruhigt mich, zu wissen, dass er dieselben Gefühle für mich hatte wie ich für ihn, während der langen Zeit, die wir uns so hoffnungslos geliebt haben.«

Es ist kaum überraschend, dass sich diese Bewegung nicht allzu lange hielt. Nicht nur wuchs der Druck der puritanischen Außenwelt, dieses skandalöse Experiment zu beenden. Auch innerhalb der Gemeinschaft gärte es bald. Besonders den jungen Männern fiel es schwer, sich den Regeln des Reverend Noyes unterzuordnen, und immer wieder verließen verzweifelte Mitglieder die Sekte, um »draußen« zu heiraten und ein »normales« Leben zu führen. Warum?

Die Perfektionisten hatten mit ihrem Verhaltenskodex die menschliche Natur aufs Gröbste verletzt: Die Paarbildung ist ein Grundbedürfnis wie Essen und Trinken. Fast jeder Mensch, der nicht in einer Beziehung lebt, wünscht sich irgendwann im Lauf seines Lebens einen Partner bzw. eine Partnerin. Wie wir im Kapitel über die Liebe ausgeführt haben, kann sich niemand der Gefühle für einen anderen Menschen erwehren, wenn Amors Pfeil ihn trifft. Menschen verlieben sich, selbst wenn man es ihnen verbietet. Dieses Programm ist hartnäckig – und das aus gutem Grund: Es war eine wichtige Voraussetzung für den Erfolg der menschlichen Spezies. Dem spontanen Verlieben verdanken wir es, dass sich die Erbanlagen von Menschen kombiniert haben, die vielleicht nie zusammengekommen wären, wenn die Entscheidung, mit wem wir Kinder bekommen, ausschließlich eine Frage des rationalen Kalküls gewesen wäre. Auf diese Weise haben wir eine genetische Vielfalt erreicht, die uns vor Krankheiten schützt, uns gegen Kälte, Dürre und Hungersnöte stark gemacht und uns auf diese Weise erlaubt hat, jeden noch so unwirtlichen Winkel des Globus zu besiedeln. All das wäre nicht passiert, wenn Menschen nicht bereit gewesen wären, sich spontan einem Fremden anzuvertrauen und gemeinsame Kinder in die Welt zu setzen. Wenn es von allen Geschöpfen auf der Welt ein Paradebeispiel für Paarbildung gibt, dann uns Menschen.

Der Schlüssel dazu ist das Überleben der Jungen. Alle Jungen, die lange hilflos und abhängig bleiben, brauchen den totalen Einsatz beider Eltern, um die Geschlechtsreife zu erleben. Menschenkinder sind in dieser Beziehung rekordverdächtig. Kein anderes Tier hütet und bebrütet sein Junges über zwei Jahrzehnte hinweg! Das ist wahrlich extrem. Aber es gibt auch Beispiele aus dem Tierreich, die beweisen, dass die Paarbildung immer dann auf den Plan tritt, wenn es gilt, Nachwuchs unter extremen Bedingungen durchzubringen – seien es wie beim Menschen die unendlich lange Entwicklung unseres hochkomplizierten Gehirns oder extreme Umweltbedingungen.

Kaiserpinguine beispielsweise nehmen unglaubliche Mühen auf sich um ihre Küken großzuziehen.[8] Bei bis zu 70 Grad Minustemperaturen und antarktischen Stürmen bebrütet jeweils ein Elternteil das Ei, während der andere auf Nahrungssuche geht. Das geht einige Monate lang so, bis das Junge schlüpft. In dieser Zeit verlieren die Eltern bis zu einem Drittel ihres Körpergewichts. Ein beträchtliches Opfer für Geschöpfe, die sicher nicht zu den sozialsten auf dem Planeten gehören.

Je wichtiger die Paarbindung für eine Art ist, umso länger dauert auch die Werbephase: Der Mensch ist auch diesbezüglich einzigartig. Unsere Schimpansenvettern, die keine Paare bilden, halten auch die Werbung kurz und unspektakulär: Sie rütteln an einem Ast oder präsentieren ihre Genitalien, und das war's dann auch schon mit der Romantik. Die lange Werbephase bei uns Menschen ist nicht zufällig mühsam und kräfteraubend, denn sie soll verhindern, dass ein Partner später unüberlegt aus der Beziehung ausbricht und alle bereits investierten Mühen umsonst waren. Originellerweise findet das Balzverhalten des Mannes nicht etwa bei unseren nächsten Verwandten, den Primaten, seinesgleichen, sondern ausgerechnet im Reich der Vögel.

Dieses Ritual, an dem Frauen solchen Gefallen finden, dient dazu, dem Mann Gelegenheit zu geben, seine Fähigkeiten als zukünftiger Beschützer und Ernährer der Nachkommen unter Beweis zu stellen.

Frauen suchen nach einem Partner, der bereit ist, ihnen bei der Aufzucht der Kinder zu helfen. Das heißt aber nicht, dass dieser auch der biologische Vater der Kinder sein muss. Ein Umstand, der für Männer allerdings alles andere als gleichgültig ist.

Machen wir noch einen Abstecher ins Reich der Vögel: Denn auch hier trübt die Unsicherheit der Vaterschaft die Begeisterung, sich am Nest nützlich zu machen. Die Bereitschaft eines Männchens, in die Aufzucht der Jungen zu investieren, ist so groß wie die Wahrscheinlichkeit, dass er der Vater der Brut ist. Je größer das Vertrauen in die Vaterschaft, umso mehr väterliche Zuwendung erhalten die Jungen.

Bei Vögeln ist diese Beziehung vielfach nachgewiesen worden. Weibchen, die sich mit vielen verschiedenen Männchen paaren, ziehen auch allein die Jungen auf. Weibchen, die sich exklusiv mit einem Männchen paaren, haben den sprichwörtlichen Helfer am Nest. Weibchen »wissen« um diese Problematik. Rauchschwalbenweibchen sind nur so lange treu, wie ihr Partner am Nest ist. Kaum fliegt er fort, paaren sie sich mit anderen Männchen, sobald sich die Gelegenheit bietet. Werden sie von ihrem Partner in flagranti erwischt, müssen sie ihre Jungen alleine durchbringen.[9]

Untreue zahlt sich aus, aber nicht um jeden Preis. Die Wahrscheinlichkeit, mit seinem Nachwuchs verwandt zu sein, ist nämlich nicht nur für den Beitrag des Mannes zum Familienglück ausschlaggebend. Sogar die Investition der Großeltern steht und fällt mit der Wahrscheinlichkeit, mit dem Enkelkind verwandt zu sein. Wie ließe es sich sonst erklären, dass die Großmutter müt-

terlicherseits am ehesten bereit ist, Zeit und Geld für die lieben Enkelchen aufzubringen, der Großvater väterlicherseits dagegen am wenigsten?[10]
Wenn das keine guten Gründe sind, monogam zu leben! Überhaupt für so komplizierte, hoch entwickelte, opportunistische, spätreife Geschöpfe wie uns Menschen. Die Paarbildung ist eben noch stärker als bisher angenommen an der Erfolgsstory unserer Spezies beteiligt.
Wer den Parallelen aus dem Tierreich misstraut, sollte sich fragen, aus welchem Grund die unterschiedlichsten Kulturen und Gesellschaftssysteme auf der Welt dieselben biologischen Grundbedürfnisse mit dem ganzen Gewicht ihrer Gesetze, ihrer Wertvorstellungen und Traditionen unterstützen.
Die Geschichte der Paarbeziehung erzählt von wechselseitiger Abhängigkeit, die in eine Form der Partnerschaft münden musste, in der sich zwei absolut gleichwertige, gleichgestellte Menschen gegenüberstanden. Immerhin wird beiden Partnern in der Fortpflanzungsgemeinschaft das Äußerste abverlangt und beide profitieren gleichermaßen von der Fusion ihrer Kräfte.
Wie konnte es dann in den letzten zehntausend Jahren zu einer derartigen Schräglage der Machtverhältnisse zwischen Frau und Mann kommen? Warum hat das Patriarchat die egalitäre Urpartnerschaft, die Partnerschaft unter Gleichgestellten, so nachhaltig verdrängt? Die Gründe dafür sind vielschichtig und das Ergebnis einer allmählichen Entwicklung, die es verdient, genauer betrachtet zu werden.
Warum ist es so schwer, herauszufinden, wie unsere Vorfahren gelebt haben? Wir können ihre Anatomie rekonstruieren, Skelettreste aus Ostafrika zeigen, dass wir bereits vor über sieben Millionen Jahren aufrecht gegangen sind.[11] Wir können rekonstruieren, wann die ersten Werkzeuge hergestellt worden sind. Die ersten Steinwerkzeuge sind beinahe halb so alt. Und wir können uns anhand ebendieser Steinwerkzeuge vorstellen, wann unsere Art zu sprechen begonnen hat. »Steinerne Begriffe«[12] werden sie genannt, denn SprachforscherInnen gehen davon aus, dass eine Kultur, die eine Tradition in der Werkzeugherstellung weitergeben konnte, bereits Sprache besessen haben muss. Warum aber kön-

nen wir so gut wie nichts über das soziale Leben unserer Vorfahren aussagen?
Weil es keine Schrift gab. Die ersten Schriftzeichen sind nur wenige tausend Jahre alt – mit ihnen beginnt die Frühgeschichte. Die Urgeschichte liegt im Dunkeln. Über die Entwicklung unseres Gesellschaftssystems gibt es daher lediglich Spekulationen. Die Wissenschaft hat diverse Ansätze zu bieten, die einander allerdings ausschließen – wie so oft in der Wissenschaft. Häufig werden heute noch lebende Naturvölker zum Vergleich herangezogen. Vor der so genannten »Neolithischen Revolution«, bevor der Mensch sesshaft wurde und erstmals Land zu bestellen begann, müssen unsere Vorfahren als Nomaden gelebt haben. Ähnlich wie die Buschmänner heute in Südafrika lebten wahrscheinlich auch sie vom Sammeln und Jagen.[13] Sie zogen in Gruppen von zehn bis vierzig Mitgliedern durch die Savanne und nahmen von der Natur, was sie zum Leben brauchten. In einem Klima, das es gut mit ihnen meinte, war es nicht notwenig, Vorräte anzulegen. Im Gegenteil: Besitz war Ballast, musste er doch mitgetragen werden. Eine solche Gesellschaft stellt man sich egalitär vor. Zwar gibt es einige meist ältere angesehene Gruppenmitglieder, deren Wort mehr Gewicht hat, allerdings herrscht keiner über den anderen. Frauen sind in einer solchen Jäger-und-Sammler-Gemeinschaft den Männern gleichgestellt. Im Gegensatz zu den Anthropologen am Beginn des 20. Jahrhunderts war man sich bewusst, was die Familie ernährte: die Sammeltätigkeit der Frau, ihr Wissen um die Pflanzen, wo und zu welcher Zeit sie wachsen, wie sie zuzubereiten sind, welchen Nährwert sie haben. Auch heutige Nomaden leben hauptsächlich von pflanzlicher Kost, die zum überwiegenden Teil von den Frauen gesammelt wird.[14] Die Jagdbeute, die Männer ins Lager bringen, ist eher den Trophäen heutiger Jagdgesellschaften vergleichbar. Ein Fest für die Gruppe, eine willkommene Abwechslung und vor allem »viel Ehr« für den geschickten Waidmann.[15] Die Kirsche auf dem Sahnehäubchen vielleicht, aber bestimmt keine Nahrungsgrundlage.
Warum sich der Mythos vom Mann als Ernährer und Urzeit-Patriarch so lange und hartnäckig gehalten hat? Vielleicht weil die Urgeschichtler und Anthropologen unseres Jahrhunderts Männer

waren und gerne ihresgleichen im Zentrum der Urgesellschaft gesehen hätten. Vielleicht aber auch, weil sie Knochenreste fanden und nicht bedachten, dass Pflanzenreste keine fossilen Spuren hinterlassen.[16]

Die Gleichstellung der Frau verdankte sie ihrem Ernährerstatus und noch einem nicht unwesentlichen Umstand: ihrer Fähigkeit, Kinder zu gebären. Dazu braucht es keine Fossilien und keinen Vergleich mit heute noch lebenden Naturvölkern. Es ist die Frau, die empfängt, trägt und gebiert. Der Zusammenhang zwischen der Zeugung und der Geburt mag nicht immer klar gewesen sein. Immerhin liegen beim Menschen neun Monate dazwischen. Da kann allerhand geschehen. Dem Frühmenschen, der gerade zu begreifen begann, der gerade begann Werkzeuge herzustellen und sein Tun in Worte zu fassen, muss die Geburt wie ein unheimliches urgewaltiges Mysterium erschienen sein. Als ob ein Geist in die Frau gefahren wäre, ihren Leib schwellen ließ und als neues Leben hervorbrach.

Bronislaw Malinowsky, ein berühmter amerikanischer Anthropologe mit polnischen Wurzeln, beobachtete in den 1920er-Jahren auf den Trobriand-Inseln einheimische Indianer, denen der Zusammenhang zwischen Zeugung und Geburt noch nicht bekannt war.[17] Sie glaubten, die Frau gebäre die Ahnen ihrer Familie, die seit ihrem Tod auf einer Nachbarinsel wohnten. Nachts, so glauben die Insulaner, dringt ein Ahn in den Kopf einer jungen Frau ein. Ist sie damit einverstanden, ihn zur Welt zu bringen, darf er sich in ihrem Leib einnisten und sie schenkt ihm erneut das Leben. Ist sie nicht einverstanden, muss er durch ihren Körper hindurch wieder ins Freie. In diesem Fall blutet die Frau, zum Zeichen, dass der Geist sie verlassen hat. In seinem Buch »The Father in Primitive Psychology« beschreibt Malinowsky die Rolle des Vaters eher als »Liebhaber der Mutter«. Die Gesellschaft gesteht ihm ja keinen Anteil an der Zeugung zu. Deshalb ist es auch der Bruder der Mutter, der bei Kinderfragen mitbestimmen darf, und nicht der biologische Vater.

Damals hatte man noch nichts von »nicht eingreifender Beobachtung« gehört. Malinowsky versuchte also die »Wilden« aufzuklären. Er erntete homerisches Gelächter. Einer der Insulaner nahm ihn beiseite und erzählte ihm von einer Frau, Tilapo'i, die so sprichwörtlich hässlich und missgestaltig war, dass »hab Sex mit Tilapo'i« zu einem geflügelten Schimpfwort wurde. »Niemand«, so erklärte der Insulaner »würde dieser Frau freiwillig beiwohnen und dennoch hat sie ein Kind bekommen. Deine Theorie kann also nicht stimmen.«

Malinowsky war angesichts solcher Argumente machtlos. Die Geschichte zeigt uns jedoch, dass die Erkenntnis, dass der Samen des Vaters für die Zeugung notwendig ist, gar nicht so selbstverständlich ist. Es ist vorstellbar, dass viele Frühmenschen glaubten, die Frau allein hätte die Macht über Tod und Leben. Viele GeisteswissenschaftlerInnen, darunter Bachofen, gehen davon aus, dass die gesamte frühmenschliche Gesellschaft von der Vorstellung der Allmacht der Frau geprägt war. In seinem bekannten Werk »Mutterrecht« zeigt sich Bachofen von einem Zeitalter der Frauenherrschaft über viele Millionen Jahre hinweg überzeugt.[18] Über die Gleichstellung der Frau, wie sie bei heutigen Naturvölkern zu beobachten ist, hinaus muss die unerklärbare Fähigkeit der Frau, Leben hervorzubringen, ihr einen unglaublichen Status verliehen haben.

Frauen herrschen jedoch anders als Männer. Sie versklaven niemanden, niemand muss ihnen dienen. Eine weise ältere Frau hatte die Führung der Gruppe über. Sie regelte alles nach dem »Mutterrecht«. Dieses wurde von einer Generation zur anderen in Form von Geschichten und Mythen überliefert. Die weise Alte sprach Recht auf der Basis dieser Überlieferungen, die als Naturgesetze galten. Da sie der Gruppe so selbstverständlich waren, kam niemand auf die Idee, sie aufzuschreiben. Das ist auch der Grund, warum heute das Matriarchat selbst zum Mythos geworden ist.[19] Sollte es jemals eine Gesellschaft gegeben haben, die von Frauen beherrscht wurde, so haben sich die Untertanen so bedingungslos respektiert und gerecht behandelt gefühlt, dass es nicht nötig war, Gesetze festzuschreiben.

Zahlreiche Funde aus unserer Urzeit geben Hinweise auf eine zumindest sehr prominente Stellung der Frau. Der Prähistorikerin und Höhlenforscherin Marie König gelang es in beispielhaft akribischer Kleinarbeit, Höhlenmalereien und Zeichnungen des

Steinzeitmenschen zu deuten. Immer wieder fanden sich Hinweise auf die zentrale Stellung der Frau: eine ungeahnte Vielzahl von Symbolen, von simplen gekreuzten Linien bis hin zur Mondsymbolik am Haupt der Stiere an der Wand der berühmten südfranzösischen Höhle von Lascaux. Spätere Figurinen wie die Venus von Willendorf vor 40000 Jahren zeugen auch für den Laien anschaulich von der Verehrung dieser frühen Gesellschaft für den Frauenkörper und seine urgewaltigen Fähigkeiten.[20]

Wie konnte das alles in Vergessenheit geraten? Wie konnte die Frau von ihrem Podest gestürzt werden, auf dem sie Millionen von Jahren zugebracht hatte? War es der Gebärneid des Mannes? War er es Leid gewesen, als fünftes Rad am Wagen der Reproduktion im Schatten der Lebensspenderin zu vegetieren? Raffte er deshalb alle öffentlichen Ämter an sich, schuf Religionen, in denen der Frau eine besonders untergeordnete, schäbige Rolle zugeteilt wurde?

Was immer der Grund gewesen sein mag, die Gelegenheit zum Aufstieg bot sich dem Mann vor etwa 10000 Jahren. In der beginnenden Jungsteinzeit änderte sich das Leben der Jäger und Sammler. Aufgrund von schlechter Witterung in den nördlicheren Breiten ging man dazu über, Vorräte anzulegen. Ackerbau und Viehzucht begannen. Man baute Behausungen für Mensch und Tier und ging dazu über, Grund und Boden zu kultivieren. Der Besitz wurde gegen Eindringlinge verteidigt. Damit begann die Versklavung der Frau. War der Mann sich nun seines Stellenwertes bewusst, als Besitzer und Verteidiger seiner Latifundien?

Das mag ein Grund gewesen sein. Ein weiterer war, dass die Scheidung erschwert, wenn nicht unmöglich wurde. Grund und Boden, das gemeinsame Haus sind unteilbar, wer soll bei Streitigkeiten gehen? Wer geht, verliert alles, ein Neubeginn allein ist fast nicht möglich. Die Sammlerin konnte noch ihrer Wege ziehen. Sie war von Besitz nicht belastet. Außerdem gebar sie nur so viele Kinder, wie sie gerade mit sich tragen konnte.

Nicht so die neue Bäuerin. In einem Haus mit festem Dach über dem Kopf, Vieh im Stall und vollen Speichern im Winter bot sich die Gelegenheit, mehr Kinder auf einmal großzuziehen. Kinder waren keine Behinderung mehr für die Sammeltätigkeit und für das Weiterkommen der Gruppe. Kinder waren billige Arbeitskräfte in Haus und Hof. Einmal erwachsen, konnten sie bei der Verteidigung des Anwesens und bei der Bestellung der Felder helfen und sie waren eine Altersversorgung für die Eltern. Die Abstände zwischen den Geburten wurden kürzer.

Damit begab sich die Frau in einen verhängnisvollen Kreislauf der Abhängigkeit. Mehr Kinder bedeuten Schwächung des Körpers, mehr Bindung an das Haus, Abhängigkeit vom Wohlwollen des Ehemannes, der die Erträge des Gutes verwaltete. Außerdem gab die Frau den Status als Ernährerin der Familie auf. Nicht von ihrer kundigen Sammeltätigkeit wurde die Familie satt, sondern durch die Früchte, die auf dem Feld des Mannes wuchsen. Nun war es der Ertrag seiner Arbeit. Er war kräftig genug den Pflug zu ziehen, das Ochsengespann zu führen, seine Hände hatten das Haus gebaut, die Scheune und seine Muskelkraft brachten die Ernte ein. Hätte er es auch wie die Frau verstanden, einfühlsam auf die Bedürfnisse eines schwächeren, abhängigen Wesens einzugehen, wäre die neolithische Revolution für die Frau nicht so verhängnisvoll verlaufen.

Ganz auf Rangordnungskämpfe eingestellt, machte sich der Mann die Frau untertan. Fortan war sie ihm unterstellt, er sprach Recht über sie und ihre Kinder. Sie hatte zu gehorchen, war ihm zur Treue verpflichtet, hatte seine Kinder großzuziehen und ihm sein Leben so angenehm wie möglich zu gestalten. Die Hierarchie unter den Männern sorgte zusätzlich für die Einhaltung der neuen Gebote. Es gab männliche Gesetze, eine männliche Gesellschaftsordnung und eine männliche Religion, die alles noch als den Willen Gottes festschrieb.

Warum wehrten sich die Frauen nicht dagegen? Warum verbündeten sie sich nicht, um nach eigenen Gesetzen zu leben? Ist die Tatsache, dass Frauen in der Regel den Männern körperlich unterlegen sind, der einzige Grund?

Vielleicht nicht nur. Möglicherweise hat es auch sehr lange gedauert, bis Frauen sich als Untergebene in einer Männerhierarchie erkannt haben. In traditionellen Gesellschaften machen sich die Männer ihre Rangordnungskämpfe untereinander aus. Sie sind als Entscheidungshilfe für die Frauen gedacht und nicht dazu da, sie zu unterwerfen. Männliche Hierarchien beeinflussten die Frauen daher nur marginal.

Außerdem brachte die neue Lebensform auch den Frauen unvergleichliche Vorteile. Ihre Kinder wuchsen im Schutz der eigenen vier Wände auf, gewärmt am heimischen Herd, durch den Winter gefüttert mit Hilfe der Vorräte. Sie konnten in kürzerer Zeit eine größere Anzahl von Kindern zur Welt bringen, die größere Überlebenschancen hatten als die Kinder der Nomaden.

Auch die Vormachtstellung des Mannes kam nicht über Nacht. Die Natur des Mannes, andere zu dominieren, gewann in der Beziehung zwischen Mann und Frau immer mehr an Bedeutung. Er kontrollierte und beeinflusste ihre Fortpflanzung wie den Viehbestand, den Ertrag seiner Felder und seine eigene Stellung in der jungsteinzeitlichen Gesellschaft.

Das war das Ende der Gleichstellung zwischen den Partnern – zumindest nach außen hin. Denn innerhalb einer jeden Beziehung sind Kräfte am Werk, die älter und stärker sind als jede selbst verliehene Machtposition.

Eifersucht –

die dunkle Seite der Liebe

Sie gehören zusammen wie zwei Seiten einer Medaille und sind doch so verschieden wie die zwei Gesichter des Januskopfes; keine wäre ohne die andere denkbar und doch wird die eine gerne verschwiegen. Sie sind ein ungleiches Gespann, das die tagtägliche Beziehungspraxis beherrscht. Man könnte sagen, sie sind Dr. Jekyll und Mr. Hyde im Beziehungsgefüge: Liebe und Eifersucht.

In unserer Kultur gelten sie als gut und böse. Die Liebe verbindet Menschen, sie ist ein positives wärmendes Gefühl. Verliebte sind glücklich, ihre Liebe ist das Geschenk, das sie einander machen. Eifersucht hingegen wird als eine zerstörerische, zersetzende Kraft empfunden. Nagende Zweifel an der Zuneigung und Treue des Partners machen alles, was bislang positiv war, zunichte und bereiten den Weg für Misstrauen und Angst vor Enttäuschung. Es entsteht leicht der Eindruck, dass die Liebe von da an ihre Unschuld verloren hat – unwiederbringlich; ist es doch ein Wesenszug der Liebe, dass sie blind vertraut. Oder ist es gerade umgekehrt, dass die Eifersuchtsszenen und Auseinandersetzungen mit den negativen Gefühlen – einmal überstanden – die Liebe erst richtig, wie Phönix aus der Asche, neu entstehen lassen?

In den meisten Kulturen wird Eifersucht gar nicht so negativ gesehen, sondern eher als etwas Alltägliches, Unvermeidliches.[1] Kosmologien wie das nicht reformierte Christentum stehen unkontrollierbaren Gefühlen wie Eifersucht besonders negativ gegenüber. Kulturen unter christlichem Einfluss haben diese negative Einstellung übernommen. Das hat einen plausiblen Grund: Immerhin soll die Verbindung zwischen Mann und Frau ein ganzes Leben lang halten. Bevor aber der Tod sie scheiden kann,

macht sich ein Spaltpilz an die Arbeit, gegen den noch kein Kraut gewachsen zu sein scheint.
Kaum sind die ersten Wochen und Monate schwärmerischer Verliebtheit vorüber, beginnen die Zweifel zu nagen. Wohin geht er abends nach der Arbeit – wirklich immer nur zum Stammtisch? Ist sie tatsächlich den ganzen Vormittag mit ihren Freundinnen beisammen – was tut sie die restliche Zeit? Warum ist am Monatsende so wenig Geld am Konto – wofür hat er es ausgegeben? Muss sie die durchsichtige Bluse unbedingt im Büro tragen?
Wie das Amen im Gebet folgt dem ersten Überschwang die Abkühlung auf dem Fuß. Muss das so sein? Ja, sagen Wissenschaftler wie der Psychologe David Buss von der University of Texas, Austin.[2] Jede Partnerschaft wird, wenn auch nur vorübergehend, von einer Eifersuchtskrise gebeutelt. Schließlich hat man die vergangenen Wochen und Monate damit zugebracht, den geliebten Partner auf ein Podest zu stellen um sie/ihn dort anzuhimmeln. Kaum gehört man zusammen, beginnt jedoch die Sorge, ob man den eroberten Schatz wird halten können. Vor allem Partner, die sich im Hinblick auf ihre Attraktivität oder ihren gesellschaftlichen Status stark unterscheiden, machen sich bald Sorgen, ob ihre Beziehung auch weiterhin funktionieren wird.
Aber auch äußerlich und gesellschaftlich harmonisierende Paare sind nicht vor der aufkommenden Unsicherheit gefeit. Fast hat es den Anschein, als wäre Eifersucht ein natürlicher, unausweichlicher Prozess, den jede Partnerschaft durchlaufen muss, um von der untersten Stufe der planlosen Verliebtheit auf eine höhere, rationalere Ebene zu gelangen. Das Paradoxe daran: Die aufkeimende Eifersucht, deren Zweck es eigentlich ist, Mittel und Wege zu finden, um den Partner/die Partnerin bei der Stange zu halten, bringt meist den ersten Zündstoff in die Beziehung. Hier werden die ersten Kanten und Ecken rund geschliffen. Nach der Phase des absoluten Einsseins, der Aufgabe jeglicher Individualität zugunsten des Gemeinsamen, beginnen sich die Einzelpersönlichkeiten wieder herauszukristallisieren.
Vielleicht gerade als Kontrastprogramm zu den ersten überschwänglichen Hochgefühlen der Verliebtheit wird nun die Phase der Eifersucht als etwas mehr oder weniger Negatives erlebt. Die

innige Nähe, vorher als angenehm empfunden, wird plötzlich zur Enge. Man fühlt sich kontrolliert, gegängelt, durch das Misstrauen beleidigt.

Viele Paare erleben Phasen der Eifersucht. Manche heftiger, manche nur in Ansätzen, als flaues Gefühl etwa, wenn die Geliebte auf einer Party etwas zu enthusiastisch mit einem alten Freund plaudert oder der Geliebte nach den wilden Liebesnächten der ersten Monate auf einmal vor dem Fernseher einschläft.

Was aber ist dieses Gefühl, das sich wie ein Schatten über unsere bisher ausschließlich sonnige Beziehung legt? Die Wissenschaft hat es lange Zeit nicht ernst genommen. Man glaubte nicht, dass es sich dabei um eine menschliche Universalie handeln könnte, etwas, mit dem alle Menschen ausgestattet sind. In diesem Fall hätte es einen Nutzen haben müssen, sonst wäre es von Mutter Natur schnell entsorgt worden. Alle erdenklichen Erklärungen wurden herangezogen. Eifersucht, dachte man, sei ein von der Gesellschaft aufgesetztes Rollenverhalten. Es werde erwartet, dass Frauen und Männer sich in ganz geschlechtsspezifischer Weise eifersüchtig verhielten. Tatsächlich hat auch jede Gesellschaft ihre eigenen Regeln und Traditionen, mit diesem starken Antrieb umzugehen, doch jede Gesellschaft erlaubt ihren Mitgliedern in irgendeiner Weise ihre Eifersucht auszuleben.

Bei den Ache aus Paraguay ist es üblich, dass Rivalen ihre Eifersucht in rituellen Keulenkämpfen austragen.[3] Bei den Kipsigis kann ein in seiner Ehre gekränkter Ehemann den Brautpreis zurückverlangen.[4] Selbst die von Margret Meade untersuchten Samoa-Insulaner, die sie als sexuell liberal und äußerst friedfertig beschreibt, kennen das Gefühl der Eifersucht nur zu gut.[5] Sie haben sogar ein Wort dafür: »fua«. Es ist durchaus üblich, dass eifersüchtige Männer ihre Nebenbuhler oder auch ihre Partnerin schwer verletzen. Auch eifersüchtige Samoanerinnen reagieren oft gewalttätig auf die Untreue ihres Partners. Manche von ihnen suchen die Rivalin auf, die mit ihrem Mann Sex hatte, und beißen ihr in die Nase – fest genug, um ihre Schönheit für immer zu beeinträchtigen.

Da die Wissenschaft keine Gesellschaft finden konnte, der das Gefühl der Eifersucht fremd war, wurde sie kurzum zur Pathologie erklärt. Nur schwer gestörte Menschen seien nicht in der Lage, ihre negativen Gefühle im Zaum zu halten. Eifersucht sei nichts weiter als eine Geisteskrankheit. Erst seit einigen Jahrzehnten wird die Eifersucht als das gesehen, was sie ist: ein fester, ja sogar notwendiger Bestandteil unseres Verhaltensrepertoires.

Einer der Pioniere auf dem Gebiet, der Evolutionspsychologe David Buss, hat sich dieser starken Emotion besonders angenommen. Er befragte Hunderte Paare um herauszufinden, wer in welcher Situation eifersüchtig reagiert und warum. Vor allem die krankhaft eifersüchtigen Männer und Frauen interessierten den Psychologen. Manche von ihnen konnten gar keinen bestimmten Grund für ihre Eifersuchtsattacken angeben. Da sie aber sehr darunter litten und vor allem ihre Partnerschaft dadurch gefährdet sahen, suchten viele von ihnen einen Psychologen auf, um ihrer Gefühle Herr zu werden. Bei Befragung des Partners im Rahmen dieser Therapien stellte sich jedoch meist heraus, dass in der überwiegenden Zahl der Fälle durchaus ein Grund zur Eifersucht vorhanden war. Die Partner und Partnerinnen der von Eifersucht geplagten Frauen und Männer waren tatsächlich fremdgegangen oder unterhielten sogar dauerhafte außereheliche Beziehungen.[6]

Buss beschreibt ein Paar, das er Robert und Anne nennt. Beide sind sehr selbstständige Menschen, gebildet, intelligent, beruflich erfolgreich. Als sie ihre Beziehung beginnen, ist es eine lockere Verbindung. Anne hat auch andere Liebhaber, Robert weiß davon. Er akzeptiert es, obwohl er an den Abenden, an denen Anne mit anderen Männern zusammen ist, etwas mehr trinkt als gewöhnlich. Über die Monate verändert sich die Beziehung zwischen Robert und Anne. Sie wird intensiver. Anne beendet ihre anderen Verhältnisse, verbringt täglich viele Stunden mit Robert und entdeckt verborgene Talente wie Singen und Tanzen, die sie nun auslebt.

In dieser Zeit des Wandels beginnt Anne eifersüchtig zu werden. Sie quetscht Robert über jede Frau aus, mit der sie ihn sieht. Ein harmloses Gespräch zwischen Robert und einer anderen Frau in einem Restaurant löst eine dreistündige Debatte mit Tränen und Gefühlsausbrüchen aus. In nur wenigen Wochen verwandelt sich Anne von der Vernunft in Person zu einem weinerlichen, eifersüchtigen Bündel Unsicherheit. Ihre Freunde können es nicht fassen, nicht einmal sie selbst kann es glauben und zimmert sich eine Erklärung zurecht, in der sie den Hormonschwankungen in ihrem Zyklus die Schuld dafür gibt. Kaum hat sie sich selbst davon überzeugt, dass ihre Eifersucht unbegründet ist, lässt Robert die Bombe platzen.

Tatsächlich hatte er eine Beziehung. Zu dem Zeitpunkt, als er ihr alles gestand, schlief er bereits mit der anderen Frau. Annes Gefühle hatten sie also nicht getrogen. Hätte sie diese gleich ernst genommen und nicht versucht ihre innere Stimme als abnorm und krankhaft abzutun, hätte sie sich viele Wochen der Qual und Angst ersparen können.

Dank der Untersuchungen von David Buss ist die Wissenschaft nun einen Schritt weiter. Sie sieht diese Phase der Eifersucht in einer Beziehung nicht nur als unumgänglich, sondern sogar als nützlich an. Eifersucht ist durchaus auch positiv zu sehen. Immerhin hat dieses Gefühlsgemisch dazu beigetragen, dass wir überlebt haben. Jeder Mensch, der heute auf dieser Erde wandelt, hat eine Kette von Vorfahren, die alle Erfolg gehabt haben. Jeder unserer Vorfahren hat es geschafft, alle Widrigkeiten der Kindheit und Jugend, Hunger, Krankheiten, Kriege und Entbehrungen aller Art bis zur Geschlechtsreife zu überleben. Jeder Einzelne hat es geschafft einen Partner für sich zu gewinnen, mit diesem eine intime Beziehung einzugehen und Nachkommen zu zeugen. Jeder unserer Vorfahren, ob männlich oder weiblich, hat es zuwege gebracht, dass diese Kinder heranwachsen konnten, bis sie alt genug waren, selbst Partner zu suchen.

Jeder Mensch, der es nicht verstanden hat, entsprechend auf die Herausforderungen des Lebens zu reagieren, der aus irgendeinem Grund nicht in der Lage war, einen Partner für sich zu gewinnen, oder dem es nicht gelang, seine Kinder aufzuziehen, zählt nicht zu unseren Vorfahren. Alle unsere Anlagen sind daher über viele Generationen ausgelesen. Schon deshalb gebührt der Eifersucht besondere Beachtung. Abgesehen von den negativen Gefühlen, die sie dem eifersüchtigen Individuum beschert, hat diese Mischung aus Angst, Selbstzweifel, Misstrauen, Argwohn und Vorsicht zweifellos dazu beigetragen, dass sich ein Individuum besser

fortpflanzen konnte. Wobei es an dieser Stelle nötig ist, auf einen nicht unwesentlichen Geschlechtsunterschied hinzuweisen: Denn Männer sind ganz anders eifersüchtig als Frauen.
Frauen fürchten vor allem den Verlust von Zuwendung. Sie sind eifersüchtig auf die Zeit, die ihr Partner mit anderen Frauen verbringt. Sie fürchten, es könnte sich eine emotionale Bindung zwischen ihrem Partner und einer anderen Frau entwickeln, auf die sie keinen Einfluss haben. Deshalb versuchen sie Konkurrentinnen aus dem Umfeld ihres Partners zu vertreiben. Dies geschieht häufig auf ganz subtile Weise, auch ohne den Partner selbst einzubeziehen.
Frauen messen sich nicht in Ringkämpfen oder Wettläufen, sondern auf psychologischer Ebene. Ein kleines Wortscharmützel hier und dort, das Spinnen feiner sozialer Fäden der Allianz mit Freundinnen. Auch das Äußere und das Auftreten spielen eine wichtige Rolle. Viele Frauen kennen das angenehm prickelnde Gefühl, mehr Aufmerksamkeit auf sich zu ziehen als die verhasste Konkurrentin. Umgekehrt ist wahrscheinlich nicht wenigen Frauen das peinliche Gefühl in Erinnerung, als sie ungeschminkt und in ausgebeulten Jogginghosen der Rivalin im neuesten Designer-Kostüm begegnet sind.
Doch was steckt dahinter? Warum ist es für Frauen so wichtig, die Einzige zu sein, die Zuwendung von ihrem Partner bekommt? Warum war es für unsere Ahninnen in grauer Vorzeit wichtig, sich die uneingeschränkte Zuneigung ihres Partners zu sichern? Zweifellos war es notwendig um Kinder großzuziehen. Dieselben Umstände, die uns überhaupt zu einer paarbildenden Art gemacht haben, haben auch dafür gesorgt, dass jene Frauen, die eifersüchtig über die Zuwendung ihrer Partner wachten, bessere Überlebenschancen für ihre Kinder herausholten. Eifersüchtige Frauen gewährleisteten – zumindest eher als gleichgültige –, dass der Vater ihrer Kinder bei der Stange blieb. Indem sie durch dieses dumpfe, aber untrügliche Gefühl, dass etwas nicht stimmt, die Vorzeichen rechtzeitig erkannten, konnte sie reagieren. Sie konnten rechtzeitig Maßnahmen setzen um zu verhindern, dass ihr Partner in eine andere Beziehung hineingeriet und dort verpflichtet wurde.

Gelang es der Frau nicht, Rivalinnen aus dem Felde zu schlagen, riskierte sie, Zuwendung und Aufmerksamkeit ihres Mannes mit einer anderen Frau und deren Kindern teilen zu müssen. Was ist so schlimm daran? Für den Menschen unserer Gesellschaft, für den die einzige Bedrohung darin besteht, nicht ausreichend konsumieren zu können, scheint die Antwort klar zu sein: Weniger Zuwendung heißt weniger Ressourcen. Weniger Geld in unserer Gesellschaft bedeutete in der Steinzeitgesellschaft weniger Schutz und Versorgung. Gerade in knappen Zeiten, nach harten Wintern, ohne die Erträge von Feldern oder Haustieren, mag ein Bissen zu essen über Tod oder Leben entschieden haben.

Die geschickte Jägerin und Sammlerin mag sich wohl trotz kleiner Kinder selbst versorgt haben. Die Bedrohung durch Raubtiere hat schon eher den beherzten Einsatz eines kräftigen Partners, der die Hände frei hatte, notwendig gemacht. Ganz zu schweigen von der größten Gefahr, die unseren Vorfahren drohte – die Bedrohung durch die eigene Art. Angriffe von anderen Horden, vor allem von Gruppen marodierender Männerverbände, scheint in unserer Stammesgeschichte eine nicht zu unterschätzende Gefahrenquelle gewesen zu sein. Es war daher sicherer, einen Partner zur Seite zu haben, der sich ebenfalls für das Wohlergehen der Kinder verantwortlich fühlte.

Aber selbst die eigene Gruppe barg tödliche Gefahren. Damals wie heute erhöht es den eigenen Status, einen hochrangigen Mann für sich zu gewinnen. Eine gehobene Position in der Gesellschaft, selbst wenn es sich nur um eine kleine Gruppe handelt, trägt den Nachkommen eine günstigere Stellung ein. Kinder von Eltern in gehobener Position werden von anderen Gruppenmitgliedern bevorzugt. Sie werden besser betreut und beaufsichtigt, da die anderen sich mit den hochrangigen Eltern gutstellen wollen. Allein stehende Frauen von niedrigem Rang und deren Kinder waren von allen Seiten gefährdet.

Jane Goodall erzählt die traurige Geschichte der Schimpansin Gilka, die durch Kinderlähmung behindert war. Sie konnte ihren linken Arm nicht gebrauchen. Gilka war den Übergriffen zweier Äffinnen, »Passion« und »Pom«, aufgrund ihrer niedrigen Rangordnung schutzlos ausgeliefert. Die beiden, Mutter und Tochter, erlangten traurige Berühmtheit, weil sie es immer wieder schafften, Müttern ihre neugeborenen Kinder zu entreißen, sie tot zu beißen und aufzufressen. Das gelang ihnen ausschließlich bei Weibchen von niedrigem Status. Gilka verlor all ihre Babys. Zwei davon wurden von Passion und Pom erwischt, wahrscheinlich auch noch ein drittes. Gilka war außer Stande mit nur einem Arm ihr Kind gegen die beiden »Mörderaffen« zu verteidigen. Es gab nur eine Situation, in der Gilka vor Übergriffen sicher war: Wenn Männchen aus der Gruppe in der Nähe waren. Diese vertrieben Passion und Pom aus Gilkas Nähe.[7] Unglücklicherweise sind Schimpansenmännchen aber meist nur dann zur Stelle, wenn die Weibchen ihre Rötung haben. Während ihrer empfängnisfähigen Tage sind sie von einer Gruppe Männchen umdrängt, die allein durch ihre Anwesenheit Angriffe von anderen Gruppenmitgliedern unmöglich machen. Mütter mit abhängigen Babys sind eher auf sich allein gestellt.

Einen Mann als Vater zu verpflichten kann auch in der Frühzeit von uns Menschen den Unterschied zwischen Tod und Leben eines Babys bedeutet haben. Die Eifersucht der Frau bei drohender emotionaler Abwendung des Partners ist daher ein altes Erbe, das sich nicht mit Vernunft oder rationalen Argumenten steuern lässt. Sie sitzt tief, wie etwa die Angst vor großen Spinnen oder Schlangen, die uns zurückschrecken lässt, selbst wenn wir uns objektiv betrachtet gar nicht in Gefahr befinden.

Desmond Morris, der immer wieder Tiere live im Fernsehstudio präsentierte, erzählt, wie zwei Orang-Utans sich beim Anblick eines Gartenschlauches in die Studiobeleuchtung flüchteten und nicht bereit waren herunterzukommen, bis der vermeintliche Feind entfernt wurde.[8]

Die Wiege der Menschheit liegt in Afrika. Frühmenschen, die auf diesem Kontinent sorglos mit Spinnen und Schlangen umgingen, gehören nicht zu unseren Vorfahren. Frauen, denen das emotionale Engagement des Kindsvaters gleichgültig war, riskierten von einer Nebenbuhlerin ausgestochen zu werden, die mit allen ihr zur Verfügung stehenden Mitteln um diesen Partner zu kämpfen bereit war. Erstaunlicherweise stehen Männer den Gefühlsausbrüchen eifersüchtiger Frauen meist ziemlich hilflos und ungläubig gegenüber. Ist doch aggressives Verhalten etwas, was man in unserer Gesellschaft eher Männern zugesteht.

Die Eifersucht des Mannes ist um nichts weniger aggressiv als die der Frau – ganz im Gegenteil. In erster Linie aber unterscheidet sie sich durch ihren völlig anderen Antrieb. Die männliche Eifersucht entsteht nicht etwa aufgrund von drohendem Verlust von Zuwendung durch die Partnerin. Wirklich bedrohlich für den Mann ist die sexuelle Untreue seiner Frau. Das ist nur bei einer paarbildenden Art verständlich, bei der es den vollen Einsatz beider Eltern bedarf, um die Nachkommen aufzuziehen.

Das englische Sprichwort »Mama's baby, Papa's maybe« beschreibt das Dilemma am besten, in dem sich die Herren der Schöpfung befinden. Keine Frau muss sich jemals mit Zweifeln herumquälen, ob das Kind, das ihren Schoß verlässt, auch tatsächlich das ihre ist. Männer haben damit aber große Probleme. Üblicherweise wird daher nach der Geburt eines Kindes vor allem die Ähnlichkeit mit der Familie des Vaters herausgestrichen.[9] Tatsächlich scheint es so zu sein, dass Kinder in ihrem ersten Lebensjahr auch »ganz der Vater« sind. Dennoch blieb, in den Zeiten vor der DNA-Analyse, immer ein Quäntchen Unsicherheit bestehen.

Ein Mann, der nicht eifersüchtig über die sexuelle Treue seiner Partnerin wachte, lief Gefahr, in die Nachkommenschaft eines Nebenbuhlers zu investieren. Wissenschaftliche Studien haben ergeben, dass Frauen, die fremdgehen, dies vor allem um den Eisprung herum tun. Nicht aus Berechnung, sondern aus dem einfachen Grund, weil sie an den fruchtbaren Tagen mehr Lust auf Sex verspüren. Dies konnte in einem groß angelegten Versuch nachgewiesen werden.[10]

Einige tausend Frauen wurden gebeten, über einen Zeitraum von 24 Monaten hinweg immer an jenen Tagen des Kalenders ein Kreuz zu machen, an dem sie Lust auf Sex hatten. Gleichzeitig bat man sie, morgens ihre Temperatur zu messen. Es stellte sich heraus, dass die wenigsten Frauen ihr Kreuzchen an den unfruchtbaren Tagen gemacht hatten; die meisten Kreuze fanden sich an den Tagen um die Zeit des Eisprungs herum. Am Tag eins des Zyklus hatte nahezu keine Frau besondere Lust auf Sex, je näher der Eisprung rückte, umso häufiger gaben die Frauen an, in Stimmung zu kommen. Frauen haben zwar keine sichtbaren Zeichen der fruchtbaren Tage mehr wie die Genitalschwellungen vieler Affen – wirklich verborgen bleibt der Zyklus aber nur dem Mann. Viele Frauen können vielleicht nicht angeben, wann die fruchtbaren Tage gekommen sind, ihr Unterbewusstsein weiß es aber genau.

Frauen, die außerehelichen Geschlechtverkehr haben, werden aufgrund der gesteigerten sexuellen Bereitschaft an den fruchtbaren Tagen durch einen Seitensprung auch eher schwanger als durch ihren Ehemann, mit dem sie an allen Tagen ihres Zyklus Sex haben können. Männer haben also allen Grund zur Sorge. Ihre Biologie hat im Prinzip vorgesorgt. Neben den Spermien, die für die Befruchtung zuständig sind, gibt es auch noch die »Killerspermien«, die nur dazu da sind, den Samen der Konkurrenten zu erlegen. Diese Spezialisten unter den Spermien haben gebogene Schwänze, die sie um fremde Samenzellen schlingen und diese am Fortkommen hindern. In tödlicher Umklammerung mit ihren Kontrahenten begehen sie Selbstmord.[11] Auch die Menge des Ejakulats lässt darauf schließen, dass der Mann, biologisch gesehen, nicht an die sexuelle Treue seiner Partnerin glaubt. Vergleiche mit anderen paarbildenden Arten zeigen, dass wesentlich weniger Sperma genügen würde, um eine Frau effizient zu befruchten.

In einer besonders originellen Studie wurden verheiratete und unverheiratete Männer gebeten, beim Sex mit ihrer Partnerin ein Kondom zu benutzen. Nach dem Geschlechtsverkehr sollten sie es aufheben und der Forschung überlassen. Es stellte sich heraus, dass das Ejakulat der Männer, die mit verschiedenen Frauen schliefen, mehr Samenzellen enthielt als das der treuen Ehemänner.[12] Der Körper des Mannes reagiert biologisch vernünftig auf eine Situation der Promiskuität. Er schickt mehr Soldaten in den Kampf.

Auf emotionaler Ebene entlädt sich dieses angeborene Misstrauen in Form von Eifersucht. Die Ehefrau in den Armen eines anderen Mannes zu ertappen raubt den meisten Männern den Verstand. Viele Morde gehen auf das Konto gehörnter, eifersüchtiger Ehemänner. Zahlreiche Studien belegen, dass Eifersucht ein Hauptmotiv bei gewaltsamen Auseinandersetzungen zwischen Ehepartnern ist. Frauen, die Zuflucht in Frauenhäusern suchen, geben häufig an, dass ihre Männer extrem eifersüchtig seien. Sie werfen ihren Frauen vor untreu zu sein oder sich anderen Männern gegenüber aufreizend und provozierend zu verhalten.

Martin Daly und Margo Wilson von der McMasters-Universität stellten in einer groß angelegten Untersuchung mit 8000 Probanden eine Liste von Aussagen zusammen, die Aufschluss über die Wahrscheinlichkeit geben sollten, dass eine Frau von einem Mann geschlagen wird.[13] Eine der Aussagen lautete: Er ist eifersüchtig und will nicht, dass ich mit anderen Männern spreche. 39 % der Frauen, die diese Aussage für ihren Partner bestätigten, wurden von ihren Männern schwer misshandelt. Im Gegensatz dazu wurden nur 4 % jener Frauen körperlich misshandelt, die diese Aussage für ihre Partner nicht bestätigten.

Männer fühlen sich durch die Untreue ihrer Partnerin in die Enge getrieben. Frauen von gewalttätigen Männern berichteten daher oft, dass ihre Partner nach Ausbrüchen der Gewalt sich zu bessern schworen und sich in jeder Hinsicht wie verzweifelte, eifersüchtige Kinder benahmen. Auch Konstanze Elsner, Lebensgefährtin von Heinz Sobota, der durch sein Buch »Der Minus-Mann«, das er im Gefängnis verfasste, traurige Berühmtheit erlangte, wurde im Lauf ihrer Beziehung mehrfach schwer misshandelt und geschlagen. In ihrem Buch »Mit mir nicht mehr!« schildert sie, wie Sobota nach einem Zornausbruch, bei dem er sie brutal zusammenschlug, weinend zusammenbrach.[14] Die Vielschichtigkeit des Gefühls der Eifersucht ist auch der Grund dafür, dass viele Frauen über Jahre hinweg bei derart gewaltbereiten Männern ausharren. Sie sehen immer noch eine Möglichkeit, dass alles wieder gut werden könnte.

Eine Freundin erzählte mir einmal unter dem Siegel der Verschwiegenheit, dass ihr Freund sie während eines Streits körperlich schwer misshandelt hätte. Als sie schon am Boden lag, hätte er sie noch getreten. Ich war entsetzt, weil ich ihren Freund als besonders liebenswerten, feinfühligen und gebildeten Menschen kannte, dem ich alles andere als Gewalt gegen eine Frau zugetraut hätte.

Unglücklicherweise wird biologisch bedingtes Verhalten oft auf eben diesem Wege entschuldigt. Was kann man schon für seine Ausstattung? Aber Menschen sind weit davon entfernt, instinktgesteuerte Automaten ohne die Möglichkeit der Verhaltensplastizität zu sein. So wie wir als Kind schon lernen starke Reize, wie die der gefüllten Blase und des Darms, im Zaume zu halten, bis wir auf gesellschaftlich akzeptable Art in geschlossenen, dafür vorgesehenen Lokalitäten dem Drang nachgeben können, ist es auch nicht utopisch, zu erwarten, dass auch starke Gefühle wie die Eifersucht auf sozial akzeptierbarem Wege kanalisiert werden. Anonyme Gesellschaften wie die unsere, in der es keine Traditionen mehr gibt, die sich als Ventil für das Ausleben von starken negativen Gefühlen wie Eifersucht anbieten, sind daher besonders gefährdet, da jedes Individuum mit seinen Nöten und Ängsten allein fertig werden muss. Da negative Gefühle auch noch als Schwäche gelten, werden sie vielfach unterdrückt. Vor allem Männer, die von Natur aus weniger als Frauen dazu fähig sind, ihre Befindlichkeiten in Worte zu fassen, neigen dazu, sich körperlich abzureagieren.

Auf den ersten Blick scheint das tief verwurzelte Programm der Eifersucht beim Mann, das objektiv so viel Schaden anrichtet, keinen Nutzen für die Fortpflanzung zu bringen. Dennoch: Ein eifersüchtiger Mann war in der Vergangenheit und ist noch heute eher der Vater der Kinder, in deren Weiterkommen er investiert.

Tatsächlich scheint es so zu sein, dass es keine dauerhafte Liebe ohne eine Prise Eifersucht gibt. Der Psychologe Eugene Mathes von der Western Illinois University machte mit einer Reihe von Pärchen einen Eifersuchtstest.[15] Die Paare waren unverheiratet, aber verliebt. Sieben Jahre später kontaktierte Mathes dieselben Probanden wieder und stellte fest, dass etwa 25 % der damals verliebten Pärchen inzwischen verheiratet und etwa 75 % nicht mehr zusammen waren. Der Psychologe verglich nun die Ergebnisse des Eifersuchtstests der verheirateten Pärchen mit denen jener Paare, die sich getrennt hatten, und machte eine interessante Entdeckung: Die Pärchen, die später heiraten sollten, waren viel eifersüchtiger als jene, die sich später trennten.

Obwohl die Stichprobe bei dieser Untersuchung eher klein war, deuten die Ergebnisse doch darauf hin, dass Eifersucht für eine funktionierende Dauerbeziehung notwendig sein könnte. Es ist also weder krank noch schwach, auf seine Gefühle zu hören. Der berühmte sechste Sinn ist oft gar nicht so tief unter der Decke rationaler Überlegungen versteckt und verdient, wie wir gesehen haben, durchaus unser Vertrauen.

Die Alchemie der Liebe –

Immer der Nase nach

Es ist viel über die Existenz eines sechsten Sinns beim Menschen spekuliert worden und welche Rolle er wohl in der Liebe und bei der Wahl des richtigen Partners bzw. der richtigen Partnerin spielen könnte. Wenn es beim Menschen überhaupt etwas gibt, was die Bezeichnung »sechster Sinn« verdienen würde, dann ist es der Geruchssinn. Einer grauen Eminenz gleich zieht er ungehindert, weil unbemerkt, die Fäden bei der Partnerwahl – und steuert damit nicht nur die Schicksale einzelner Partnerschaften, sondern zu guter Letzt die Geschicke unserer gesamten Population.

Wie bereits gesagt, sind Wert und Wirkung der plakativen, marktschreierischen Displays, die wir zum Anlocken von Geschlechtspartner benutzen, unbestritten. Die Sanduhrfigur, die schwellenden Muskeln oder der Porsche sind Aushängeschilder, Werbeplakate in eigener Sache – nicht dafür gemacht, ein Schattendasein zu fristen. Sie stechen schon von weitem ins Auge und sind, ebenso wie die Werbung, auf Effekte aus – sie wollen um jeden Preis auffallen. Eine Bombenfigur, tolles Haar oder eine sexy Stimme werden vom Empfänger bewusst wahrgenommen. Wir sind eben Augentiere. Die Sehnerven melden »tolles Objekt gesichtet« und das Großhirn befindet darüber und entscheidet, wie toll das Objekt wirklich ist. Erst dann machen sich anregende Gefühle breit. Bei Gerüchen liegt die Sache ein wenig anders. Sie lassen die bewusste Ebene aus und zielen direkt auf das limbische System – jenen Teil des Gehirns, der unsere Gefühle regiert. Außer es sind sehr starke oder penetrante Gerüche ...

Wenn jemand stinkt wie der sprichwörtliche Iltis, ekeln wir uns und wenden uns angewidert ab – und zwar ganz bewusst und aus sehr gutem Grund. Der Körpergeruch sagt eine ganze Menge über den allgemeinen Gesundheitszustand eines Menschen aus, eine wichtige Information für jemanden, der nach einem Partner Ausschau hält – ganz besonders in grauer Vorzeit, als ein fauler Zahn einen Menschen im Nu dahinraffen konnte. Es gibt unzählige Stoffwechselerkrankungen, wie Zuckerkrankheit, die man unschwer am Geruch erkennt – viele sind sogar nach dem Geruch benannt, der für sie charakteristisch ist. Jedes Kind weiß, dass eine harmlose Infektion, die zu eitern beginnt, stinkt wie die Pest. Und Mundgeruch kommt entweder von schlechten Zähnen, schlechter Ernährung oder einer Magenkrankheit – alle drei nicht gerade magnetische Eigenschaften für jemanden, der nach einem geeigneten Partner Ausschau hält. Geruch ist ebenso wie der symmetrische Körper und das ebenmäßige Gesicht ein ehrliches Signal, also ein wichtiger Indikator für Fitness und Fruchtbarkeit eines Artgenossen. Nach dem Motto: Wer stinkt, stinkt aus gutem Grund. Aber der Geruch von Krankheit ist im Reich der Sinne, wo feine Geruchsnuancen, ja unter Umständen gänzlich geruchlose, aber umso wirkungsvollere Stoffe regieren, vergleichsweise ein Holzhammer – ein schrilles Warnsignal, das Tod und Verderben ruft.

Viele GeruchsforscherInnen vermuten deshalb, dass die Parfumindustrie aus der Naturheilkunde der frühen Menschen hervorgegangen ist – dass unsere Vorfahren durch Versuch und Irrtum lernten, welche Kräuter, Pflanzen und Essenzen Wunden desinfizieren, heilen und Schmerzen lindern. Die Gerüche dieser frühen Heilmittel wurden sehr rasch mit Tugenden wie Fitness, Stärke und Gesundheit verbunden. Und wer sich mit ihnen einrieb, umgab sich mit der Aura von unvergänglicher Jugend und Schönheit. Es ist interessant, dass die heute hergestellten Parfums im Grunde aus denselben Bestandteilen wie Ambra, Moschus, Zitrone, Vanille etc. bestehen wie die Düfte in der Vergangenheit. Und wie es scheint, haben sie nichts von ihrer kulturellen Bedeutung eingebüßt. Denn es sind auch immer die »üblichen Verdächtigen«, die von Versuchspersonen als betont frisch, jugendlich, feminin oder maskulin eingestuft werden.[1]

In unserer Gesellschaft ist ja jede Art von Körpergeruch verpönt. Wir haben uns derartig dem Diktat der Hygieneindustrie unterworfen, dass wir von morgens bis abends bemüht sind, unsere natürliche Ausdünstung mit Seife, Eau de Cologne, Parfüm, Mund- oder Raumspray zu übertünchen. Doch scheinen wir uns damit nicht nur Gutes zu tun. Denn wie sich herausstellt, fungiert die persönliche Note eines Menschen als eine Art Lockstoff für potenzielle Partner. Mehr noch: Der Geruch eines Menschen sendet eine Art chemischen Erkennungscode aus, der von jenen Mitmenschen als besonders anziehend empfunden wird, die die perfekte genetische Ergänzung zu ihm abgeben würden. Aber davon etwas später. Auf jeden Fall ist das naturbelassene Aroma des menschlichen Körpers, wie sich in einigen neueren Studien gezeigt hat, wesentlich erotischer, als unsere strengen Hygiene-Richtlinien vermuten lassen.[2]

Wonach riechen wir Menschen eigentlich? Unsere ganz persönliche Essenz setzt sich aus einem Gebräu unterschiedlichster Stoffe zusammen. Wir besitzen verschiedene Drüsenarten, die ihre Produkte an der Hautoberfläche ins Freie lassen. Da sind einmal die Schweißdrüsen, die gleichmäßig über die Hautoberfläche verteilt sind und der Körperkühlung dienen. Sie scheiden eine wässrige Lösung aus, die, wenn wir nicht gerade Unmengen von Knoblauch, Zwiebel oder Alkohol zu uns nehmen, so gut wie geruchlos ist, und eine verdünnte Formel unseres Blutplasmas enthält. Dann gibt es die Duftdrüsen, die vornehmlich dort sitzen, wo sich die Reste unserer affenartigen Behaarung gehalten haben, nämlich hauptsächlich unter den Achseln und um die Genitalien herum. Sie sondern eine dicke chemische Brühe ab, die hungrige Bakterien anlockt. Die Abfallprodukte dieses Bakteriengelages sorgen für den strengen Geruch, der uns aus Umkleidekabinen oder Kraftkammern entgegenschlägt. Die Produktion dieser schmackhaften Bakteriennahrung steuert das Geschlechtshormon Androgen. Sie beginnt mit der einsetzenden Pubertät und hört bei Frauen erst mit dem Wechsel auf. Auch bei alternden Männern ist irgendwann Schluss, nur nicht so abrupt wie bei den Frauen. Solange wir geschlechtlich voll im Saft stehen, begleitet uns dieser sehr individuelle, sexuell gefärbte Geruch auf Schritt und Tritt.[3]

Jeder Mensch besitzt seine persönliche Aromakomposition, die so unverwechselbar ist wie sein Fingerabdruck. Und wer sich je gefragt hat, warum Chanel No. 5 an jeder Frau anders riecht, hat die Antwort bereits vor sich. Egal mit wie viel Parfum wir uns einnebeln, es wird sich immer mit unserem körpereigenen Geruch paaren und einmal eine gelungene Mischung abgeben und einmal weniger harmonieren.

Warum das so ist, könnte eine spannende Studie zweier Berner Zoologen erklären. Manfred Milinski und Claus Wedekind haben herausgefunden, dass sich Menschen genau die Düfte aussuchen, die am besten zu ihrem körpereigenen Geruchscocktail passen – genauer gesagt zu jener Duftspur, die die individuelle Beschaffenheit ihrer Abwehrkräfte verrät.[4] Dieses chemische Signal ist es auch, das potenziellen Partnern einen Hinweis auf den Immunstatus eines Menschen gibt und spielt, wie wir noch sehen werden, eine Schlüsselrolle bei der Wahl des richtigen Partners.

Die 137 Testpersonen in der Berner Studie waren RepräsentantInnen neun unterschiedlicher Immunsystemtypen. Man kann sagen, sie waren neun ähnliche Körpergeruchstypen. Ihnen hielten die Berner Wissenschaftler 36 gängige Duftkomponenten aus Parfums wie Jasmin, Vanille, Myrrhe oder Moschus unter die Nase und baten sie anzugeben, aus welcher sie sich am ehesten ihre persönliche Duftnote komponieren lassen würden. Das Ergebnis war erstaunlich. Am Ende der Studie zeigte sich, dass die Leute, deren Immunsystem ähnlich gestrickt ist, den gleichen Duft favorisieren. Warum das so ist, könnte daran liegen, dass die chemische Formel, für die das Immunsystem verantwortlich zeichnet, besonders gut zur chemischen Formel eines Parfumbestandteils passt. Aber noch nahe liegender scheint den beiden Forschern eine andere Erklärung, die vor dem Hintergrund einer ganzen Reihe Aufsehen erregender Untersuchungen zu sehen ist, die dabei sind, das Bild von der menschlichen Partnerwahl zu revolutionieren.

Jeder Mensch besitzt ungefähr hundert Gene, die für die Abwehr von Krankheiten oder einer Bakterieninvasion verantwortlich sind – aus ihnen setzt sich unser Immunsystem zusammen. Man nennt sie auch kurz MHC, was für den sperrigen Begriff Major Histocompatibility Complex oder Haupthistokompatibilitätskomplex steht. Es gibt beim Menschen die unterschiedlichsten MHCs, die gewissermaßen auf unterschiedliche Krankheitserreger »spezialisiert« sind, also ihre individuellen Stärken und Schwächen haben. Bereits Mitte der 1970er-Jahre haben WissenschaftlerInnen des Sloan Kettering Cancer Institutes in New York beobachtet, dass Mäuse sich für die Paarung eher Partner mit einem komplementären MHC aussuchen.[5] Schon damals fragte man sich wieso. Die Antwort gaben einige Wochen später die Nachkommen der Labormäuse. Sie lebten länger und gesünder als jene Mäusekinder, die von ihren Eltern ähnliche oder gleiche MHCs mitbekommen hatten. Das heißt: Mäuse suchen sich Partner mit möglichst unterschiedlicher genetischer Abwehrformel, um das Immunspektrum ihrer Kinder optimal zu ergänzen.

Ob Menschen bei der Wahl ihrer Liebsten nach ähnlichen unbewussten Kriterien vorgehen? Claus Wedekind wollte dem nachgehen. Er entschloss sich, Frauen an den T-Shirts männlicher Testpersonen schnüffeln zu lassen, und ließ sie die Gerüche auf einer Skala von angenehm bis unangenehm benoten.[6] Die Geruchsspender mussten zu diesem Zweck Baumwoll-T-Shirts zwei Nächte hindurch am Körper tragen. In der »Einschwitz-Phase« durften sie keine Seife, Deo oder Aftershave benutzen, um den reinen Körpergeruch nicht zu verfälschen. Und tatsächlich fühlten sich Frauen im Versuch zu jenen Männergerüchen am meisten hingezogen, deren Spender ihre Immungene am besten ergänzten. Aber damit nicht genug. Frauen, die während des Tests die Pille nahmen, reagierten genau umgekehrt. Sie bevorzugten jene Männergerüche, die ihrem eigenen Immunbild ähnlich waren. Wieso? Wieder waren es die New Yorker Labormäuse, die eine Antwort nahe legten.[7] Sie bevorzugen nur dann die Gesellschaft von Artgenossen, die einen ähnlichen Immunkomplex wie sie haben, wenn sie trächtig sind. Ist ja logisch, von mutmaßlichen Verwandten droht den Kleinen weniger Gefahr – eine alte Mutterweisheit. Die Antibabypille hebt bekanntlich den Östrogenspiegel und täuscht damit dem Körper eine Schwangerschaft vor. Deshalb wählten jene Frauen, welche die Pille nahmen, die Gerüche, die ihren eigenen am ähnlichsten waren. Manche WissenschaftlerInnen gehen sogar so weit, zu sagen, dass die Antibabypille das Urteilsvermögen bei der Partnerwahl beeinträchtigt.

Und wie sieht die Sache bei den Männern aus? Wie sehr verlassen sich Männer auf ihre Nase, wenn sie Frauen beurteilen? Frauen haben ja an sich den besseren Riecher – sie legen mehr Wert auf Geruch, wenn sie einen potenziellen Partner beurteilen als Männer.[8]

Anja Rikowski vom Wiener Institut für Stadtethologie wollte herausfinden, ob der Duft einer Frau mit ihrer Attraktivität korreliert, also ob schöne Frauen besser riechen. Dazu ließ sie Männer an T-Shirts riechen, die weibliche Testpersonen auf ähnliche Weise mit ihrem natürlichen Aroma durchschwitzten wie die Männer in der Berner Studie.[9] Wie kostbare Essenzen sammelte sie die schweißgetränkten Leibchen in großen, fest verschlossenen Einmachgläsern, registrierte und etikettierte sie und bot sie ihren männlichen Versuchspersonen zur Beurteilung feil. Einmal kurz schütteln, Deckel auf, einen tiefen Atemzug und das Glas gleich wieder verschließen. So sollte möglichst wenig von dem kostbaren Aroma verloren gehen.

Die Reaktionen, berichtet Anja Rikowski, waren sehr spontan und überwältigend ehrlich. Von »Pfui Teufel« und »uah!« bis zu »Die riecht super!« und Fragen nach der Telefonnummer reichte die Palette der Beurteilungen. Die junge Forscherin war erstaunt, wie enthusiastisch Männer über verschwitzte Frauen-T-Shirts schwärmen können. Erst recht überrascht war sie aber, als sie ihre Testriecher bat, die Fotos der Spenderinnen nach Attraktivität zu benoten – selbstverständlich ohne ihnen verraten zu haben, welches Gesicht zu welchem Duft gehört. Die Siegerin der Schönheitskonkurrenz, stellte sich heraus, war auch die Spenderin des bestbenoteten Geruchs. Damit ist Anja Rikowski der Nachweis gelungen, dass der Duft der Frauen tatsächlich ein »ehrliches Signal« ist. Außerdem hat ihre Studie noch ein interessantes Detail zu Tage gefördert. Es zeigte sich, dass all ihre männlichen Versuchspersonen den Geruch der gleichen Frau favorisierten. Was das bedeutet, liegt noch etwas im Unklaren. Entweder es bedeutet, dass Männer die Schönheit einer Frau riechen können, so wie Al Pacino als blinder Veteran im Film »Der Duft der Frauen«, oder es heißt, dass Männer so wie beim Aussehen auch beim Geruch einen einheitlicheren, weniger individuell ausgeprägten Geschmack haben als Frauen. Aber wie dem auch sei. Für die Verhaltensforscherin Anja Rikowski besteht die größte Überraschung darin, dass der unverfälschte, animalische Geruch eines Menschen bei weitem nicht so abstoßend ist, wie wir allgemein annehmen. Das wusste im Übrigen schon Napoleon, der seiner Geliebten Joséphine in einem Brief aus dem Felde schrieb, sie solle sich ab nun nicht mehr waschen, weil er in zwei Wochen zu Hause sein werde. »Allerdings«, fügt Anja Rikowski nachdenklich hinzu, »sollte man im Hinterkopf behalten, dass der Geruch von Männern mit zunehmender Intensität von Frauen als unangenehm empfunden wird.«

Auch das belegt eine Studie, die mittlerweile in der relativ jungen Geruchsforschung schon als Klassiker gilt. Sie ist ein gutes Beispiel für den »Testosteron-Balance-Akt«, den Frauen bei der Wahl des Richtigen vollführen. Diesmal ließen WissenschaftlerInnen Frauen an Wattebäuschchen schnuppern, die Männer 24 Stunden lang in der Achselhöhle mit sich herumgetragen hatten. Eine geballte Ladung Männerschweiß, die den weiblichen Testpersonen beim Riechtest in die Nase stieg – eine konzentrierte Dosis des männlichen Geschlechtshormons Androstenon, das in all seinen chemischen Variationen durch die mächtigen Schweißdrüsen in männlichen Achselhöhlen abgegeben wird. Es riecht in konzentrierter Form übel, ätzend – ja, nennen wir es ruhig beim Namen, urinös.

Was die Frauen dazu sagten? Die meisten rümpften die Nase – die einen mehr, die anderen weniger. Und einige beurteilten den dargebotenen Gestank sogar als angenehm oder anregend. Was war da los? Nun, es zeigte sich, dass die mehr oder weniger freundliche Beurteilung keineswegs zufällig war, sondern sich danach richtete, in welcher Phase ihres Zyklus sich die Probandinnen gerade befanden. Diejenigen, die gerade in der Mitte des Zyklus waren, empfanden den Schweißgeruch auf dem Wattebausch als am wenigsten unangenehm – manche sogar als angenehm. Die anderen Testpersonen konnten diese positive Reaktion beim besten Willen nicht teilen. Ihnen ekelte vor der dargebotenen Riechprobe. Warum? Offenbar sind Frauen um den Eisprung herum, also an ihren fruchtbaren Tagen, eher in der Lage, intensiven Män-

nerschweißgeruch zu ertragen, ja sogar als anregend zu empfinden, als während des restlichen Zyklus. [10]
Sie erinnern sich an den Test, bei dem Frauen gebeten wurden Männergesichter nach ihrer Attraktivität zu reihen. Auch da gab es diese Vorliebe für das betont Maskuline – allerdings wie beim Riechtest nur um die Zyklusmitte herum. Offensichtlich ist Frauen zu viel Testosteron unangenehm, aber wenn's drauf ankommt, lassen sie die He-Men auch nicht ganz aussterben.
Verblüffend! Heißt das, dass sich Menschen trotz ihrer überragenden Sinnesleistungen und ihrer hohen Intelligenz auf solche vergleichsweise primitiven Signale verlassen, wenn es um ihre Sexualpartner geht? Das scheint zumindest sehr wahrscheinlich. Aber damit nicht genug. Allmählich zeigt sich, dass Menschen nicht nur die verstecktesten chemischen Signale in der Luft wahrnehmen können, sondern dass diese unser Verhalten beinahe ungebührlich beeinflussen.
»Die Menschen konnten die Augen zumachen vor der Größe, vor dem Schrecklichen, vor der Schönheit und die Ohren verschließen vor Melodien oder betörenden Worten. Aber sie konnten sich nicht dem Duft entziehen. Denn der Duft war ein Bruder des Atems. Mit ihm ging er in die Menschen ein, sie konnten sich seiner nicht erwehren, wenn sie leben wollten. Und mitten in sie hinein ging der Duft, direkt ans Herz, und unterschied dort kategorisch über Zuneigung und Verachtung, Ekel und Lust, Liebe und Hass. Wer die Gerüche beherrschte, der beherrschte die Herzen der Menschen.«
Treffender als Patrick Süskind es in seinem weltberühmten Roman »Das Parfum« formuliert hat, kann man es gar nicht sagen.[11]
Denn Gerüche werden mit jedem Atemzug eingesogen und tragen ihre Information über die Nasenschleimhaut direkt ins Gehirn, genauer gesagt in das limbische System, das ohne das Zutun unseres Bewusstseins entscheidet, ob wir uns wohl fühlen, entspannt sind, uns in angenehmer oder unangenehmer Gesellschaft wähnen. Sie kennen das Sprichwort, dass man jemanden nicht riechen kann. Und das stimmt. Oft gibt es keine objektiven Gründe, jemanden abzulehnen, und doch kann einem die Nähe eines bestimmten Menschen unerträglich und widerwärtig sein.

Am Schluss seines meisterhaften Romans, in jener drastischen Szene, als der perverse Frauenmörder Grenouille gehängt werden soll, entfaltet schließlich der Duft, den er aus den Häuten der getöteten Jungfrauen extrahiert hat, seine erotisierende Wirkung und alle Schaulustigen, Potentaten und Vollstrecker werden plötzlich von ihren Trieben übermannt und fallen wahllos übereinander her, während der Schurke die allgemeine Kopflosigkeit nützt und flieht.

Mit dieser Pointe hat der Autor eine uralte Angst, aber auch Sehnsucht des Menschen angesprochen, das menschliche Verhalten unbemerkt manipulieren zu können. Nichts hat so sehr zur Neuauflage dieser Diskussion beigetragen wie die Entdeckung des längst tot geglaubten sechsten Sinns, eines Dinosauriers der menschlichen Sinneswahrnehmung, der nicht unerheblich am Liebesleben des Menschen beteiligt ist.

Der Physiologe Louis Monti-Bloch von der University of Salt Lake City im Mormonenstaat Utah vertritt die These, dass auch Menschen sich einer Art Geruchskommunikation bedienen, wenn sie auf Partnersuche gehen. Diese Verständigung durch chemische Signale, auch Pheromone oder Sexuallockstoffe genannt, ist bei vielen Tierarten hoch entwickelt und zweifellos nachgewiesen. Motten zum Beispiel versuchen hartnäckig sich mit einem Stück Karton zu paaren, wenn es mit dem Sexuallockstoff eines Mottenweibchens besprüht worden ist. Auch Mäuse regeln fast all ihre Fortpflanzungsaktivitäten über Pheromone. Dominante Männchen verjagen Konkurrenten mit einer bestimmten Duftspur, mit einer anderen betreiben sie, wenn in ihren Laborbehausungen Überbevölkerung droht, Geburtenkontrolle, indem sie den Eisprung der Weibchen hinauszögern. Wieder eine andere Formel zieht fruchtbare Weibchen magisch an und so weiter.

Die Pheromone sind keine Gerüche im herkömmlichen Sinn. Sie sind schwerere Moleküle, Abfall vom Tisch der Bakterien, die sich in dunklen, feuchten Hautritzen an den hormonellen Exkretionen des Körpers mästen. Pheromone brauchen keine Riechzellen, um ihre Wirkung zu entfalten, sondern eben jenes bereits genannte vomeronasale Organ, das der Dinosaurier unter den Sinnesorganen ist.

Louis Monti-Bloch entdeckte, dass auch Menschen über diesen sechsten Sinn verfügen.[12] Etwa einen Zentimeter naseeinwärts fand er, bei allen seinen Testpersonen, an beiden Seiten der Nasenscheidewand eine etwa stecknadelkopfgroße Mulde. Die Zellen, die er diesen kleinen Dellen entnahm, waren keine Riechzellen, sondern etwas ganz anderes. Aber sie waren, wie sich herausstellen sollte, keineswegs tote Materie. Der Physiologe besprühte die Zellen aus dem vomeronasalen Organ mit menschlichen Pheromonen und siehe da – sie zuckten zusammen und gaben einen elektrischen Impuls weiter. Das Geld für seine Forschung, und im Übrigen auch die sündhaft teuren, künstlich hergestellten menschlichen Pheromone, kam zum Teil von einem Parfumhersteller mit dem Namen Erox. Diese Firma wollte die erste sein, die einen Duft mit echten, menschlichen Sexuallockstoffen herstellt. Das gelang ihr auch. Die beiden Düfte »Realm«, einer für Damen und einer für Herren, die das jeweils andere Geschlecht in Stimmung bringen sollten, kamen in den 90er-Jahren auf den Markt. Die Wirkung der Düfte war aber nicht annähernd so spektakulär wie ihre Vermarktung. Auch der Wissenschaftler Monti-Bloch schränkt ein und sagt, dass die in den beiden Düften enthaltenen Pheromone lediglich eine gelöste Atmosphäre schaffen, nicht mehr.

Das heißt, die Suche der Parfumindustrie nach einem Duft, der anderen den Verstand raubt, wird noch einige Zeit weitergehen.[13] Aber die Ansätze sind viel versprechend: Immerhin haben Chemiker bereits 24 menschliche Pheromone aufgespürt, die alle in irgendeiner Form die Stimmung des Menschen beeinflussen.[14] Manche sorgen für Entspannung, wie die im Parfum »Realm« enthaltenen, manche verursachen Anflüge von Euphorie, Stress oder Angst.

Ausgerechnet ein übler Stinker unter diesen häufig geruchlosen Substanzen scheint Männerherzen nachweislich höher schlagen zu lassen. Wir sagen ausgerechnet, weil dieser Kandidat mit Sicherheit nie den Weg in einen Parfumflakon finden wird. Aber urteilen Sie selbst.

Astrid Jütte, eine Kollegin von Anja Rikowski, vom Wiener Institut für Stadtethologie hat sich jener Stoffe angenommen, die als

Kopuline bekannt wurden. Entdeckt wurden sie ursprünglich in der Vagina von Rhesusaffen, wo sie schnüffelnden Affenmännernasen die Zeit des Eisprungs signalisieren. Auch Menschenfrauen produzieren diese Stoffe. Astrid Jütte wollte herausfinden, ob sie von Männern überhaupt wahrgenommen werden und wenn ja, ob sie irgendeine Wirkung zeitigen. Sie bat 106 Männer zum Riechtest ins Labor, wo sie ihnen mit einem Druckkochtopf einen Cocktail aus künstlich hergestellten Kopulinen in die Nase blies.[15] Die Testschnüffler unterteilte Astrid Jütte in vier Gruppen. Die erste roch an einem Stoff, der dem Vaginalgeruch zur Zeit des Eisprungs nachempfunden war, die zweite an einem, der den Zeitpunkt der Menstruation nachahmt und die dritte an einem Kopulin, das an einer dritten Zyklusphase in der Vagina gebildet wird. Die vierte Gruppe roch ohne es zu wissen nur an Wasserdampf. Was geschah?

Die Testpersonen aller drei Gruppen, denen Kopuline aus dem Druckkochtopf entgegengestiegen waren, hatten unmittelbar nach dem Schnüffeltest mehr Testosteron im Blut, wie ein Speichelabstrich ergab, den Astrid Jütte von ihren Probanden nahm. Aber während das zur Zeit des Eisprungs gebildete Kopulin den männlichen Testosteronspiegel um 50 % in die Höhe schnellen ließ, erzielten die beiden anderen nur einen geringen Anstieg des männlichen Sexualhormons. Die Gruppe, die an Wasserdampf geschnuppert hatte, verzeichnete sogar einen Rückgang ihres Testosteronspiegels. Diese Entdeckung ist ziemlich aufregend. Denn sie könnte bedeuten, dass Männer – zwar vielleicht nur unterbewusst, aber doch – registrieren, wann eine Frau ihre fruchtbaren Tage hat, und dem geheimen Eisprung vielleicht doch nicht so hilflos ausgeliefert sind. Das ist, wie wir bereits mehrfach betont haben, für die Männer unserer Spezies ein großer Nachteil im Fortpflanzungsreigen. Dass sich Männer offenbar mehr von ihrer Urnase leiten lassen, als ihnen selbst bewusst ist, legt die Fortsetzung von Astrid Jüttes Riechtest nahe.

Sie wiederholte die Schnupperprobe am Druckkochtopf – diesmal mit einer anderen Aufgabenstellung. Die Männer bekamen Fotos von Frauen zur Begutachtung vorgelegt und sollten sie auf einer mehrstufigen Schönheitsskala nach Attraktivität benoten. Und siehe da, die Männer neigten zu einer milderen beziehungsweise überschwänglicheren Beurteilung der dargebotenen Damen, wenn ihnen das testosteronsteigernde Eisprung-Kopulin in die Nase stieg. Ein leckerer Geruch lässt offenbar die Schönheit einer Frau gleich doppelt so hell erstrahlen.

Das heißt, die physiologische Veränderung des Testosteronspiegels, die Astrid Jütte mit dem Speichelröhrchen nachgewiesen hatte, findet in der Veränderung der subjektiven Beurteilung eines Gesichts auf wunderbare Weise ihre psychologische Entsprechung.

Nach all den raffinierten biologischen Mechanismen, die es Liebenden ermöglichen sich zu erschnuppern, zu beäugen, anzufassen, ein Paar zu werden und zu bleiben und schließlich eine Familie zu gründen, fällt es schwer, sich vorzustellen, dass die Beziehung zwischen Frau und Mann einmal nicht mehr existieren könnte. Und doch stehen die Zeichen der Zeit für die klassische Zweisamkeit auf Sturm.

Teil 3

Alternativen –

Es geht auch ohne Männer

Vor kurzem las ich in der amerikanischen Zeitschrift »Lesbian and Gay Parenting« – »Schwule Eltern« – einen Artikel über Kinder aus 37 lesbischen Familien im Alter zwischen vier und neun Jahren – das Ergebnis des so genannten lesbischen Babybooms in den USA. Eine Psychologin, Dr. Patterson, hatte deren Verhalten mit dem gleichaltriger Kinder aus Hetero-Familien verglichen und festgestellt, dass es absolut keine Unterschiede gab.[1] Verhaltensauffällig waren jeweils nur jene Kinder, deren Mütter psychisch krank waren – und die waren bei lesbischen wie heterosexuellen Frauen gleich verteilt. Die Nüchternheit, mit der der Artikel die Fakten aufzählte und das Resümee zog, war bestechend. Immerhin war von Familien die Rede, denen kein Mann angehört. Ich begann zu überlegen, ob Familien ohne Männer tatsächlich Zukunft haben. Genau genommen braucht es nicht einmal zwei Frauen für die Kernfamilie. Eine Frau und ein Baby genügen. Und wenn man sich umsieht, ist diese Familienform eindeutig auf dem Vormarsch – nicht immer gewollt und aus freien Stücken, aber immer öfter selbst gewählt.

Seit Frauen wissen, dass sie alles haben können, wollen sie auch alles haben: eine gute Ausbildung, Karriere, Selbstverwirklichung und Kinder – vorerst einmal »irgendwann«, sagen viele. Bis sie ihre Doktorwürden, Diplome oder MBAs in Empfang genommen und sich beruflich etabliert haben, sind die meisten, ebenso wie ihre männlichen Mitbewerber, über dreißig. Sie sind selbstbewusst und finanziell unabhängig. Das Einzige, was noch zum Glück fehlt, ist eine eigene Familie. Aus der Sicht der Mittdreißi-

gerin ist keine Zeit mehr zu verschwenden. Aber wo bekommt eine anspruchsvolle, gebildete Karrierefrau auf die Schnelle einen passenden Partner her? Immerhin will sich die verwöhnte Egomanin des dritten Jahrtausends das Leben nicht schwieriger machen, als es ohnedies schon ist. Der falsche Mann in ihrem Leben kann zum Problemfall ausarten, kostet Energie, die womöglich am Ende nur vergeudet ist – kurz: ein zeitraubender Umweg statt der angepeilten direttissima. Viele entscheiden sich deshalb für ein Kind ohne Partner – manchmal sogar auch ohne Sex.
Heute ist nichts einfacher als das: Samenbanken bieten ihre Dienste an. Die Bank hat Samenspender für jeden Geschmack im Programm. Man kann nach Augenfarbe, Blutgruppe oder Universitätsabschluss wählen. Frauen können ganz nach ihren persönlichen Vorlieben gustieren, wie bei der Auswahl der neuesten Frühjahrsmode aus dem Versandkatalog. Freilich ist frau dabei ebenso auf die Seriosität der Banken angewiesen wie diese auf die Ehrlichkeit der Angaben der Spender.
Doch was macht es aus, wenn man nachträglich erfährt, dass das Diplom gefälscht war und auch sonst so manche Angabe behübscht wurde, wenn Frauen mit dem Ergebnis zufrieden sind? Die Zeitschrift ELTERN dokumentierte die Geschichte dreier Frauen, die sich über das Internet kennen gelernt hatten.[2]
Die lebenslustigen Damen verband ein gemeinsames Schicksal. Alle drei waren eher spät berufene Mütter, keine von ihnen hatte einen fixen Lebenspartner und alle drei hatten Kinder von ein und demselben Samenspender. Keine von ihnen kannte ihn persönlich, doch die Registriernummer half bei der Identifikation. Die Frauen trafen sich bald persönlich, die Kinder, alle etwa im selben Alter, lernten einander kennen. Sie verstanden sich gut und sahen einander auch noch ähnlich – waren sie doch Halbgeschwister. Die drei Frauen waren mit dem Ergebnis der künstlichen Befruchtung so zufrieden, dass sie beschlossen jeweils noch ein Kind von demselben Spender in die Welt zu setzen.
Sie kontaktierten die Samenbank und fragten wegen der Nr. 5027 an, mit deren Erbanlagen sie so zufrieden gewesen waren. Unglücklicherweise stellte sich heraus, dass der Spender Nr. 5027 sich inzwischen zur Ruhe gesetzt hatte. Damit ließen sich die ent-

schlossenen Damen jedoch nicht abspeisen. Sie boten eine beträchtliche Summe um den Spender aus dem Ruhestand zu locken. Tatsächlich ließ er sich erweichen und die drei Freundinnen ließen sich abermals künstlich befruchten. Zwei von ihnen wurden auch tatsächlich wieder schwanger. Die Frau, die nicht schwanger geworden war, versuchte eine weitere Spende zu bekommen, doch diesmal ohne Erfolg. Dennoch ist das Verhältnis der drei Mütter und der inzwischen fünf Halbgeschwister, die von ihrem gemeinsamen Vater nie mehr als nur die ehemalige Samenspendernummer kennen werden, nach wie vor ungetrübt.
Frauen sind nun einmal wählerisch und so eine anonyme Spende birgt doch viele Möglichkeiten des Betrugs. Eine findige holländische Filmproduktionsfirma »Joop van den Ende Producties« möchte diese Marktlücke füllen.[3] Die Firma plant eine Show mit dem Titel »I want your Baby«. Die Zielgruppe sollen Frauen um die vierzig sein, die sich über diese Sendung einen Samenspender für ihr Wunschbaby aussuchen können.
Dieses Konzept stieß in den Niederlanden auf heftigen Widerstand, selbst der Firmengründer Joop van den Ende, der sich aus der Firmenleitung zurückgezogen hatte, sprach von einer »abscheulichen Idee«. Doch abscheulich für wen? Für die Samenspender, die nun nicht mehr anonym sind und wie Obst auf dem Marktplatz feilgeboten werden? Oder für die zweifelhafte Moral einer Gesellschaft, in der alles, was sich verkaufen lässt, auch gehandelt wird?
Wir stehen am Beginn des Abverkaufs der Männer. Frauen sitzen nun auch an den Hebeln der Gesellschaft. Sie wollen nicht mehr für einen Ehemann zurückstecken. Heute müssen sie auf nichts mehr verzichten, nur weil sie keinen Partner haben. Das Patriarchat ist tot und seine Erben bieten sich über die Medien feil – reduziert zu Erbgutträgern. Das ist eine gesellschaftliche Revolution und eine Ironie des Schicksals. Der Herr der Schöpfung muss sich derselben Fleischbeschau unterziehen, die er in der Vergangenheit ausschließlich dem so genannten schwachen Geschlecht zugedacht hatte. Entkleidet von der Rolle des Ernährers und Beschützers fühlt sich der Mann nun auf einige Milliliter Körperflüssigkeit reduziert.

Die Samenbanken leben gut von dem neuen Boom. Die California Cryobank, Inc. wirbt mit 25 Jahren Erfahrung, mit strengsten Kontrollen und mit der größten Samenauswahl der Branche.[4] Die multiethnische Gesellschaft verlangt ein breites Angebotsspektrum und so gibt es Röhrchen mit weißen, schwarzen, gelben und roten Hütchen, je nachdem ob die Herkunft des Spenders kaukasisch, afroamerikanisch, asiatisch oder indianisch ist. Dr. Rothman, der Leiter der Klinik, wurde für die Entnahme von Sperma bei Verstorbenen bekannt.[5] Durch einen kleinen Eingriff in den Hoden des Verblichenen konnte Samen gewonnen werden, damit die Witwe sich posthum noch befruchten lassen konnte. In Ermangelung einer solchen konnten auch die Eltern des Verstorbenen versuchen eine Leihmutter für ihre Zwecke gewinnen.

Doch größere Gewinne waren mit lebenden Spendern zu erzielen. Um ein seriöses Image für das Institut aufzubauen, gab es strenge Auswahlkriterien und Richtlinien für potenzielle Spender. Ein Mann, der der Samenbank gegen Entgelt seine Dienste anbieten möchte, muss einen 26 Seiten starken Fragebogen über seinen Gesundheitszustand und den seiner Familie ausfüllen. Wird er angenommen, erwartet die Bank über einen Zeitraum von mindestens einem Jahr zwei bis drei Lieferungen pro Woche. Die Kunden legen auf gebildete Spender Wert, weshalb das Institut Filialen in der Nähe vieler berühmter Universitäten, darunter Stanford, Cambridge, Harvard und MIT (Massachusetts Institute of Technology), hat.

Der Samen im Lager der Bank wird per Post in alle Welt verschickt. Etwa 2000 Bestellungen gehen monatlich hinaus, 40 % davon an Frauen, die sich ein Kind, aber keinen Partner leisten wollen.

Eine Horrorvision für den Mann der Zukunft. Spinnt man den Faden weiter, könnten Partnerschaften zwischen Mann und Frau der Vergangenheit angehören. Lediglich sexuelle Beziehungen oberflächlicher Art würden existieren, ohne Verantwortung und ohne Verpflichtungen. Frauen würden Kinder allein großziehen, gezeugt mittels tiefgefrorener Samenzellen von gesunden, intelligenten, sportlichen und attraktiven, sonst aber anonymen Spendern.

Die vaterlose Gesellschaft – eine Utopie? In Berlin Ost ist bereits jede zweite Geburt unehelich, im Westen jede vierte, Tendenz steigend.[6] Ein Wahlplakat der Grünen in Hessen bringt es auf den Punkt: Unter einer leeren Wärmeflasche steht zu lesen: »Männer sind ersetzbar.«

In absehbarer Zeit könnte mit Fortschreiten der Gentechnologie der Mann sogar als Samenspender ausgedient haben. Das klingt unglaublich, denn Eizellen bei Säugetieren entwickeln sich nur dann zum Embryo, wenn Erbsätze von einem männlichen und einem weiblichen Individuum zusammenkommen. Bei Reptilien und Amphibien jedoch entwickeln sich Eizellen fallweise auch ohne das Zutun von Spermien. Aus diesen Eiern entsteht ein natürlicher Klon des Muttertiers, die Wissenschaftler nennen das Jungfernzeugung[7]. Es gilt nun die stammesgeschichtlich relativ neue Sicherheitsschranke bei Eiern von Säugetieren, die eine solche Jungfernzeugung unmöglich macht, zu überwinden.

Der US-Wissenschaftler Dr. Rudolf Jaenisch vom Massachusetts Institute of Technology ist bereits dabei, der Natur ein Schnippchen zu schlagen.[8] Mit Hilfe einer chemischen Blockade könnte diese Barriere außer Kraft gesetzt werden. Klappt es erst einmal bei den Labormäusen, ist der Schritt zum Experiment am Menschen ein vergleichsweise kleiner. Die Eizelle einer Frau könnte dann statt mit dem Erbgut aus einem Spermium ebenso gut mit dem Erbgut einer anderen Frau befruchtet werden. Es wäre dann auch möglich, für eine effektive Befruchtung einer zweiten Eizelle derselben Frau genetisches Material zu entnehmen.

Auch der komplette Genaustausch ist machbar. Jeder beliebigen Körperzelle kann das gesamte genetische Material eines Menschen entnommen werden. Pflanzt man dieses in eine Eizelle und bringt diese dazu, sich zu teilen und weiterzuentwickeln, entsteht die identische genetische Kopie dieses Menschen. Im Tierversuch ist das Klonen bereits gelungen[9], beim Menschen stellen sich noch die Ethikkommissionen quer. Aber es kann nicht mehr lange dauern und auch hier brechen die Dämme der gesellschaftlichen Verantwortung.

In diesem Fall wird die Frau bald gar nicht mehr auf einen Mann angewiesen sein, nicht einmal mehr auf einen anonymen Samen-

spender. Sie kann sich selbst reproduzieren, sooft sie möchte. Anstatt das Risiko einzugehen, ihr Ei mit fremdem Erbgut zu verbinden, kann sie dann ausschließlich eigenes Erbgut austragen.
Darüber hinaus wird es in Zukunft möglich sein, sogar nur mit dem halben Chromosomensatz der Eizelle der Mutter ein Kind entstehen zu lassen. Das Ei trägt, im Gegensatz zu den Körperzellen, nur das halbe genetische Material eines Menschen in seinem Kern. Die andere Hälfte hat es bei der so genannten Reduktionsteilung verloren. Erst durch die Befruchtung mit einem Spermium, das sich ebenfalls bei einer Reduktionsteilung von der Hälfte seines Erbgutes getrennt hat, wird das genetische Material wieder auf die notwendige Menge verdoppelt. Die Forscher Jerry Hall und Yan-Ling Feng vom Institut für Reproduktive Medizin und Genetik in Los Angeles haben Eizellen bereits dazu gebracht, ihr eigenes Genmaterial zu verdoppeln.[10] Im Gegensatz zum Klonen, bei dem der gesamte Gensatz der Mutter in das Ei gepflanzt wird, sodass eine exakte Kopie der Mutter entsteht, würde bei dieser Technik eine Hälfte des Genmaterials spiegelbildlich verdoppelt. Ein sehr gefährlicher Ansatz, weil Erbkrankheiten meistens von ihrem gesunden Gegenpart in Schach gehalten werden. Erbanlagen einfach zu verdoppeln, nicht zu ergänzen, hieße nämlich Gene, die defekt sind, doppelt auszufolgen. Dabei kann die Krankheit dann nicht von einem gesunden Gegenpart im Genom unterdrückt werden.
Doch auch für diesen Fall ist die moderne Genetik gerüstet. Mit so genannten Genscheren können kranke Genregionen entfernt und durch gesunde ersetzt werden. Und wenn man schon dabei ist, kann man auch gleich andere unerwünschte Erbfaktoren ausschalten: Anlage zu Akne, Kleinwüchsigkeit, verminderte Intelligenz und Fettsucht. Eine US-amerikanische Umfrage hat ergeben, dass immerhin 12 % der Eltern abtreiben würden, wenn sicher wäre, dass ihr Kind Gewichtsprobleme bekommt.[11]
Die Zukunft wird zeigen, wie ethisch mit all den neuen Möglichkeiten aus Wissenschaft und Forschung umgegangen wird. Der Körper der Frau ist bislang noch nicht ersetzbar, auch wenn es inzwischen möglich ist, Embryonen von beinahe beliebiger Künstlichkeit einzupflanzen. Für den Mann gibt es im vorläufig letzten

Akt der Fortpflanzungsgeschichte nicht einmal mehr eine Statistenrolle.

Wer hat ein Interesse daran, Männer zu ersetzen? Ist es die Rache der Frauen für die Jahrtausende der Unterdrückung durch Patriarchen und ihr Gesellschaftssystem? Das wäre eine zu einfache, einseitige (männliche?) Erklärung.

Einzelne Frauen werden sicher diesen neuen Weg der Fortpflanzung wählen. Ist kein Partner mehr nötig um Kinder aufzuziehen, werden Frauen von dieser Möglichkeit Gebrauch machen. Frauen, die in befriedigenden Partnerschaften gebunden sind, werden dort auch verbleiben, ganz gleich, wie schlecht es ihren Ahninnen ergangen sein mag. Viele unglückliche Beziehungen aber können einfach aufgegeben werden, weil es für das Überleben nicht mehr notwendig ist, dass Partner zusammenbleiben. Frauen haben immer schon Kinder allein großgezogen. Nur mussten sie es früher unter viel härteren Bedingungen tun: als Witwen ohne staatliche Unterstützung oder abgestempelt als »gefallene Mädchen«. Heute geht es eben leichter.

Frauen bekommen ihre Familie, auch wenn der Mann nicht mitzieht. Was aber bleibt dem Mann? Immer mehr junge Männer werden nicht in einen Familienverband integriert. Vor allem in ärmeren Schichten bleiben sie über.[12] Sie sind die Verlierer der modernen Entwicklung. Die Frauen verzichten gerne auf sie, sie haben es ohne Mann schon schwer genug. Sie müssen Geld verdienen, um die Tagesbetreuung ihres Kindes bezahlen zu können. In der kleinen Wohnung ist kein Platz. Noch jemanden zu bekochen und auch noch dessen Wäsche am Hals zu haben, übersteigt die Kräfte und die Leistungsbereitschaft vieler Frauen.

In einigen Ländern bekommen Frauen auch noch mehr staatliche Unterstützung, wenn sie ohne Mann leben – das ist eine begrüßenswerte Einrichtung, die allein stehenden Müttern etwas mehr finanziellen Spielraum ermöglichen soll. Die Kehrseite der Medaille ist allerdings die Tatsache, dass Männer dadurch noch mehr an den Rand der Gesellschaft gedrängt werden, vor allem, wenn sie finanziell nicht so gut gestellt sind. Eine meiner Freundinnen hat ausgerechnet, dass ihr, wäre sie allein erziehende Mutter von drei Kindern, eine beachtliche staatliche Unterstützung zukommen würde. Da sie allerdings verheiratet ist, steht ihr das Geld nicht zu. Ihr Mann verdient weniger, als diese staatlichen Zuwendungen ausmachen würden. Das zutiefst religiöse Ehepaar hat sich also ernstlich überlegt, die staatliche Verbindung zu lösen, weil diese ohnehin keine Bedeutung für ihren Glauben hat.

Wenn es ohne Mann sogar besser geht, wer wird sich dann noch eine Beziehung antun? Der amerikanische Anthropologe Lionel Tiger hat erkannt, dass der Staat in den westlichen Gesellschaften zunehmend die Versorgungsaufgaben des Vaters in der Familie übernimmt.[13] Er nennt die neue Form der Fortpflanzungsgemeinschaft deshalb »bureaugamy« oder Bürogamie. Eine Frau, ein Beamter oder Bürokrat treten an die Stelle der altgedienten Paarbeziehung, der Monogamie.

Die Auswirkung dieses Trends auf gesellschaftlicher Ebene ist noch nicht abzusehen, doch es ist eine unbestrittene Tatsache, dass immer mehr, vor allem sozial schlechter gestellte Männer allein bleiben und der eine oder andere gerät dabei auf Abwege. Allein stehende Männer sind anfälliger für Drogen- und Alkoholmissbrauch sowie Spielsucht und sie kommen leichter mit dem Gesetz in Konflikt als gleichaltrige Männer, die in fixen Beziehungen leben.

Wie ist das zu erklären? Sind die jungen Männer so labil, dass sie ohne die Anleitung einer Partnerin jede Orientierung verlieren? Oder liegt es an den modernen jungen Frauen, die keine Männer mehr haben wollen? Alleinerzieherinnen wird weiß Gott schon genug Schuld für das Scheitern der jungen Generation in die Schuhe geschoben, der angeblich die leitende Hand des Vaters fehlt: Drogensüchtige, Selbstmörder, Kriminelle – sie alle sollen häufig Kinder von allein erziehenden Müttern sein.[14]

Das geht deshalb so leicht, weil Frauen im Allgemeinen, Mütter aber ganz besonders, immer gern bereit sind, die Schuld am Versagen ihrer Kinder auf sich zu laden. Auch im Fall der entgleisenden jungen Männer sind auf den ersten Blick die Frauen schuld, die den Mann aus der Familie ausschließen. Ohne das Vorbild des Vaters kann ein junger Mann sich ja angeblich nicht entwickeln. Im besten Fall gibt man noch – praktisch, weil anonym – der Gesellschaft die Schuld, da sie jungen Männern keine Arbeitsplätze bietet, mit deren Hilfe sie sich als potenzielle Partner für Frauen interessant machen könnten. In Wahrheit ist es aber eine Verkettung unglücklicher Umstände, die dazu führt, dass gerade junge Männer so unter Druck geraten.

Das erste Unglück besteht darin, dass junge Männer das Bedürfnis haben, sich um jeden Preis zu beweisen, weil sie hoffen dadurch Frauen auf sich aufmerksam zu machen. Das zweite Unglück betrifft die Art und Weise, wie das üblicherweise geschieht. Gibt es keine gesellschaftlich akzeptierte Möglichkeit, zu Ruhm und Ansehen zu gelangen, regeln junge Männer ihre Rangordnung – auch in so genannten zivilisierten Gesellschaften – durch körperliche Auseinandersetzungen. In vielen wirtschaftlich schwachen Ländern ist Kriegsruhm oft die einzige Möglichkeit für einen jungen Mann, auf eine potenzielle Partnerin Eindruck zu machen. Der dritte unglückliche Umstand besteht darin, dass die meisten Gesellschaften, arme wie reiche, ihren jungen Männern nicht ausreichende Möglichkeiten bieten, auf gesellschaftlich akzeptierbarem Wege Rivalenkämpfe auszutragen.

Eine der wenigen Möglichkeiten dazu bietet der Sport. Wo immer sich diese Gelegenheit auftut, wird sie auch freudig ergriffen. Ob aktiv oder als Zuseher, sportliche Wettkämpfe ziehen Männer aller Altersklassen magisch an. Junge Männer identifizieren sich mit ihren Sportidolen, leiden mit ihren Vereinen mit. Eine wissenschaftliche Studie konnte nachweisen, dass bei den Fans der siegreichen Mannschaft nach einem Fußballspiel der Testosteronspiegel wesentlich höher war als bei den Fans der unterlegenen Mannschaft.[15] Als ob sie selbst gewonnen hätten, wurden die Fans durch den Sieg ihres Vereins aufgebaut, in ihrer Männlichkeit bestärkt. Ein Blick in den kochenden Hexenkessel eines Sportstadions zeigt sofort, wer für die Stimmung verantwortlich ist. Junge Männer, bekleidet mit den Farben ihres Vereins, enthemmt durch Alkohol, schreien sich die Seele aus dem Leib. Längst geht es nicht mehr nur um das Spiel.

Ich erinnere mich deutlich an den nachhaltigen Eindruck, den der Besuch eines Eishockeymatches bei mir hinterließ. Der Wiener Verein WEV spielte gegen ATSE Graz. Ich kam hinter dem Grazer Tor inmitten von WEV-Fans zu sitzen, die so ein Getobe veranstalteten, dass ich gar nicht mitbekam, was eigentlich los war. Einmal sprangen plötzlich alle um mich herum von den Sitzen auf und brüllten unflätig. Ich fragte den jungen Mann neben mir, der besonders wild gebrüllt und gefuchtelt hatte, was eigentlich passiert wäre. Der starrte mich nur fassungslos an. Er hatte selbst keine Ahnung.

Was tun aber diese jungen Männer, wenn sie nicht die Möglichkeit haben, Krieg zu spielen und sich auf diese relativ harmlose Art abreagieren zu können? Gibt es dann richtigen Krieg?

Genau das postulieren zwei kanadische Wissenschaftler. Die Psychologen Wiener und Mesquida von der York-Universität berechneten anhand des Prozentsatzes junger Männer in der Bevölkerung die Wahrscheinlichkeit dafür, dass ein Land in einen Krieg verwickelt wird.[16] Scheinbar gibt es eine magische Grenze: Wenn die 15- bis 29jährigen mehr als 35 bis 55 % aller Männer ausmachen, ist der Rubikon der Gewalt überschritten. In einer solchen Gesellschaft ist die Gefahr eines Kriegsausbruchs groß.

Die meisten westeuropäischen Länder sind demografisch völlig überaltert. Besonders niedrig ist der Prozentsatz von jungen Männern in Schweden (26 %), Russland und Kanada (31 %) und in den USA (32 %). Die Anteile der jungen Männer sind besonders hoch in Ländern wie Kambodscha, Somalia, Uganda (55 %), Ruanda (54 %), Kongo und Gaza (53 %), aber auch im Irak (54 %).

Wiener und Mesquida gehen davon aus, dass nicht die Anführer es sind, die einen Krieg beginnen, sondern das graue Heer ihrer jungen männlichen Anhänger, die diese Anführer nur erwählt haben und ihnen bereitwillig folgen, weil diese ihnen die Möglichkeit geben, sich in kriegerischen Auseinandersetzungen zu profilieren.

Das Beunruhigende daran ist, dass es sich um einen Trend handelt, der zwar stammesgeschichtliche Wurzeln hat, sich jedoch gerade in der Gegenwart immer weiterentwickelt. Aggressionen zwischen Stämmen und Clans gab es immer schon, doch die Perfektion moderner Kriegsführung nimmt immer noch zu. In Kriegen der Gegenwart sterben mehr Menschen als jemals zuvor. Allein im 20. Jahrhundert sind durch kriegerische Auseinanderset-

zungen über 100 Millionen Menschen ums Leben gekommen, im Vergleich dazu waren es im 19. Jahrhundert etwa 18 Millionen.
Wenn in den relativ friedlichen, weil überalterten westlichen Gesellschaften – so Wiener und Mesquida – nun immer mehr junge Frauen sich dafür entscheiden, ohne Mann eine Familie zu gründen, steigt automatisch die Anzahl junger ungebundener Männer. Es ist nur eine Frage der Zeit, bis diese es geschafft haben, aus relativ unorganisierten Banden, die regional für Unsicherheit sorgen, wieder eine Führerschaft zu etablieren, die in der Lage ist, ein ganzes Land in kriegerische Auseinandersetzungen zu treiben.
Dabei ist ein Teufelskreis im Entstehen: Je mehr Unruhe junge Männer in eine Gesellschaft bringen, umso geringer wird ihr Beitrag geschätzt. Je geringer der individuelle junge Mann sich aber geschätzt und bewertet fühlt, umso stärker wird sein Antrieb, sich auf die eine oder andere Art zu beweisen. Sobald dieser Circulus vitiosus durchschaut ist, kann auch an dessen Unterbrechung gearbeitet werden. Die Psychologen Wiener und Mesquida schlagen verschiedene Maßnahmen vor. Zunächst sollten Anreize geschaffen werden, junge Männer in eine Familie einzubinden. Jede Regierung sollte es sich zum Ziel setzen, den Wunsch des individuellen jungen Mannes zu unterstützen, essenzieller Bestandteil seiner Gesellschaft zu sein. Dazu gehört auch, dass er in der Lage sein möchte, eine Familie zu gründen, zu deren Versorgung er zumindest beitragen kann. Wo das nicht möglich ist, sollte versucht werden größeren Ansammlungen junger Männer durch demografische Maßnahmen vorzubeugen, zum Beispiel durch Förderung von Immigrationsmöglichkeiten. Die Welt ist heute so klein geworden, dass sich auch die wohlhabenden Staaten nicht aus der Verantwortung stehlen können, wenn sie einen nachhaltigen Frieden für ihre Bevölkerung sichern wollen. Es wäre sinnvoll, die Einwanderungspolitik unter diesen Aspekten neu zu überdenken.
Viele Regierungen werden wahrscheinlich weiterhin eher den Weg des geringsten Widerstandes gehen und lieber Krieg führen, um ihre unruhigen jungen Männer zu beschäftigen und schließlich auch zu dezimieren, vor allem solange auch die Rüstungsindustrie ihre Interessen dadurch gewahrt sieht. Wie effektiv sie darin ist, beweisen uns täglich die Abendnachrichten. Zur Zeit

sieht es nicht so aus, als wäre es einfach, den richtigen Weg zu beschreiten, obwohl wir alle wissen, wohin es gehen sollte, um zu einem Gesellschaftssystem zu finden, in dem alle Mitglieder geschätzt werden und etwas Wertvolles beitragen können. In Zeiten der Perfektionierung der Massenvernichtungswaffen, der rationalen Kriegsführung, in welcher ohne jede Emotion durch Knopfdruck Tod und Leid über mehr Menschen als je zuvor gebracht werden kann, ist es dringend notwendig, die Rolle des Mannes zu überdenken.

Die stärkere Individualisierung der modernen Gesellschaften erlaubt es den Frauen, einen eigenen Weg zu beschreiten. Einerseits führt das natürlich dazu, dass Männer leicht das Gefühl bekommen, überflüssig zu sein, andererseits bietet gerade diese neue Selbstständigkeit der Frauen auch jungen Männern völlig neue Perspektiven. All die Nischen, die durch die fortschreitende Unabhängigkeit der Frauen nun allmählich frei werden, wie der Haushalt, die Kinderkarenz, die Pflege freundschaftlicher und familiärer Kontakte, die Nachbarschaftshilfe, die Altenpflege, sind unterbesetzt. Dort werden zusätzliche Hände gebraucht. Vielleicht liegt darin die große Chance für den nächsten großen, sozialen Entwicklungsschub unserer Spezies, auch Männer ganz selbstverständlich in diesen Rollen zu etablieren.

Voraussetzung dafür ist allerdings, dass sich Frauen und Männer weiterhin füreinander interessieren, dass ihre Gefühle füreinander trotz ökonomischer Zwänge, Umkehrung der Geschlechterrollen und der Hypertechnisierung der Fortpflanzung nicht erlöschen.

Rettung durch Romantik

Die Liebe ist es, die uns zu Hilfe kommen wird. Aggressivität, egoistische Gene und materialistische Überlegungen müssen vor der Allmacht der starken Gefühle weichen, die zwei Menschen verbindet. Ein reines, ehrbares, erhabenes Gefühl setzt sich gegen die rationale Berechnung der Lebensplanung durch. So hoffen wir jedenfalls. Wie soll das aber geschehen? Haben wir nicht im Kapitel »Romantische Liebe – im Glücksrausch der Gefühle« gehört, dass verliebte Menschen am Rande der Zurechnungsfähigkeit wandeln? Sollen wir uns ganz einem Gefühl überlassen, das dem Wahnsinn näher ist als der Vernunft?

Viel zu groß ist die Bedeutung, die wir rationalen Überlegungen zubilligen. Nach wie vor sind wir Sklaven unserer Emotionen. Unser Verstand tanzt wie ein kleiner Korken auf einem riesigen Meer von Gefühl.

Vor allem Menschen, die auf ihre Vernunft und ihre Fähigkeit Probleme rational anzugehen, stolz sind, werden hier sicher nicht zustimmen. Und trotzdem ist es wahr. Was uns vernünftig erscheint, ist lediglich ein Versuch des Gehirns, im Nachhinein all unsere Handlungen zu rechtfertigen und zu erklären.

Auf einer ihrer Reisen nach Sizilien beobachtete meine Mutter einen Verkehrspolizisten, der vom Ansturm des Abendverkehrs völlig überfordert schien. Er stand auf einem Podest in der Mitte einer Kreuzung und versuchte einfach nur Haltung zu bewahren. Inmitten von Hitze, Staub, plärrenden Hupen und knatternden Motoren hatte er es längst aufgegeben, eingreifen zu wollen. Kaum aber setzten sich zufällig einige Fahrzeuge in die eine oder andere Richtung in Bewegung, zeigte er herrisch hinterher und ließ seine Trillerpfeife ertönen.

Sehr ähnlich ergeht es uns allen bei der Bewältigung unseres Gefühlslebens. Unsere Vernunft, auf dem Podest des Bewusstseins, ist ständig in der Verlegenheit, zu erklären, warum wir gerade welchem Trieb nachgegeben haben. Menschen, die sich während einer Abmagerungskur nächtens vor dem Eiskasten wieder finden, werden die Argumente kennen, die ihnen ihr willfähriger Sklave Vernunft liefert, damit sie auf keinen Fall sofort wieder ins Bett zurückgehen.

Das ist enttäuschend, werden viele denken. Ist es nicht die Vernunft, die den Menschen aus den Niederungen des Tierreichs emporgehoben und ihn zum Herrscher über die Welt gemacht hat? Wie ist es dann aber zu verstehen, dass Gefühle so viel Macht über uns haben?

Um das zu verstehen, müssen wir wissen, wie Gefühle entstehen. Gefühle sind nämlich nicht nur einfach Produkte unseres Stammhirns, die wie Begleitmelodien immer rechtzeitig zu bestimmten Situationen passend auftauchen. Unser ganzer Körper ist an ihrer Entstehung beteiligt. Emotionen entstehen in einem Wechselspiel von körperlichen Befindlichkeiten, unbewusster Wahrnehmung sowie deren Interpretation durch unser Bewusstsein.[1] Gefühle entstehen auf sehr kompliziertem Wege. Die Hormonkonzentration unseres Blutes ist dabei ebenso beteiligt wie körperliche Empfindungen und deren Interpretation durch das Großhirn. Ganz banale Dinge wie Hitze- oder Kälteempfindungen beeinflussen unsere Gefühlswelt. Primäre Bedürfnisse wie Hunger oder Angst überlagern sekundäre. Bevor primäre Bedürfnisse befriedigt sind, werden andere Gefühlsnuancen gar nicht wahrgenommen. Wahrnehmung von Gefühlen ist Interpretationssache, beeinflusst durch individuelle Erfahrung und gesellschaftliche Normen.

Als kleines Kind lernen wir, was unsere Gefühle zu bedeuten haben. Ein Kind im Trotzalter muss aber nicht nur lernen, wie sich Wut, Frustration, Enttäuschung, Vorfreude, Neugierde und Zufriedenheit anfühlen, was sie bedeuten und wie man richtig damit umgeht, sondern auch ganz simple Empfindungen wie Kälte oder Wärme sind interpretationsbedürftig. So erstaunlich es klingen mag: Kinder, die ohne menschliche Betreuung aufwachsen, denen niemand mit einem Jäckchen hinterherläuft, wenn es kühl wird, lernen warmes von kaltem Wetter nicht zu unterschieden. Sie laufen auch bei Minusgraden nackt aus dem Haus.[2]

Körperliche Empfindungen müssen vom Großhirn richtig interpretiert werden um wahrgenommen zu werden. Dadurch sind diese Empfindungen aber so eng mit unserer Vernunft verwoben, dass wir auch bewusst Empfindungen hervorrufen können. Die Indianer Nordamerikas versetzten sich vor dem Kampf durch ihr bekanntes Kriegsgeheul in aggressive Stimmung. Auf dem beschwerlichen Kriegspfad waren die Gefühle von Wut und Angriffslust oft abgeebbt und mussten vor dem eigentlichen Angriff erst von neuem entfacht werden. Tatsächlich reagiert der Körper auch sofort auf derartige Stimulation durch das Großhirn und schüttet die entsprechenden Hormone aus. Bewusste Entscheidungen kommen also immer auf der Basis unserer Gefühlssituation zustande und umgekehrt ist unsere Körperchemie durch bewusste Überlegungen leicht beeinflussbar. Auf diesem Wege können wir psychosomatische Erkrankungen entwickeln und uns sogar zu Tode kränken.[3]

Die Turbulenzen der Pubertät erklären sich aus einer Mischung von neuen Sensationen, die durch die hormonelle Umstellung im Körper ausgelöst werden. Die Probleme ergeben sich auf dem Weg zum Erwachsenwerden aus der Unsicherheit der Deutung der neuen Gefühle und des Umgangs damit durch die Vernunft. Der junge Mensch muss nicht nur lernen, wie sich all diese neuen Emotionen anfühlen, sie müssen auch interpretiert werden. Ein erfahrener Mensch hat bereits Kategorien für die Gefühlswallungen gebildet, die ihm sein Körper beschert, daher reagiert er scheinbar besonnener und rationaler. Ein junger Mensch muss erst Erfahrungen machen um zu wissen, was seine Gefühle bedeuten und wie er darauf reagieren kann.

Dennoch bleibt auch der Erwachsene sehr starken Gefühlen eher hilflos ausgeliefert. Die Vernunft ist lediglich dazu da, das Schlimmste zu verhindern. Zu den stärksten Gefühlen, die wir kennen, zählt nun einmal die Liebe zu einem anderen Menschen. Verliebtheit ist nicht abhängig vom Alter. Schon ein kleines Kind kann bis über beide Ohren verliebt sein. Es will von seinem Freund/seiner Freundin ganz Besitz ergreifen, manche setzen sich auf das Objekt ihrer Liebe um es festzuhalten. Nicht um alles in der Welt wollen sie ihren Gefährten mit einem anderen Kind tei-

len und reagieren eifersüchtig und aggressiv, wenn sich jemand dazwischen zu stellen versucht.
Die Liebe ist uns vielleicht nur deshalb so unheimlich, weil sie ein so elementares, unbeherrschbares Gefühl ist, das offenbar höchste Priorität genießt. Wir fühlen uns ausgeliefert, weil wir an nichts anderes denken können. Sogar primäre Bedürfnisse wie Nahrungsaufnahme und Schlaf weichen dieser Urgewalt.
Welchen Stellenwert die Liebe im Leben eines Menschen bekommt, ist von den Erfahrungen abhängig, die mit diesem Gefühl einhergehen. Diese Erfahrungen sind geprägt von der Situation im Elternhaus. Wie gehen die Eltern mit der Liebe um? Sind sie zärtlich zueinander oder eher kühl, küssen und umarmen sie einander in aller Öffentlichkeit oder gibt es Geheimnistuerei um die Vorgänge im elterlichen Schlafzimmer? Das alles nehmen Kinder in sich auf und lernen, auf welche Weise man mit Gefühlen der Zuneigung umgehen kann.

Wächst das Kind heran, orientiert es sich mehr und mehr an der Gesellschaft, repräsentiert zunächst durch seine Altergenossen. Ist es erlaubt, Liebe zu zeigen, oder sollte man sich möglichst bedeckt halten, was seine Emotionen anlangt?
Kulturen sind diesbezüglich sehr unterschiedlich. In Europa beispielsweise kann man ein Nord-Süd-Gefälle beobachten. Je weiter nördlich, umso reservierter ist man starken Emotionen gegenüber. Dem sachlichen Ton wird gegenüber dem emotionsgeladenen der Vorzug gegeben. In südlicheren Ländern ist der Ausdruck von starken Emotionen nicht nur erlaubt, sondern erwünscht. Ein belangloser Tratsch zweier Marktfrauen im Mittelmeerraum klingt für mitteleuropäische Ohren wie ein heftiger Streit.
Gefühle werden auf unterschiedliche Weise ausgelebt, dennoch lassen sie sich nicht unterdrücken. Jede Kultur räumt der Liebe daher einen besonderen Stellenwert ein. Dort, wo die Religion an Boden verloren hat, etablierte sich das Postulat der Liebe. In unserer Gesellschaft ist die romantische Liebe sogar zur Doktrin geworden. Das ist besonders bemerkenswert, da einer der Kritikpunkte des Marxismus am Kapitalismus gerade dessen Umgang mit der Liebe betraf.[4]

Der Kapitalismus, so sagt Karl Marx, korrumpiert die Liebe. Anstelle des reinen Gefühls einem anderen Menschen gegenüber wird die partnerschaftliche Beziehung mehr und mehr durch marktwirtschaftliche Überlegungen dominiert. Auch Erich Fromm war der Ansicht, dass die Menschen der Konsumgesellschaft bei der Partnerwahl den Marktwert eines Partners stets im Auge behalten. Das stimmt, aber davon etwas später.

Dennoch hat die Liebe gerade in kapitalistischen Ländern einen sehr hohen Stellenwert. Eine Beziehung ohne Liebe hat in unserer Vorstellung keine Existenzberechtigung. Wie ist es dazu gekommen?

Die Idee der romantischen Liebe stammt aus dem Mittelalter.[5] Im 12. und 13. Jahrhundert entstand die Minne. Junge Adelige erkoren eine möglichst unerreichbare, oft verheiratete hochwohlgeborene Dame zu ihrer Angebeteten. Die Verehrung entsprang einem sehr starken Gefühl der Zuneigung gepaart mit dem Schmerz der Unmöglichkeit der körperlichen Erfüllung der Sehnsucht. Ein genialer Kunstgriff der oberen Gesellschaft, jungen Männern ihr Dasein als rein platonische Liebhaber schmackhaft zu machen.

Für die Dame des Herzens zog man in den Kampf, wetteiferte bei Turnieren und litt unausgesprochene Herzensqualen, nur um von ihr wahrgenommen zu werden: für einen Blick unter langen, seidenen Wimpern hervor oder ein Tüchlein, achtlos fallen gelassen und behaftet mit dem zarten Duft der Verheißung. Es galt als edel, sich für die Frau seines Herzens zu opfern, um ihre Gunst in dem vollen Bewusstsein zu buhlen, dass die Liebe niemals Erfüllung finden konnte, ja durfte. In der Literatur aus dieser Zeit wird nur das Leiden der jungen Männer dargestellt, die Angebetete war sich oft gar nicht bewusst, wie glühend sie verehrt wurde.[6]

Erst später gestand man auch der Frau Gefühle von Liebe und Sehnsucht zu. Auch Frauen konnten unter einer unerfüllten Liebe leiden. Geschichten wie Tristan und Isolde und Romeo und Julia, die auf diese Zeit zurückgehen, zeigen, dass der einzige gesellschaftlich akzeptierte Ausweg aus einer unmöglichen Liebe der gemeinsame Freitod war.

Freilich zeigen diese Geschichten auch, für wen die romantische Liebe gedacht war: für die Oberschicht. Zerrissen zwischen gesellschaftlicher Verpflichtung und Neigung des Herzens blieb den heftig Verliebten nur die Abgeschiedenheit, der Rückzug aus der Öffentlichkeit. Auf keinen Fall durfte der fragile Ruf einer hochstehenden Dame in Frage gestellt werden. Dennoch, befreit vom Überlebenskampf um das tägliche Brot konnte sich gerade jene Oberschicht die exzessive Interpretation ihrer Gefühle leisten. Der hungernde Bettler hatte wohl andere Sorgen, ebenso die Bäuerin, deren gesamte Energie für das Einbringen der Ernte notwendig war. In den unteren Gesellschaftsschichten war für die romantische Liebe wenig Platz. Richtige oder falsche Entscheidungen bei der Partnerwahl konnten über Gedeih und Verderb der zukünftigen Familie entscheiden.

Das große Interesse der Boulevardzeitungen am Intimleben der oberen Zehntausend – welches ja nur ein Spiegelbild der Faszination ihrer Leser ist – zeigt, dass sich seit dem Mittelalter nicht viel geändert hat. Die Hochzeit der Prinzen und Prinzessinnen erscheint den meisten Zeitgenossen immer noch romantischer als die Verbindungen gemeiner Bürger. Der Balanceakt von gesellschaftlicher Verpflichtung und emotionaler Neigung wird in der obersten Schicht eben besonders deutlich. Gewinnt das Pflichtgefühl gegenüber Rang und Namen die Oberhand oder ist es die Liebe, die den Sieg davonträgt? Der Leser reitet auf den Wogen der nachempfundenen Emotionen mit.

Inzwischen ist die Gesellschaft facettenreicher geworden. Die Mittelschicht konnte sich etablieren und wurde zum Hauptträger kultureller Wertvorstellungen und Traditionen. Auch für sie ist eine Verbindung aus Liebe erstrebenswert. Die Vorstellung von Romantik bezieht sich auf das Freispielen von Alltagsverpflichtungen. Im Viktorianischen Zeitalter war es romantisch, sich in die eigenen vier Wände zurückzuziehen. Das traute Heim zu etablieren war in erster Linie Aufgabe der Frau. Eine Hausfrau zu sein bedeutete für eine Frau des Mittelstands Rang und Namen zu haben. Sie schuf eine Oase der Ruhe und Zufriedenheit für ihre Familie, ein Refugium vor den Belastungen und Bedrohungen durch die Außenwelt.

Die Mittelschicht der Moderne hat andere Vorstellungen von Romantik. Interessanterweise sind diese nicht der Oberschicht abgeschaut, sondern der Arbeiterklasse.[7] Die weniger privilegierten sozialen Schichten konnten es sich nicht leisten, Refugien zu schaffen. Die Beengtheit der Wohnverhältnisse und die wenig romantischen Arbeitsbedingungen machten die Liebe zu einer öffentlichen Sache. Geheim blieb nichts, zumindest nicht für lange.

Die Unterhaltungsindustrie der westlichen Gesellschaft hat eine breite Palette von Angeboten zur Freizeitgestaltung geschaffen. Heute ist es daher auch für die mittleren Schichten nicht mehr romantisch, sich in die eigenen vier Wände zurückzuziehen, sondern auszugehen. Die Liebe wird öffentlich. Romantik und Konsum werden verbunden. Konsumiert werden Freizeitangebote. Man geht ins Kino, ins Theater oder einfach nur schön essen. Der Urlaub ist zum Sinnbild für die Flucht aus dem Alltag mit all seinen Zwängen und Verpflichtungen geworden. Auch weniger gut situierten Menschen ist es möglich, romantische Lokale ausfindig zu machen oder sich einen kleinen Urlaub zu leisten.

Und hier kommen wir wieder auf die ursprüngliche Kritik zurück: Wir konsumieren die Romantik. Auch die kleinsten Lokale und die kürzesten Reisen kosten etwas. Die Konsumgesellschaft funktioniert nur, wenn das Bedürfnis der Menschen, etwas zu konsumieren, erhalten wird. Ohne es zu bemerken werden wir von der Werbeindustrie gegängelt, die uns täglich vorgaukelt, unter welchen Bedingungen wir glücklich sein können. Die wichtigste Botschaft dabei ist, dass Neues mehr Wert besitzt als Altes, mehr immer besser ist als weniger und dass wir allein durch den Kauf der beworbenen Produkte glücklich werden. Unglückliche Menschen, so wird uns eingetrichtert, konsumieren nicht richtig oder nicht ausreichend. Wenn Liebe und Romantik aber von den Konsummöglichkeiten abhängen, wie frei ist die Liebe dann wirklich?

Hier setzt nun Fromms Kritik an der Vorstellung von Liebe in unserer Gesellschaft an.[8] Wir wünschen uns den bestmöglichen Partner, den wir uns, gemessen an unserem eigenen Marktwert, gerade noch leisten können. Dabei werden wie bei einem Grundstückskauf Eigenschaften mit ins Kalkül gezogen, die eventuell auch in Zukunft Ertrag bringen könnten. Diese Kritik ist nicht ohne weiteres von der Hand zu weisen, da rationale Überlegun-

gen – wie vorher erwähnt – durchaus in der Lage sind, bei der Entstehung von Emotionen mitzuwirken.
Die Gesellschaft hält uns unmündig. Wie Kinder hängen wir ein Leben lang an ihrer großen Brust und glauben, das Glück komme von allein, wenn wir nur lang genug aufsaugen, was wir kriegen können. Das ist die Grundidee des Konsums, die sich auf die Partnerschaft überträgt. Wir erwarten, dass wir vom Partner ergänzt werden. Er/Sie soll uns finden, soll wissen, was wir wollen und was uns fehlt. Wir erwarten ständig etwas zu bekommen. Wir suchen uns Partner, die uns etwas geben können: Liebe, Geborgenheit, Zärtlichkeit. Wir erwarten uns, von unserem Partner, unserer Partnerin ergänzt zu werden, das von ihm oder ihr zu bekommen, was uns selbst fehlt. Der Ausdruck »das gibt mir nichts« ist charakteristisch für uns. Etwas, das nichts gibt, ist nichts wert.
Was für Fromm dabei auf der Strecke bleibt, ist die Individualisierung, der letzte Schritt auf dem Wege zum Erwachsenwerden. Solange wir kleine Kinder sind, haben wir nur *eine* Vorstellung von uns selbst, das ist die »primäre Identität«. Das kleine Kind gibt seinen Bedürfnissen augenblicklich nach, es sieht sich selbst im Zentrum aller Vorgänge und möchte sofort alle Wünsche erfüllt bekommen. Erst das ältere Kind beginnt sich mit den Augen anderer zu sehen. In einem langwierigen Prozess lernt es seine eigenen Bedürfnisse hinter die anderer Menschen zu stellen. Es bekommt eine Vorstellung davon, wie es selbst und seine Handlungen von anderen wahrgenommen werden. Diese neuen Erkenntnisse zieht es in Betracht, wenn es handelt. Parallel dazu beginnt sich eine neue Identität aufzubauen, die so genannte »sekundäre Identität«.[9] Das Kind behält zwar seine ursprüngliche Identität, es weiß nach wie vor um seine dringlichsten Wünsche und Bedürfnisse, aber es weiß auch, wie es eigentlich gerne sein möchte. Es entlehnt sich diese zweite Identität aus der Gesellschaft, in der es lebt. Das tut es, indem es sich Vorbilder sucht, denen es nacheifert. Es pickt sich die Eigenschaften heraus, die es auch gerne haben möchte, und baut sich daraus ein zweites Selbstbild auf. Es kann nun Frustration und Scham erleben, wenn es nicht schafft sich getreu diesen neuen Idealen zu verhalten.
Der erwachsene Mensch behält natürlich beide Identitäten und

kann sie voneinander unterscheiden, arbeitet aber ständig an der Perfektionierung seines zweiten, aus der Gesellschaft geborgten Selbstbilds. Wichtig dabei ist, dass die Wesenszüge des Vorbildes dadurch allmählich internalisiert werden. Die Selbstkontrolle wächst dabei langsam, um schließlich über die ungebärdige, triebhafte primäre Natur des Erwachsenen die Führung zu übernehmen. Dieser letzte, aber notwendige Schritt unterbleibt beim Menschen der Konsumgesellschaft immer öfter. Man möchte nicht mehr sein wie sein Vorbild, man möchte nur mehr haben, was das Vorbild hat. Was uns zu guten, willfährigen Konsumenten macht – unsere Fähigkeit, unreflektiert zu wünschen und zu kaufen –, behindert auf der anderen Seite unsere Entwicklung zu reifen, selbstständigen Erwachsenen. Indem wir künstlich auf dem emotionalen Niveau von Kindern gehalten werden, dienen wir zwar der Konsumgesellschaft als Schmiermittel, wir selbst verzichten aber auf einen wesentlichen Entwicklungsschritt. Den letzten Schritt auf dem Weg zur Individualisierung.
Ohne diesen letzten Schritt gibt es aber keine wirkliche Liebe, meint Fromm.[10] Ohne Selbstbestimmung bleibt die Liebe auf einem Niveau wechselseitiger Abhängigkeit. Fromm deckt drei Irrtümer auf, die charakteristisch für unsere Vorstellung über die Liebe sind. Der erste Irrtum besteht darin, dass wir meinen, das größte Problem bestünde darin, selbst geliebt zu werden. Wir versuchen daher uns selbst so liebenswert wie möglich darzustellen und erwarten, dass wir jemanden finden, der das zu schätzen weiß. Der zweite Irrtum besteht darin, dass wir glauben, Liebe wäre ein Objekt und keine Fähigkeit. Sind wir unglücklich, meinen wir einfach noch nicht den richtigen Partner gefunden zu haben. Mit dem richtigen Objekt der Liebe würden sich die passenden Gefühle schon von selbst einstellen. Der dritte Irrtum besteht darin, dass wir das Anfangserlebnis der heftigen ersten Verliebtheit mit Liebe verwechseln. Vor allem Menschen, die vorher sehr einsam waren, sind oft gänzlich von ihren Gefühlen überwältigt, wenn sie jemanden gefunden haben, der ihre Zuneigung erwidert. Lernt man einander dann näher kennen, flaut die erste Begeisterung ab, das Wunder verliert seinen Zauber und zurück bleibt ein enttäuschtes, streitendes oder gelangweiltes Paar.

Während Liebe Geben ist, glauben wir ständig etwas bekommen zu müssen. Während Liebe bedeutet Achtung für einen anderen Menschen zu empfinden, glauben wir Besitzansprüche zu haben. Während Liebe bedeutet auf die Bedürfnisse eines anderen Menschen einzugehen, für ihn da zu sein, glauben wir ihn anleiten und bevormunden zu dürfen. Wir erwarten, dass der Partner weiß, was wir wirklich wollen, und sind nicht einmal bereit, es selbst herauszufinden. Sind wir unzufrieden, überlegen wir, was der Partner falsch gemacht haben könnte, anstatt zu analysieren, was wir selbst an unserer Situation verbessern könnten.
Gelingt der Schritt zur Individualisierung nicht, bleiben wir Sklaven unserer Emotionen. Wir bleiben dann passiv Getriebene, deren Vernunft, ähnlich wie unser sizilianischer Verkehrspolizist, immer hinterher zeigt, wenn gerade etwas geschehen ist – ohne die entfernteste Möglichkeit, einzugreifen. Die Liebe ist sicher das richtige Mittel, um eine Welt, die von Berechnung, Egoismus und dem Recht des Stärkeren regiert wird, wieder zu humanisieren. Gelingen wird es nur, wenn wir alle bereit sind, daran zu arbeiten. Beginnen muss jeder bei sich selbst, denn nur reife erwachsene Menschen, die auch die letzten Schritte zu ihrer eigenen Individualisierung zu tun bereit sind, können Liebe geben und empfangen.
Was dem im Wege steht, hat Marx schon ganz richtig vermutet.

Partnershopping –

am Wühltisch der Gefühle

Die Liebe ist sicher das richtige Heilmittel, wenn es darum geht, äußeren Bedrohungen zu begegnen, wie sie der Partnerschaft beispielsweise durch die Technisierung der Fortpflanzung erwächst. Doch die Fallstricke für die moderne Zweierbeziehung sind auch noch aus ganz anderem Stoff gewebt.

Gelegentlich muss sich unsere urzeitliche biologische Ausstattung unter den widrigen Umständen unserer modernen Lebensweise bewähren, wo sie nicht selten irregeleitet und so zum Bumerang für unser Zusammenleben wird. Wir sind auch heute noch Jäger und Sammler – im Großstadtdschungel zwar und in neuem Gewand –, aber unser ursprünglicher Jagdinstinkt ist ungebrochen und vital und schätzt die fortwährende Herausforderung. Das haben geschickte Marketingstrategen erkannt und genützt, indem sie den Spürsinn des urzeitlichen Jägers und seine Freude am Triumphgeheul über ein erlegtes Tier umgelenkt haben – von der lebenden Beute auf tote Ware im Regal. Wir sind Jäger und Sammler im Reich der Sonderangebote und des Abverkaufs. Höhlenmenschen auf Schnäppchenjagd.

Was man allerdings in der Zivilisation erjagt oder ersammelt, ist letztlich gleichgültig, denn dahinter steckt ein großes gemeinsames Ideal – die Philosophie des Konsums. Und diese birgt ihre eigenen Gefahren. Nicht etwa, weil sie Leib und Leben kostet, sondern weil sie sich in unserem Gefühlsleben breit zu machen droht. Hier wird die Partnerschaft genau an jenem Punkt angegriffen, von dem aus wir sie eigentlich verteidigen wollten – vom sicheren Hafen der Liebe aus.

Unsere Emotionen sind nicht nur von unserem inneren Zustand bestimmt, sondern auch von unserer Vernunft. Sie entstehen durch die Bewertung der aufsteigenden Sensationen durch das Bewusstsein. Die Interpretation von Gefühlen sowie der Umgang mit ihnen muss im Lauf des Lebens erlernt werden. Wir lernen wie unsere Vorbilder Gefühle entweder zu beherrschen oder sie auszuleben. Die Vorstellung davon, wie wir gerne sein würden, das sekundäre Selbstbild, hat daher auch einen Einfluss auf unser Gefühlsleben und unser Verhalten. Das ist zwar einerseits sehr positiv, denn es zeigt, dass wir durchaus in der Lage sind, uns von dem Diktat unserer Gene, unseres Hormonhaushaltes und unserer primären Empfindungen frei zu machen, andererseits birgt gerade diese Freiheit auch besondere Gefahren.

Die Möglichkeit, etwas zu lernen, beinhaltet nämlich immer auch die Notwendigkeit, etwas zu lernen.[1] In unserer Kindheit sind bestimmte sensible Phasen dafür vorgesehen. Die Sprachentwicklung beispielsweise erfolgt zwischen dem zweiten und dem sechsten Lebensjahr. Wird mit einem Kind dieses Alters nicht gesprochen, erlischt seine Fähigkeit, eine Sprache zu erlernen, für immer. Als Erwachsener lernt ein Mensch nur mehr unter großer Mühe und dennoch nie mehr richtig sprechen.[2]

Was bedeutet das für die Interpretation von Gefühlen? Sind in den sensiblen Lernphasen des heranwachsenden Jugendlichen keine geeigneten Vorbilder zur Stelle oder, noch schlimmer, die falschen, bleibt das sekundäre Selbstbild mangelhaft oder entwickelt sich in eine unerwünschte Richtung. Mit Comicfiguren und Actionhelden als Vorbild, mit denen durch die Mattscheibe des Fernsehapparats auch gar keine Kommunikation zustande kommen kann, verarmt nicht nur die eigene Gefühlswelt. Kann man die eigenen Gefühle nicht mehr interpretieren, erkennt man die Gefühle anderer Menschen schon gar nicht. Wir sind daher darauf angewiesen, dass wir Anleitung erfahren, dass wir ermutigt werden unsere Gefühle wahrzunehmen und uns mit ihnen auseinander zu setzen.

Die Art und Weise, in der wir Liebe empfinden, was wir von diesem Gefühl erwarten, wie wir damit umgehen und wie wir uns unseren Partner, unsere Partnerin vorstellen, ist stark von unseren persönlichen Erfahrungen abhängig, die ihrerseits wiederum gesellschaftlich geprägt sind. Liebe ist also nicht nur ein biologischer Ausnahmezustand, sondern entsteht aus einer ständigen Wechselwirkung zwischen Körperchemie, bewusster Wahrnehmung und Verarbeitung sowie den Erwartungen an uns selbst, die darauf beruhen, dass wir in der Gesellschaft, in der wir leben, anerkannt und geachtet sein wollen.

In einer schnelllebigen Zeit wie der unseren, in der viele Menschen den letzten Schritt auf dem Wege zum eigenständigen Individuum gar nicht mehr vollziehen, werden häufig unreflektiert Meinungen und Einstellungen anderer übernommen und Modeströmungen mitgemacht. Fromm erkannte dieses Problem bereits, er spricht vom außengeleiteten Typus.[3] Dieser ist jederzeit bereit bedingungslos neuen Trends zu folgen – ohne Konsequenzen für die innere Reifung. Ein solcher Mensch möchte nicht mehr sein wie sein Vorbild, er möchte haben, was andere haben, und tun, was andere tun, ohne einen Gedanken daran zu verschwenden, ob er das überhaupt braucht oder möchte.

Jugendliche, die noch auf der Suche nach ihrer Identität sind, sind besonders leicht zu beeinflussen und fallen in Ermangelung eigener Vorgaben leicht selbst ernannten Führerpersönlichkeiten und Trendsettern zum Opfer. Doch auch Erwachsene werden zur leichten Beute des Zeitgeistterrors.

So ist etwa Sex zur Leistung geworden: ein Gradmesser für die Perfektion einer Beziehung. Häufiger Sex zeigt, wie sehr man sich liebt. So überlegen Paare, die bislang zweimal im Monat Sex hatten, ob sie überhaupt noch glücklich sind, wenn doch die Statistik sagt, dass Ehepaare mittleren Alters im Schnitt zweimal pro Woche miteinander verkehren. Der gemeinsame Orgasmus ist ebenfalls das Desiderat der Stunde. Individuelle Formen der gegenseitigen Befriedigung verlieren im Vergleich dazu ihre Existenzberechtigung.[4]

Gerade unsere Gesellschaft scheint – wie gesagt – ein Interesse daran zu haben, ihre Mitglieder möglichst unmündig zu halten. Der brave Konsument soll ständig das Bedürfnis haben, etwas zu kaufen. Eine selbstständige eigenständige Persönlichkeit kann dabei hinderlich sein. Braucht man wirklich den schnelleren Wagen, den besseren Fernseher oder die Markenjeans? Wir belächeln unsere Kinder, die sich immer mehr und mehr Spielzeug wünschen.

Sie quälen ihre Eltern, bis sie es endlich kaufen. Schließlich liegt nur noch ein Teil mehr in der Ecke des ohnehin schon hoffnungslos überfüllten Kinderzimmers.

Dennoch profitiert die Marktwirtschaft davon. Tausende Beschäftigte stellen die Waren her, verpacken sie, vermarkten sie, vertreiben sie und entsorgen diese schließlich auch noch. Es ist ein endloses Spiel, dem wir letztlich das verdanken, was wir uns unter Wohlstand vorstellen. Dieses Spiel funktioniert nun einmal am besten, wenn es von kindlichen Gemütern gespielt wird. Es ist also nicht zu erwarten, dass eine Gesellschaft, die Kapital aus der Unmündigkeit ihrer Mitglieder schlägt, beim Reifungsprozess des einzelnen Individuums besonders hilfreich sein wird.

Dazu kommt, dass in großen, anonymen Massengesellschaften die alten Wertvorstellungen und Traditionen abhanden kommen, die auch dem weniger reifen Individuum Anhaltspunkte und Sicherheit gaben.

Vor allem in den Ballungszentren der Industrieländer gibt es nur mehr wenige Traditionen, die von einer Generation an die nächste weitergegeben werden. Die Menschen sind sehr mobil, viele sind in einem Staat geboren, im nächsten in die Schule gegangen und haben sich in einem dritten niedergelassen. Die Nachbarn sind ebenso weit herumgekommen. In einer multiethnischen Gesellschaft ist es auch nie sicher, welcher Tradition die Vorfahren der jeweiligen Nachbarn verhaftet waren.

Jede neue Generation entwickelt daher eigene Vorstellungen und Umgangsformen, es ist nicht mehr relevant, wie es die ältere Generation gemacht hat. Traditionen waren aber keine Erfindungen älterer Menschen um jüngere zu gängeln und zu schikanieren, sondern sie waren als Entscheidungshilfen gedacht. Fühlte sich ein Adeliger im Mittelalter durch einen Nebenbuhler beleidigt, warf er den Fehdehandschuh. Ein kleiner Klaps auf die Wange des Gegners war ausreichend. Man überließ es den Sekundanten, das Duell vorzubereiten. Heute wie damals müssen wir mit starken Emotionen wie Liebe, Eifersucht, Zurückweisung und Demütigung fertig werden. Ohne gesellschaftliche Vorgaben hat jeder Einzelne die Möglichkeit, ganz individuell zu reagieren. Doch gerade die Befreiung von Zwängen und Regeln schafft Unsicherheit.

Wo keine Traditionen da sind, um Verhaltensregeln für derart starke, emotionale Erlebnisse bereitzuhalten, wird zumeist der Ruf nach möglichst natürlichem Verhalten laut.
Doch was ist natürliches Verhalten? Paradoxerweise wissen das gerade jene Gesellschaften nicht mehr, die besonderen Wert darauf legen. Daher boomt die populärwissenschaftliche Literatur. Viele, großteils auch nur halbwegs gebildete Geistes- oder NaturwissenschaftlerInnen fühlen sich, ermuntert durch das große öffentliche Interesse, dazu berufen, ihre Lehrmeinung unters Volk zu bringen. Dabei sollen Lebenseinstellungen übermittelt werden, die der einzelne Verfasser aufgrund von mehr oder weniger maßgeblichen, persönlichen Überlegungen oder Erfahrungen gewonnen hat. Inzwischen gibt es so viele verschiedene Möglichkeiten, zu seinem Glück, zu seinem Partner oder zu seiner Traumfigur zu finden, wie Ratgeber auf dem Markt. Die Vielfalt der Angebote zeigt einmal mehr die große Orientierungslosigkeit unserer Zeit.
Die einen versuchen es über sportliche Betätigung. Wir joggen, betreiben Aerobic und Yoga oder eine der vielen fernöstlichen Kampfsportarten, die derzeit stark im Trend sind. Über die Bewegung sollen wir natürlich nicht nur zu einer gewissen Körperbeherrschung, sondern auch zu einer höheren Daseinsform finden.
Der Arzt und Fitnesspapst Dr. Ulrich Strunz verspricht in seinem Buch »Forever Young« über die Steigerung der körperlichen Fitness hinaus auch eine attraktivere Figur, eine Steigerung der geistigen Leistungsfähigkeit, ein größeres Selbstbewusstsein und nicht zuletzt die ewige Jugend.[5] Befolgt der Leser seine Ratschläge, die sich lediglich auf die Lauftechnik und die Ernährung beschränken, verspricht Strunz einen neuen Menschen aus ihm zu machen.
Eine nahezu erdrückende Vielfalt an Büchern, die unterschiedlichste Diäten anpreisen, versprechen neben einer kleineren Konfektionsgröße auch noch Schönheit, ein erfüllteres Liebesleben, einen Aufstieg in der Beliebtheitsskala, bessere Chancen im Beruf und vieles andere mehr. Hier zeigt sich, was wir eigentlich wollen. Wir wollen gar nicht schlank sein – wir wollen beliebt sein, wir wollen viele Freunde haben, Anerkennung im Beruf und eine glückliche Partnerschaft. Wir kaufen zwar Schlankheitsbücher und probieren verschiedene Diäten, die zumeist gar keinen dauer-

haften Erfolg bringen können, erhoffen uns damit aber etwas ganz anderes.

Wir wollen unseren Marktwert optimieren. Wir wollen schön und begehrenswert für einen Partner/eine Partnerin und für unsere Umgebung sein.

Dieser Marktwert ist nicht nur sehr veränderlich, er wird auch fortwährend neu definiert. Wir schätzen uns selbst und andere täglich neu ein. Dabei bewerten wir uns immer im Verhältnis zu anderen Männern und Frauen. Frauen sind dabei ganz besonders kritisch mit ihrem Äußeren. Sie legen Wert darauf, gepflegt und jugendlich auszusehen. Sie bestimmen ihren eigenen Marktwert im Verhältnis zur Attraktivität der Frauen in ihrer Umgebung. Eine Studie konnte zeigen, dass Frauen sich wesentlich besser bewerteten, nachdem sie das Foto einer weniger attraktiven Frau gesehen hatten.[6] Zeigte man den Probandinnen das Foto einer sehr attraktiven Frau, schätzten sie sich selbst nicht so positiv ein. Es ist leicht vorstellbar, dass die tägliche Berieselung mit perfekt gebauten, durchgestylten Frauen in der Werbung sich negativ auf das Selbstwertgefühl der Frauen unserer Zeit auswirkt.

Männer hingegen definieren sich selbst über ihre Leistungen und Persönlichkeitsmerkmale im Vergleich zu anderen Männern. Charaktermerkmale sind eher kontrollierbar als die Attraktivität des Gesichts und des Körpers. Außerdem kann man positive Eigenschaften besser vortäuschen als gutes Aussehen. Es ist daher nicht verwunderlich, dass hauptsächlich Frauen unter zu geringem Selbstwertgefühl und Depressionen leiden.[7]

Frauen verzweifeln jedoch nicht nur an der Unmöglichkeit, ihre äußere Attraktivität zu kontrollieren, sondern auch an der Tatsache, dass gerade in einer sehr sensiblen Phase ihrer Entwicklung ausgerechnet ein Mann Einfluss auf die Entwicklung ihres Selbstwertgefühls hat. In der Pubertät orientieren sich junge Frauen und Männer immer mehr am anderen Geschlecht. Waren bis dahin die kichernden Girlie-Gruppen und die coolen Jungs ganz unter sich, wird es nun interessant, wen das andere Geschlecht gut findet und wer nicht ankommt. Die Hierarchie innerhalb der Mädchen- und Jungengruppen kann dabei ganz schön ins Schleudern geraten.

Der kleine Franzi, der immer so lächerlich rote, abstehende Ohren hatte und sich noch manchmal in die Hose machte, ist plötzlich bei den Mädchen begehrt. Er trägt coole Klamotten, fährt ein schickes Moped und neben der trendigen Kultfrisur sehen die roten Ohren auf einmal ganz blass aus. Plötzlich ist Franzi nicht mehr lächerlich, jeder möchte sein Freund sein, denn wo Franzi ist, sind auch alle hübschen Mädels.
Auch bei den Mädchen wird nun Susi interessant, die bisher, in abgerissenen Hosen und zottigem Haar, lieber mit den Burschen Indianer spielte als Gummihüpfen mit den Mädchen. Sie hat es auf der letzten Party geschafft, die meisten Jungen zu küssen. Auch die anderen Mädchen tragen nun ihr Haar wie Susi und wollen ihre Freundinnen sein. Susi, Franzi und ihre Altersgenossen verändern sich in dieser Phase ständig und mit jeder Veränderung steigt und fällt das Selbstwertgefühl.
Nur haben es Franzi und Co. gegenüber Susi und ihren Freundinnen leichter, sagt Julia Onken in ihrem Buch »Vatermänner«.[8] Junge Burschen beziehen ihr Selbstwertgefühl von ihrer Mutter. Für Mama war Franzi zwar immer schon der Beste, doch in der Pubertät fühlt sich der junge Mann ganz besonders durch seine Mutter bestätigt. Allein die Tatsache, dass Mütter ihre Söhne meistens toll finden, verhilft Männern zu ihrem unverwüstlichen, manchmal an Selbstüberschätzung grenzenden Selbstvertrauen. So kann man in beliebigen Talkshows potthässliche Männer mit dem Brustton der Überzeugung ihr eigenes Loblied singen hören.
Wie ist das mit den Mädchen? Beziehen auch sie ihr Selbstvertrauen durch die Mutter? Wenn das so wäre, hätten Frauen eine ebenso hohe Meinung von sich selbst wie Männer. In der beginnenden Pubertät ist es jedoch der gegengeschlechtliche Elternteil, der für die Entwicklung des Selbstvertrauens entscheidend ist. Die Väter in den Industrieländern glänzen meist durch Abwesenheit. Wir sind eine vaterlose Gesellschaft geworden. Sind Väter dann doch einmal zu Hause, können sich die Töchter aber meist nicht jener uneingeschränkten Zustimmung erfreuen, wie sie Söhne von ihren Müttern erfahren. Vor allem Väter, die selten zu Hause sind, schaffen es häufig nicht, ihrer Tochter das Maß an Anerken-

nung zu vermitteln, das sie bräuchte. Das Selbstwertgefühl der Tochter wird von der Einstellung des Vaters zu ihr nachhaltig geprägt. Ist diese nicht ausschließlich positiv, wird ein kleiner, nagender Selbstzweifel sie ein Leben lang begleiten. Daher gehen viele Frauen mit einem deutlichen Handikap in das Rennen um einen geeigneten Partner.

Frauen hinterfragen sich viel häufiger, als Männer dies tun, daher ist auch die große Flut an Selbstfindungsliteratur hauptsächlich für Frauen geschrieben. Frauen arbeiten aber nicht nur an sich selbst, sie sind auch eher bereit ihre Beziehung zu hinterfragen. Sie wollen sich viel häufiger als Männer informieren, wie sie diese in Gang halten oder verbessern können, auch wenn es schwierig ist. Daher werden auch Beziehungsratgeber vor allem von Frauen gekauft.

Die New Yorker Psychotherapeutin Nancy Good gibt in ihrem Buch »Wie liebt man einen schwierigen Mann?« sehr detaillierte Anweisungen, wie Frauen mit ihren Partnern umgehen sollen.[9] Wenn der Partner eine unvernünftige Reaktion zeigt, schreibt sie, soll die Frau erstens nicht aufbrausen und brüllen, sondern ihn davon zu überzeugen versuchen, dass er sich unvernünftig verhält, sie soll ihm zweitens immer zugestehen, dass er ein Recht auf das hat, was er fühlt, und schließlich kommt als Punkt drei noch ein richtungsweisender Dialog, wobei von der Wortwahl bis zur Interpunktion alles zur Nachahmung empfohlen wird. Diese Art der Unterweisung erinnert zwar sehr an die Bedienungsanleitung einer Waschmaschine, die Autorin ist aber überzeugt, dass sie Frauen auf diese Weise helfen kann, mit ihren schwierigen Männern fertig zu werden. Und die Leserinnen greifen dankbar nach jedem Strohhalm, der ihnen geboten wird.

Die Wissenschaft bekommt dabei Macht in die Hand, die ihr nicht zusteht. Die Wissenschaftsjournalistin Maggie Scarf schreibt in ihrem Buch »Autonomie und Nähe«, dass es eigentlich niemandem zusteht, andere über ihre Beziehung zu belehren, weil Beziehungen alle einzigartige Verbindungen zwischen zwei Menschen sind, die einfach nicht über einen Kamm zu scheren sind.[10] Sie sind zu individuell um mit simplen Verhaltensregeln gesteuert zu werden. Ein Außenstehender, der aufgerufen ist sich ein Bild zu

machen, muss schon sehr viel Zeit investieren, um das Wesen auch nur einer einzigen Partnerschaft zu erfassen.
Unsere Jugendlichen werden in eine anonyme Großstadtgesellschaft entlassen, die kein Interesse daran hat, aus den Heranwachsenden mündige, selbstständig denkende Menschen zu machen. Das Einzige, was die junge Generation sicher weiß, ist, dass die ältere Generation alles falsch gemacht hat. So bleiben auch viele Erwachsene orientierungslos und unsicher.
Ähnlich wie die Menschen in Palästina vor 2000 Jahren hoffen die Menschen der Konsum- und Leistungsgesellschaft auf ihren Erlöser. Doch wie soll man den wahren Messias unter den vielen Marktschreiern, selbst ernannten Heiligen und Gurus, die ihre Weisheit mit aller Gewalt unters Volk bringen wollen, noch erkennen? Wie damals ist die Zahl derer unüberblickbar, die den Stein der Weisen gefunden zu haben glauben und die das gemeine Volk um jeden Preis an den Segnungen ihrer Erkenntnisse teilhaben lassen wollen.
Damals erhoffte man sich Erlösung von einem religiösen Führer, der den Menschen den wahren Glauben bringen sollte.[11] Heute glauben die Menschen an die Götter in Weiß, sie hoffen auf eine Führung durch die Wissenschaft. Wir orientieren uns an den Erkenntnissen aus Geistes- und Naturwissenschaft sowie der Medizin, denn deren exakte Methoden gaukeln uns jene Sicherheit vor, in der wir uns so gerne wiegen möchten.
Die Medizin soll Struktur und Norm in unser Leben bringen. Wir vertrauen unsere Ernährung lieber Kalorientabellen an als unserem gesunden Appetit und Hungergefühl, wir bewegen uns nach Vorschrift eher als nach Laune, wir erwarten uns eine Pille gegen jede Krankheit und jede psychische Störung. Wir sind enttäuscht, wenn die Ärzte bei einem unserer Probleme nicht weiter wissen.
Von der Biologie erhoffen wir uns eine Erklärung für unsere Handlungen, warum bestimmte Menschen reich werden und andere es nicht schaffen. Wir wollen ein Rezept fürs Glücklichsein. Wie schlank, wie schön oder wie bedeutend müssen wir sein um die Partnerin oder den Partner unserer Träume für uns zu gewinnen? Die Realität, die zeigt, dass die Reichen und Schönen auch nicht glücklicher sind als die Armen und Hässlichen, enttäuscht

uns zwar immer wieder. Dennoch hoffen wir immer noch auf die zündende Erkenntnis, die uns den Weg zum Glück weist.
Die Psychologie soll uns erklären, wie unsere Seele funktioniert. Warum sind wir nicht glücklich, wo wir doch alles haben? Sind wir im Mutterleib bereits schädlichen Einflüssen ausgesetzt gewesen? Haben die Eltern sich zu oft gezankt oder war die Mutter/der Vater nicht oft genug für uns da? Und wie kommt es, dass Menschen, die in schlechten Verhältnissen aufwachsen mussten, doch zu ihrem persönlichen Glück finden, während andere, denen in der Kindheit nichts abging, unglückliche Erwachsene werden?
Jeder von uns ist etwas Besonders und ganz einzigartig in dem Heer von sechs Milliarden Menschen auf der Welt. Unsere Entwicklung verläuft ebenso einzigartig, weil die Natur uns dafür so viel Spielraum eingeräumt hat. Das ist der Grund, warum die Erkenntnisse keiner noch so exakten Wissenschaft jemals ausreichen werden um individuelle Phänomene zu erklären. Das Individuum wird niemals durch Daten und Fakten zu erfassen sein. Das ist die gute Nachricht. Die schlechte ist, dass wir damit auch selbst für uns und unser Glück verantwortlich sind. Wir können uns nicht ausschließlich auf die Anlagen in unseren Genen und auf die Einflüsse unserer Umwelt ausreden, denn wir haben im Unterschied zu allen anderen Lebewesen auf diesem Planeten die Fähigkeit mitbekommen, uns selbst zu hinterfragen. In dem Maße, in dem wir das tun, sind wir auch Mitgestalter unseres Lebens. Wie glücklich wir bei der Wahl unseres Partners/unserer Partnerin sind, wie wir unsere Partnerschaft gestalten und wie wir Liebe und Glück empfinden, ist zu einem bestimmten Anteil auch auf unser eigenes Zutun zurückzuführen. Und das ist genau genommen doch gar keine so schlechte Nachricht.

»Liebling, bitte melden!« –

Die Tücken der Moderne

Was sollte im Zeitalter der Kommunikation einfacher sein als miteinander zu reden? Wir haben heute jede erdenkliche Unterstützung um uns auszutauschen. Wir haben das Telefonfestnetz, das uns verbindet, so weit wir auch entfernt sein mögen. Wir haben Handys, die uns in jeder erdenklichen Situation erreichbar machen. Das ist bereits so selbstverständlich, dass man bei Theaterbesuchen regelmäßig vor Beginn der Vorstellung gebeten wird das Handy abzuschalten. Wir sitzen im Kaffeehaus neben einzelnen Personen, die aber keineswegs allein sind, denn pausenlos läutet das Handy, und freiwillig oder nicht wird man Zeuge der lautstark geführten Gespräche mit Menschen, die gar nicht anwesend sind. In Jugendcliquen gilt der als besonders beliebt, dessen Handy ständig läutet und der die meisten SMS bekommt.

Über das Internet sind wir mit der ganzen Welt verbunden. Gäbe es die Zeitverschiebung nicht, müsste man gar keinen Gedanken daran verschwenden, welcher unserer Lieben gerade auf welchem Kontinent weilt, denn er oder sie wäre jederzeit auf Tasten- oder Mouseclick erreichbar.

So meinen wir in unsere Umgebung gut eingebunden zu sein. Wir können überall mitchatten, surfen, wohin uns der Browser trägt, und haben an allen Segnungen der Technik teil, die es uns ermöglicht, jederzeit erreichbar zu sein und uns dazuschalten zu können. Genau das ist es, was uns die Werbung suggeriert. Ein Vater erzählt seinem Buben eine Gutenachtgeschichte über das Handy, ein anderer empfängt während einer Sitzung ein SMS von seinem Sohn, weil »der Drache fliegt«. Toll! Wir müssen auf nichts mehr verzichten und doch kein schlechtes Gewissen haben. Eltern müssen nicht mehr physisch anwesend sein, um ihre Kinder zu Bett zu bringen oder mit ihnen zu spielen. So können wir im Beruf funktionieren und gleichzeitig am Familienleben teilhaben. Die Ehefrau legt sich das Handy aufs Kopfkissen und hört ihren Mann wie gewohnt schnarchen.

Eine Mobiltelefongesellschaft bietet sogar eigene Tarife für Partner an. Über die »Herziline« kann man flirten und turteln oder auch tiefsinnigere Gespräche führen – und das zum Billigsttarif. Auch ein älteres Ehepaar aus meinem Bekanntenkreis nutzte die Herziline, aber nicht, weil sie noch so verliebt gewesen wären, dass sie keine Sekunde die Stimme des anderen missen wollten. Im Gegenteil: Was sie sich zu sagen hatten, waren meist ohnehin nur Unfreundlichkeiten. Die Gründe waren rein ökonomischer Natur. Da sie an verschiedenen Wohnsitzen lebten, sahen sie einander kaum noch und kommunizierten daher nur mehr auf diese Weise. Und hier stellt sich die entscheidende Frage: Verbindet uns die Technik wirklich?

Die Umgebung, in der man sich gerade befindet, und die Situation, der man ausgesetzt ist, wirken sich unmittelbar auf die Stimmung aus. Ist der Gesprächspartner körperlich anwesend, kann man seine Stimmung auf einen Blick erkennen. Das Gesicht, vor allem die Augen, und die Körperhaltung eines Menschen sagen mehr als viele Worte. Kleine Gesten oder die Mimik, wie ein Augenzwinkern, können die Bedeutung von Worten ins glatte Gegenteil verkehren.

Gerade in der Partnerschaft ist man aber besonders auf die Feinabstimmung in einem Gespräch angewiesen. Spricht man häufiger über Telefon miteinander, sind Missverständnisse vorprogrammiert. Mit einem Anruf fällt man leicht mit der Tür ins Haus, man platzt ungebeten in Situationen hinein. Partner, die längere Zeit voneinander getrennt sind, kommen ins Grübeln. Sie analysieren noch Stunden nachher Gespräche, die am Telefon stattgefunden haben. Warum war er so kurz angebunden, im Büro war um diese Zeit sicher nichts mehr los? War da nicht eine männliche Stimme im Hintergrund zu hören, als sie sagte, sie müsse nun auflegen?

Jede noch so positive technische Errungenschaft bringt eine mindestens ebenso starke negative Auswirkung mit sich. Wir kommunizieren zwar mehr miteinander, allerdings auf sehr oberflächlichem Niveau. Robin Dunbar, Professor für Psychologie an der Universität von Liverpool, vergleicht unser Bedürfnis zu Tratsch und Klatsch mit dem Bedürfnis von Primaten nach gegenseitiger Fellpflege.[1] Im Primatenreich sind so genannte »Grooming Relationships« weit verbreitet. Freundschaft wird in der Affenhorde darüber definiert, wer wen wie lange krault.

Wir Menschen kraueln einander verbal. Wir tauschen kleine Freundlichkeiten aus und lassen den anderen an unseren Befindlichkeiten teilhaben. Charakteristisch dabei ist, dass es meist gar nicht um den Inhalt eines Gespräches geht. Meister des Smalltalks sind jene Menschen, die im Plauderton Dinge von sich geben, die so wenig bemerkenswert sind, dass der Zuhörer nach fünf Minuten nicht mehr sagen kann, worüber eigentlich gesprochen wurde. Das mag negativ klingen, ist es aber nicht. Dunbar meint, dass es unmöglich ist, nur dann den Mund aufzumachen, wenn man auch wirklich etwas Wichtiges zu sagen hat. Ein großes Schweigen würde ausbrechen. Viele Mitmenschen würden es als grobe Beleidigung empfinden, wenn man sie anschweigen würde statt zu fragen, wie es ihnen geht. Das Austauschen von Höflichkeitsfloskeln ist dazu da, einander verbal zu kraulen. »Wie geht's dir?« – »Gut, danke. Und dir?« – »Auch gut, danke. Familie, alles gesund?« – »Ja, danke der Nachfrage. Bei dir hoffentlich auch?« – »Ja, alles bestens. Also, dann, einen schönen Tag noch!« – »Dir auch, lass alle schön grüßen!« – »Auch deiner Familie einen schönen Gruß!« Gespräche, wie sie millionenfach täglich geführt werden. Man sagt nichts aus, erfährt nichts und hat sich trotzdem freundlich unterhalten. Für oberflächliche Bekannte mag das wohl reichen. Für ein Paar, das sein Leben miteinander verbringen möchte, sind oberflächliche Floskeln, und seien sie noch so höflich, sicher zu wenig.

Eine Freundin, deren Mann im Ausland arbeitete und nur am Wochenende heimkam, erzählte mir, dass sie immer dann, wenn sie sich endlich wieder hatten, besonders heftig stritten. Unter der Woche sehnten sie sich nach einander, flüsterten Zärtlichkeiten ins Telefon und konnten das Wochenende gar nicht erwarten. Kaum kam ihr Mann nach Hause, entbrannten Wortduelle in einer bislang nicht da gewesenen Heftigkeit. Als er kündigte und wieder öfter zu Hause war, hörten die Streitigkeiten schlagartig auf. Zwar gab es immer noch ab und zu Auseinandersetzungen, aber sie waren kürzer und schneller bereinigt. Warum? Ganz klar: Streiten bedeutet, sich mit einem Partner, der einem etwas bedeutet, auseinander zu setzen. Man kann nicht mit jemandem streiten, der einem egal ist. Können Meinungsverschiedenheiten täglich besprochen werden, sind sie sofort vom Tisch.

Partner, die sich über längere Zeit nicht sehen, haben jeder für sich allein verschiedene Erlebnisse, die besprochen werden sollten. Im Lauf der Tage und Wochen erreichen Unstimmigkeiten, Unsicherheiten und Unzufriedenheiten eine Dimension, die sehr schwer abzubauen ist. Hat ein Paar nicht regelmäßig Gelegenheit, intensiv miteinander zu reden, können sich Ressentiments bilden, die nicht mehr abzubauen sind. Die Partner reden aneinander vorbei. Einer hat es verabsäumt, den anderen an seinen/ihren Gedankengängen teilhaben zu lassen. Niemand versteht mehr, worum es dem anderen wirklich geht, und jeder legt sich eine eigene Version zurecht, die meist überhaupt nicht mit jener des Partners/der Partnerin übereinstimmt.

Ein älteres Paar aus meinem Bekanntenkreis brachte es so weit, dass einzelne Reizworte genügten um einen heftigen Streit auszulösen. Keiner wartete mehr ab, was der Partner eigentlich sagen wollte. Kaum begann einer zu sprechen, meinte der andere zu wissen, was er/sie sagen wollte. Sofort lagen sich die beiden wieder in den Haaren. Selbst unparteiischen Zuhörern gelang es nicht mehr Aufklärung zu schaffen. Beide Partner fühlten sich vom anderen nur mehr gekränkt und missverstanden. Eine konstruktive Auseinandersetzung, bei der beide Partner ihre Position darlegen und gleichzeitig die Position des anderen verstehen lernen, ist in diesem Stadium nicht mehr möglich.

In ihrem Buch »Autonomie und Nähe« rät die Paartherapeutin Magie Scarf Paaren, die in so einem Teufelskreis gefangen sind, genaue Zeiten festzusetzen um über Themen zu sprechen, die derart negativ besetzt sind, dass ständig darüber gestritten wird.[2] Der Partner, der das Thema aufbringt, darf an einem Tag in der Woche eine Stunde lang darüber reden, was sie/ihn bedrückt. Der

andere Partner, der sich über das Thema ärgert, muss zuhören, ohne etwas zu sagen. Auch nachher darf das Thema nicht kommentiert oder diskutiert werden. In der restlichen Woche darf das Thema gar nicht angeschnitten werden. So ist der Partner, der nicht darüber sprechen möchte, geschützt, und der Partner, der sich etwas von der Seele reden möchte, hat dazu ungestört Gelegenheit, wenn auch nur einmal pro Woche eine Stunde lang.
Voraussetzung dafür ist, dass das Paar ernsthaft daran interessiert ist, seine Probleme gemeinsam zu meistern. Scarf berichtet von einem Ehepaar, das bei ihr Hilfe suchte, weil es ständig wegen der Beziehung des Mannes zu seiner Exfreundin in Streit geriet. Das Paar erklärte sich damit einverstanden, die von Scarf vorgeschlagene Therapiemethode zu versuchen. In einer vollen Stunde sprach die Ehefrau sich in der ersten Woche alles von der Seele, was sie bedrückte. Der Mann gab zu, dass er ganz überrascht war, was sie alles bedrückte, denn er hatte noch nie lange genug zugehört um alle Einzelheiten zu erfahren. In der zweiten Woche konnte die Frau kaum mehr eine ganze Stunde mit ihren Beschwerden füllen und in der dritten Woche vergaß sie bereits darauf.
Jedes Paar ist anders, nicht für jeden sind alle Methoden geeignet, doch eines verbindet sie alle: Werden Probleme nicht angegangen, versucht man nicht gemeinsam Unstimmigkeiten zu begegnen und sie auszuräumen, bleiben diese ungelöst. Irgendwo im Hinterkopf bleiben sie haften und tauchen in unpassenden Momenten wieder auf. Bei jeder kleinen Meinungsverschiedenheit, bei jeder noch so kleinen Unstimmigkeit ruft sich dieser ganze unverarbeitete Ballast wieder in Erinnerung und die Wellen der Emotionen schlagen höher als erwartet. Oft erschrickt man selbst darüber, wie heftig man bei relativ harmlosen Anlässen reagiert.
Das Zeitalter der Kommunikation hat daran nichts geändert. Im Gegenteil. Wir sprechen mit unserem Partner mehrmals täglich am Handy, bekommen ein Mail von ihr/ihm und glauben, wir hätten kommuniziert. Doch dazu war gar keine Zeit.
Und selbst wenn Zeit genug ist, bleiben ganz wesentliche Informationen für einen Gesprächspartner auf der Strecke. Denn unglücklicherweise unterbricht die moderne Telekommunikation

den Informationsfluss, der für eine gelungene Unterhaltung unerlässlich ist – die nonverbale Information fällt komplett weg, die feinen Nuancen der Stimmungsäußerung gehen vielfach unter. Gerade auf diesem Gebiet sind und waren Frauen immer Weltmeisterinnen. Ihr Talent, die nicht ausgesprochene Informationsebene in einem Gespräch wahrzunehmen und zu berücksichtigen, wird gerne als Intuition bezeichnet – als wäre es mystisch oder gar paranormal. Dabei ist das eine Leistung mit solider biologischer Basis. Frauen und Mädchen verfügen über bessere Geruchs-, Geschmacks-, Tast-, visuelle und akustische Wahrnehmung als Männer und Jungen, das haben unzählige Tests und Studien einwandfrei ergeben.[3] Manche dieser Fähigkeiten schwanken sogar mit dem monatlichen Anstieg und Fall des Östrogenspiegels. Um die Zyklusmitte, wenn Frauen am meisten Östrogen im Blut haben, sind sie etwa bei allen sprachlichen Tests am besten.[4] Aber selbst kurz nach der Menstruation, wenn der Östrogenspiegel am niedrigsten ist, schneiden sie im Durchschnitt immer noch besser ab als Männer. Möglicherweise deshalb, weil Frauen über Jahrmillionen danach ausgelesen wurden, aufmerksam und sensibel auf die Bedürfnisse von hilflosen Kleinkindern zu reagieren.

Es ist die Gabe, auf die kleinsten Gefühlsregungen ihrer Mitmenschen einzugehen, ohne dass sich diese ein Schild umhängen oder es laut hinausposaunen müssen: »Ich bin deprimiert, brauche Aufmunterung, Anerkennung, fühle mich einsam, verlassen oder einfach nicht wohl in meiner Haut.« Frauen merken sofort, wenn ihr Gegenüber »unrund« ist, unruhig auf dem Stuhl hin und her wetzt, angespannt, ängstlich oder niedergeschlagen ist. Während Männer sich noch wundern oder allmählich ärgerlich werden, warum kein Schwung in die Unterhaltung kommt, haben Frauen längst die richtigen Worte oder Gesten gefunden, um die Situation zu entkrampfen.

Während diese Qualität im Umgang miteinander durch Telefone oder Computer im World Wide Web oder im Äther verhallt, sind große Firmen, sensibilisiert durch modernes Kommunikationstraining und Rhetorikseminare, dabei, genau diese intuitiven Fähigkeiten in ihrer Führungsebene auszubauen. Der renommierte Zukunftsforscher Matthias Horx hat diesen Trend aus eigener Er-

fahrung bestätigt.[5] Er selbst macht keine Beratungen mehr, ohne sich selbst vor Ort ein Bild von den Arbeitskräften und der Firmenstruktur zu machen. Das heißt, die jüngsten Anforderungen an die Kommunikation sind im Grunde genommen nichts anderes als eine Wiederbelebung der ältesten – um nicht zu sagen menschlichsten – Bedürfnisse. Und es ist, als hätten die Frauen den Schlüssel dazu in der Hand.
Diese Eigenschaft, nennen wir sie ruhig Intuition, befähigt sie nicht nur in ihrer Partnerschaft für mehr Harmonie zu sorgen, sondern verbessert auch das Gesprächsklima und die Qualität des Umgangs in einem größeren Verband, etwa einem Unternehmen. Deshalb wird die weibliche Art, zu kommunizieren, von Headhunting-Firmen und Personalchefs immer mehr forciert. Denn die weibliche Gesprächskultur verliert nie ganz die emotionale Ebene, während die männliche Derartiges vermeidet. Allerdings stellt sich heraus, dass Menschen bessere Leistungen erbringen, wenn man sie als Menschen wahrnimmt und ihre Gefühle mitberücksichtigt. Verschiedene Studien haben die unterschiedlichen Führungsstile von Frauen und Männern untersucht und erstaunliche Unterschiede festgestellt.[6] Männer bedienen sich überwiegend der Transactional Leadership. Der Begriff kommt daher, dass männliche Vorgesetzte ihren Job als eine endlose Kette von Transaktionen zwischen sich selbst und ihren Untergebenen betrachten – sie erteilen Anerkennung für erbrachte Leistungen und Tadel für mangelhaft ausgeführte Aufträge. Frauen hingegen leiten die Geschäfte mit dem Glacéhandschuh der so genannten Transformational Leadership. Weibliche Chefs versuchen häufig, die Interessen ihrer MitarbeiterInnen in die Interessen der Firma, des Unternehmens, des Konzerns zu verwandeln, also zu transformieren. Sie versuchen ihre Leute auf der persönlichen Ebene zu motivieren, geben ihnen das Gefühl, wichtig zu sein, und sind dafür bereit, Macht zu teilen. Mit dieser Abkehr vom althergebrachten autoritären Führungsstil erreichen sie eher, dass sich MitarbeiterInnen mit einem Unternehmen identifizieren und alles für es tun.
Genau die Eigenschaften, die Frauen so lange Zeit beruflich zum Verhängnis wurden, sind jetzt am meisten gefragt. Eine weitere Studie hat dieses Phänomen untersucht und eindrucksvoll auf den

Punkt gebracht. Frauen und Männer verwenden Sprache unterschiedlich, sie fassen Worte, Formulierungen und Gesten unterschiedlich auf – im Beruf ebenso wie privat.[7] Frauen verwenden generell häufiger den Konjunktiv, also die Möglichkeitsform. Sie tun das meistens aus Freundlichkeit, um ihrem Gegenüber nicht das Gefühl zu geben, überfahren zu werden oder unwichtig zu sein. Damit geben sie ihrem Gesprächspartner die Chance, ohne Gesichtsverlust seine eigene Meinung kundzutun, eine andere Position einzubringen und zu argumentieren, ohne gleich auf Konfrontationskurs gehen zu müssen. Ein kleines »wäre«, »könnte« oder »sollte« wirkt ermutigend auf das Gegenüber. Männer neigen allerdings dazu, das hat die vorhin erwähnte Studie ergeben, diese Form der Höflichkeit als Schwäche auszulegen. »Sie weiß offenbar nicht, wovon sie redet«, »Sie ist sich ihrer Sache wohl nicht ganz sicher«, denken sich viele. Die befragten Männer gaben an, dass Frauen, die häufig den Konjunktiv verwenden, auf sie inkompetent und unsicher wirken. (Amüsantes Detail am Rande: Je unsicherer und inkompetenter Männer eine Frau empfinden, desto attraktiver wirkt sie auf sie. Eine Kollegin, die forsch und männlich auftritt, wird zwar als kompetent empfunden, aber nicht als attraktiv.)

Kommt uns das nicht irgendwie bekannt vor? Sind die viel gesuchten Managementqualitäten der Neuzeit nicht genau die Eigenschaften, die auch eine Partnerschaft am Leben erhalten? Frauen sind ja auch privat die Unternehmerinnen in der Firma ihrer Beziehung. Sie geben ihrem Partner das Gefühl, wichtig zu sein, gebraucht zu werden, versuchen seine Interessen mit denen der »Firma« gleichzuschalten. Sie sind bereit, Macht zu teilen und die Leistungen anderer anzuerkennen. Sie erheben keine absoluten Ansprüche und geben letztendlich doch den Ton an – ohne ihrem »Mitarbeiter« das Gefühl zu geben, ein Untergebener zu sein.

Aber wenn nicht gerade die internationalen Führungskräfte-Headhunter nach mehr weiblichen Eigenschaften im gehobenen Management krähen, bleiben diese weiblichen Verdienste um die Partnerschaft vielfach unbemerkt oder werden genauso tragisch missverstanden wie am Arbeitsplatz.

Denn die erhöhte Sensibilität von Frauen für die Empfindungen ihrer Mitmenschen prädestiniert sie auch dazu, ihre Probleme verbal, das heißt im Gespräch, zu bewältigen. Frauen reden sich ihre Sorgen von der Seele. Männer nicht. Das ist ein echtes Manko, das zu beheben wäre. Wie gesagt, die Kommunikation ist eines der tragenden Elemente einer Beziehung. Ein Paar, das sich nichts mehr zu sagen hat oder nicht mehr miteinander spricht, ist entweder unglücklich oder wird nicht mehr lange eines sein. Deshalb ist die Beharrlichkeit, mit der Frauen ihre mundfaulen Männer zum Gespräch herausfordern, nicht nur bewundernswert, sondern für eine funktionierende Partnerschaft unerlässlich. Aber auch bei kommunikationsbereiten Paaren kommt es oft zu geschlechtsspezifischen Missverständnissen, die wiederum nicht so schwer wiegen, wenn man weiß, woher sie kommen.[8]

Frauen hilft es, wenn sie über ihre Probleme reden können, damit jemand anderer die Möglichkeit bekommt, sich in ihre Situation einzufühlen. Sie geben und erwarten auch keine Ratschläge und Stellungnahmen. Auch ihr Partner soll anhören, was ihnen auf der Seele brennt, um zu verstehen, wie ihr Tag gelaufen ist. Denn nur so kann er nachvollziehen, in welchem Gemütszustand sie sich befindet – eine nicht unwesentliche Information, wenn sich zwei Menschen nach einem ganzen Tag, den sie getrennt voneinander verbracht haben, wieder sehen. Männer hingegen fühlen sich dann aufgerufen ihre Partnerinnen zu belehren, Tipps zu geben, wie sie es das nächste Mal besser machen können. Denn Männer sprechen, um Erfahrungswerte auszutauschen. Im Gegensatz zu Frauen erwarten sie von ihrem Zuhörer Rat und Tat. Erzählt eine Frau ihrem Partner, dass sie Stress hatte, weil der Briefträger genau in dem Moment an der Türe geklingelt hat, als das Baby nach ein paar Stunden Gebrüll endlich am Einschlafen war, sagt er dazu nur: »Warum hast du die Glocke nicht einfach ausgeschaltet?« Sie fühlt sich unverstanden, denn sie wollte nicht belehrt werden. Sie wollte ihm nur zu verstehen geben, warum sie abgespannt und ausgelaugt ist, und sie hat sich Mitgefühl oder zumindest Verständnis erwartet. Er fühlt sich zurückgestoßen, weil sein »guter Rat« nicht mit entsprechender Begeisterung aufgenommen wurde.[9]

Männer entspannen sich besser, wenn sie sich ablenken. Mit einem kühlen Getränk vor dem Fernsehen können das viele am besten. Frauen empfinden das oft als Ablehnung ihrer Person. Der Partner lässt sie nicht an seinen alltäglichen Sorgen und Erlebnissen teilhaben.

Hier kann es nicht schaden, wenn Frauen und Männer darüber Bescheid wissen, wie das andere Geschlecht gestrickt ist. Man kann sich viel Leid und Streiterei ersparen, wenn man weiß, dass Männer und Frauen Sprache verschieden verwenden, dass sie mit Emotionen unterschiedlich umgehen und an Problemlösungen mit ganz unterschiedlichen Methoden herangehen. Keiner ist dabei dem anderen über- oder unterlegen. Beide kommen ans Ziel, aber jeder auf seine Weise. Kennt man die Stolpersteine, kann man ihnen ausweichen und in der Partnerschaft Freiräume schaffen, die jedem der beiden gerecht werden.

Wichtig dabei ist, dass jeder Partner zunächst für sich selbst erkennt, was für ihn oder sie wichtig ist. Ärgere ich mich wirklich über die herumliegenden Wäschestücke oder fühle ich mich deshalb nicht wohl, weil meine Bedürfnisse nach etwas Freiraum zu kurz kommen? Kränke ich mich wirklich darüber, dass die Kinder mich nicht begrüßen, wenn ich nach Hause komme, weil sie lieber fernsehen, oder bin ich nur niedergeschlagen, weil mein Chef meine Arbeit vor den Kollegen heruntergemacht hat? Wer mit der Analyse bei sich selbst beginnt, gewinnt einen großen Vorsprung, denn alle Probleme, die ich für mich selbst klären kann, werden nicht auf den Partner projiziert. Kein Partner kann eine drohende Kündigung abwenden. Aus Angst davor, stellvertretend über Belanglosigkeiten zu streiten, überträgt man das Unbehangen nur aus dem Büro in die Partnerschaft. Ist man sich bewusst, wovor man sich fürchtet, kann man dafür vom Partner Verständnis erwarten, wenn man mit ihr/ihm darüber spricht. Kein Partner kann erraten, dass man sich danach sehnt, auch einmal wieder über den Windelhorizont aufzutauchen, wenn man sich darüber selbst nicht im Klaren ist.

Stress –

der leise Killer

Was lauern auf eine glückliche Beziehung nicht alles für Gefahren! Und das gemeinerweise dort, wo man sie am allerwenigsten vermuten würde – wo wir uns im Reservat unserer zivilisatorischen Errungenschaften besonders gut und sicher aufgehoben fühlen. In der Welt der modernen Telekommunikation beispielsweise, die dafür sorgt, dass Informationen zwar den Besitzer wechseln, auf die Gefühlswelt der Beteiligten aber nicht die geringste Rücksicht nimmt. Oder im Konsum, dem neuen Lieblingszeitvertreib unserer Spezies, der uns zu ewig unmündigen, quengelnden Kleinkindern erzieht und eine schwere Bürde für jede Partnerschaft darstellt, erst recht, wenn gleich zwei von dieser Sorte zusammenfinden. In der Ungleichbehandlung von Männern und Frauen im Beruf, die aus einem verliebten Paar erbitterte Rivalen machen kann. In den gemeinsamen Kindern, auf die ER sein gutes Recht, aber nur SIE die exklusive Pflicht hat. Dazu kommen die Evergreens der Beziehungskiste wie Eifersucht, Seitensprünge, böse Schwiegermütter, attraktive KonkurrentInnen und so weiter. Die Liste der Stolpersteine – wir haben sie ja schon einzeln ausführlich gewürdigt – ließe sich beliebig fortsetzen.
Aber der Beziehungskiller Nummer eins ist bis jetzt noch unerwähnt geblieben, war er doch früher keine nennenswerte Gefahr im Dschungel der Mann-Frau-Beziehung. Er hat sich nach und nach an die Spitze der Trennungsgründe geschoben, denn er ist ein Problem unserer Zeit – er kommt auf leisen Sohlen, ist diskret und unauffällig, weil er uns über die letzten Jahrzehnte allmählich zu einem treuen, selbstverständlichen Begleiter wurde: der Stress.
Führen wir uns doch nur für einen Moment vor Augen, wie wir

leben, wie ein typischer Tag im Dasein eines Homo sapiens westlichen Zuschnitts abläuft:
Rechtzeitig aufstehen, Kinder in die Schule bringen, adrett im Büro erscheinen, Termine nicht verschwitzen, auf Zack sein, Erlagscheine einzahlen – war ja schon die zweite Mahnung –, Parkplatz suchen, hupen, deuten, ärgern. Kleinen Parkschaden verursacht. Handy läutet. Der Chef braucht Auskunft. Die falschen Unterlagen mit. Schnell, schnell essen, Kostüm bekleckert, zu spät in die Sitzung, vom Chef vor den anderen niedergemacht worden, zu spät zum Hort gekommen, weinende Kinder aufgelesen. Jetzt rasch noch einkaufen, der Kleine plärrt, der Große schmollt – er muss aufs Klo. Gedränge im Supermarkt, ewig warten an der Kasse. Endlich im Auto. Am Heimweg Stau. Der Große macht in die Hose – und das im neuen Auto! Zu Hause hektisch kochen. Schwiegermutter ruft an – das auch noch –, bekrittelt Kindererziehung. Hört nicht auf zu reden. Das Handy läutet: Er ist dran und nörgelt, dass sie von zu Hause nicht so lange mit ihren Freundinnen telefonieren soll.
Was meinen Sie – ob das noch ein netter Abend wird?
Man muss kein Psychologe oder Stressforscher sein um vorherzusagen, wie sich ein solcher Tag fortsetzen wird. Er kommt nach Hause, mindestens ebenso geladen wie sie. Er wäre heute für eine Gehaltserhöhung dran gewesen. Bekommen hat sie ein anderer. Dann hat der Bankomat seine Karte geschluckt – mit dem Kommentar »Konto überzogen«. Außerdem hat er auf die Konzertkarten für den wichtigen Besuch aus Übersee vergessen. Und schließlich ist auch er im selben Stau wie sie festgesessen.
Zuhause treffen die beiden aufeinander. Die Stimmung ist explosiv. Ein harmloser Satz wie: »Die Konzertkarten für die Sowiesos hast du doch nicht vergessen?« Oder: »Warum sind denn die Kinder so verstört?« Und schon ist der wildeste Streit im Gange. Sie hat ihn seit Wochen gebeten die Karten zu besorgen. Jetzt ist die letzte Chance vertan. Er sagt, sie mit ihrem Halbtagsjob könne doch wenigstens die Kinder rechtzeitig vom Hort abholen. Schon hat die Diskussion die sachliche Ebene verlassen. Sie beginnen sich gegenseitig zu beleidigen. Einer bringt beim anderen das Fass zum Überlaufen. Und warum? Weil keiner von den beiden weiß,

was der andere tagsüber erlitten hat. Jeder hat mit seinem eigenen Stress zu kämpfen gehabt und sich an der Schulter des Partners Trost und Zuspruch erwartet. Doch vergebens. Jetzt hacken die beiden hemmungslos aufeinander herum.[1]

Wenn Szenen wie diese in Serie gehen, fallen Schatten der Zerrüttung auf eine vormals glückliche Beziehung. So eine Entwicklung vollzieht sich heimlich, still und leise und entfaltet, für das betroffene Paar fast unmerklich, seine zersetzende Wirkung. Der Schweizer Paarpsychologe Guy Bodenmann vergleicht diesen Vorgang mit Korrosion.[2] Der Rost nagt lange Zeit unbemerkt am Eisen des Beziehungskarrens, bis er eines Tages vollkommen durchgerostet zusammenbricht. Oft wissen die Betroffenen gar nicht, wie ihnen geschieht. Sie stellen einfach eines Morgens fest, dass sie mit dem Partner und ihrer Beziehung nicht mehr zufrieden sind, und können aber nur vage angeben, warum.

So kommt es, dass sich die am häufigsten genannten Scheidungsgründe wie Unzufriedenheit mit dem Partner, Kommunikationsschwierigkeiten, sexuelle Probleme und geringe emotionale Bindung relativ unpräzise anhören. Die Paar- und Familienpsychologin Annette Cina sieht darin auch nur ein Manifest der Unzufriedenheit, einen Entschluss zur Trennung, nicht aber die wahre Scheidungsursache. Ihrer Meinung nach ist Stress der primäre Grund für die Zerrüttung vieler Ehen. Und davon sind weit mehr Ehen betroffen, als letztendlich geschieden werden. Zu dem einen Drittel, das vor dem Scheidungsrichter endet, kommt ein weiteres Drittel, das trotz aller Unzufriedenheit zusammenbleibt – sozusagen im Unglück vereint, bis dass der Tod sie scheidet.

Fallen tatsächlich zwei Drittel aller Ehen dem Alltagsstress zum Opfer? Die Psychologen der Universität Freiburg halten das zumindest für möglich und haben sich deshalb der Erforschung verschiedener Stressarten und deren Auswirkungen auf die Partnerschaft verschrieben – mit interessanten und überraschenden Ergebnissen.

Stress hat man immer dann, wenn mehr Anforderungen an einen gestellt werden, als man bewältigen kann; Umstände, die uns Rädchen in der modernen Leistungsgesellschaft ja wohl vertraut sind. Ein klein wenig zu viel, das wissen wir aus Erfahrung, kann ein

Ansporn sein, über sich hinauszuwachsen. Das ist der positive Stress, auch »Eustress« genannt – der leichte Nervenkitzel, den wir sogar als stimulierend empfinden –, das Gegenteil von Langeweile und Routine. Der andere Stresstyp ist die Last, unter der man nur zusammenbrechen kann – der negative Stress, auch als »Distress« bekannt, der unmöglich zu bewältigen ist.[3] Diese Unterscheidung ist hinlänglich bekannt, für die Korrosion am Ehekarren allerdings weniger relevant als zwei andere, längst nicht so bekannte Stressarten.

Experten sprechen von Mikrostress und Makrostress.[4] Frei übersetzt: vom kleinen, nichtigen Stress und vom großen, existenzbedrohenden Stress. Früher gab es mehr von Letzterem. Ein schwer krankes Kind, das nicht behandelt werden konnte, eine Missernte, Hungersnöte, Unwetter oder Kriege. Unsere Vorfahren lernten mit diesen Unabwägbarkeiten zu leben – ohne wärmende Heizung, ohne Klimaanlage, Tiefkühltruhen, Krankenhäuser oder die Vereinten Nationen. Wir Kinder der modernen Zivilisation überlassen nichts mehr dem Zufall, wir haben es geschafft, große Risken und Bedrohungen für unsere Existenz auszuschalten. Deshalb bleibt unsereins heute weitgehend von großen Makrostressoren verschont. Und man muss darüber weiß Gott nicht traurig sein. Von Ersterem allerdings, dem Mikrostress, bekommen wir dafür umso mehr ab.

Gut, werden Sie jetzt sagen, ein bisschen Parkplatzsuchen, Handyläuten oder Terminstress hat noch keinen ins Grab gebracht. Doch wie es scheint, ist unsere Ausstattung dieser Art von Stress weit weniger gut gewachsen als den großen existenziellen Nöten. Immerhin mussten wir von Anbeginn an mit lebensbedrohenden Umständen fertig werden. Sie haben uns zum Gutteil zu dem gemacht, was wir heute sind. Der Mikrostress, die läutenden Telefone, der Straßenlärm, der Termindruck, sind ein relativ junges, sagen wir zivilisatorisches Problem. Er überfordert unsere natürliche Ausstattung, die mit allem Möglichen zurechtkommt, nur nicht damit. Dabei ist es nicht jeder dieser kleinen Stressoren für sich, der uns zu schaffen macht, sondern ihre Summe, die uns zusetzt. Längst weiß die Medizin, dass der Mikrostress Körper und Seele krank macht. Schlafstörungen, Depressionen, Herzinfarkt, ja sogar Krebs können die Folgen von zu viel Stress sein. Und was für das Individuum gilt, trifft natürlich auch auf die Gemeinschaft zweier Menschen zu. Da potenziert sich der Mikrostress auch noch in unglücklicher Weise, weil die Partner untertags getrennte Wege gehen und jeder sein eigenes Ränzlein voll unbewältigtem Ärger am Abend nach Hause bringt. Es ist deshalb kein Wunder, dass immer mehr Beziehungen unter die Räder des Alltagsstresses kommen.

Es ist interessant, dass gerade der Mikrostress den Paaren so zusetzt. Man möchte meinen, es gäbe wirklich Schlimmeres, was einem passieren kann – das ist auch richtig. Aber für Beziehungen ist der zivilisatorische Kleinstress der Ruin. Es ist paradox, dass Paare große existenzielle Nöte ungleich besser verarbeiten. Ja, mehr noch, Katastrophen oder schreckliche Erlebnisse schweißen ein Paar erst richtig fest zusammen. Dafür gibt es eine Erklärung: Makrostress wird als gemeinsame Bedrohung erlebt, als gemeinsame Prüfung, bei der sich die Betroffenen noch stärker als bisher aneinander klammern, sich aufeinander stützen. Er fördert das Wir-Gefühl wie kaum etwas anderes. Ein unvergessliches Ereignis der jüngeren Geschichte verdeutlicht das sehr eindrucksvoll.

Als am 11. September 2001 die beiden Türme des New Yorker World Trade Center vor den Augen der ganzen Welt in sich zusammenstürzten und Tausende Menschen mit in den Tod rissen, hätte niemand für möglich gehalten, dass dieser Albtraum auch nur irgendwelche positiven, lebensbejahenden Gefühle aufkommen lassen würde – ganz zu schweigen von einer Welle der Liebe und Zärtlichkeit. Aber bereits wenige Tage nach dem Anschlag druckte eine New Yorker Zeitung eine kleine, aber interessante Notiz. Eine Umfrage hatte ergeben, dass die Amerikaner unmittelbar nach der Katastrophe mehr Sex hatten.

Neun Monate später kam dann die eindrucksvolle Bestätigung: In der texanischen Zeitung »Fort Worth Star Telegram« stand am 20. Mai 2002 zu lesen, dass die Kliniken von Nordtexas 30 bis 50 % mehr Schwangerschaften als im vergangenen Jahr verzeichnet hätten. Ähnliche Zahlen meldeten auch die Bundesstaaten New York, Wisconsin und South Carolina. Der 11. September hat den USA einen außergewöhnlichen Babyboom beschert. Psycho-

logen kennen dieses Phänomen – es ist häufig nach Naturkatastrophen oder Kriegen zu beobachten – und stellten sofort einen Zusammenhang zwischen dem auffallenden Anstieg der Geburtenrate und dem Terroranschlag im Jahr zuvor her. Offenbar aktiviert diese Art von Stresserlebnis ein Notprogramm im Menschen, sich in Zeiten der Bedrängnis fortzupflanzen, um so wieder Sicherheit und Geborgenheit in sein Leben einziehen zu lassen.[5]
Ein Triumph des Lebens über feigen Terror und sinnlose Zerstörung, denkt man zuallererst erfreut. Auf den zweiten Blick offenbart sich allerdings, welchen ungemeinen körperlichen und seelischen Belastungen die Beziehung zwischen Frau und Mann standhält.
Wie kann es sein, dass ein so starkes Band, das derartigen Katastrophen trotzt, durch Mikrostress – eine Ansammlung erbärmlicher, kleiner Widrigkeiten, von denen jede für sich kaum der Rede wert ist – zermürbt und schließlich sogar zerstört werden kann, fragt man sich ungläubig. Es kann doch nicht sein, dass sich die meisten Paare trennen, weil sie vergessen Rechnungen zu bezahlen oder das Telefon zu oft läutet! So schlimm es klingt – es kann. Guy Bodenmann von der Universität Freiburg hat sich deshalb der Erforschung von Mikrostress und seiner verheerenden Wirkung auf Partnerschaften zum Ziel gemacht, um Paaren zu helfen, mit dieser unsichtbaren Gefahr fertig zu werden.
Aber wie untersucht man die Auswirkungen von Stress in einer kontrollierten Studiensituation? Guy Bodenmann hatte eine zündende, wenn auch ein wenig sadistische Idee. Er lud Paare zu einem Test ein, den er als »Intelligenztest für Paare« tarnte.[6] Damit war ihm der lodernde Ehrgeiz und der kompromisslose Einsatz seiner Testpersonen sicher, die sich unter höllischem Zeitdruck redlich abmühten, knifflige Wissensfragen zu beantworten. Vor jedem Durchgang durften sich die Partner Spezialgebiete aussuchen, in denen sie sich besonders sattelfest fühlten. Das Wissen der beiden sollte sich möglichst komplementär ergänzen, damit – so erklärten es die findigen Versuchsleiter – das Paar zu zweit möglichst viele Intelligenzpunkte sammeln könnte. In Wirklichkeit galt die Aufmerksamkeit der Psychologen nicht irgendwelchen richtigen oder falschen Antworten, sondern – bei schwieri-

ger werdenden Bedingungen – ausschließlich dem Umgang des Paares miteinander.
Das Stressexperiment verfehlte seine beabsichtigte Wirkung nicht: 96 % der Versuchspersonen reagierten deutlich genervt. Hinzu kam eine weitere vorgeschützte Schikane: Die Partner mussten sich gegenseitig ihre Antworten über eine komplizierte Gegensprechanlage mitteilen. Für falsche Bedienung gab es Strafpunkte. Nach dem dritten Fehler wurde das Experiment unter dem Vorwand abgebrochen, das Paar wäre unkonzentriert und nicht bei der Sache gewesen. Das Punkte-Ergebnis blieb dabei natürlich weit unter den Erwartungen der Paare. Die Versuchsleiter schoben nach dem Zufallsprinzip jeweils einem Partner die Schuld für den vorzeitigen Abbruch des »Intelligenztests« in die Schuhe.
Wie reagierten die Paare also auf diese bewusst herbeigeführte Stresssituation? Wie war es um das dyadische Coping, so heißt die partnerschaftliche Stressbewältigung im Psychologenjargon, bestellt?
Deutlich besser gingen jene Paare miteinander um, bei denen jeder für sich schon gute Coping- oder Bewältigungsstrategien einsetzte. Vor allem positive Umdeutung der misslichen Lage, nach dem Motto »ist doch nur halb so wild« oder »das nächste Mal geht's bestimmt besser«, und unverwüstlicher Humor erwiesen sich als Teflon für Stress. Als schlechte Ratgeber erwiesen sich Selbstvorwürfe oder Vorwürfe an den Partner.
Fast alle Paare wurden im Verlauf des Experiments in ihrer Kommunikation negativer. Es begann damit, dass sie sich selber oder den Partner kritisierten, gelegentlich auch den Versuchsleiter. Auch die negative paraverbale Kommunikation nahm zu – darunter versteht man die ganze Palette an nicht ausgesprochenem Missfallen wie einen gehässigen oder spöttischen Unterton, Kopfschütteln, Augenverdrehen, Seufzen. Besonders diese Art der negativen Kommunikation ist extrem destruktiv und zerstört letztendlich den Draht zwischen den zwei Eheleuten. Es waren vorwiegend diese nonverbalen Ausfälle, die eine Spirale der destruktiven Kommunikation in Gang setzten. Paare mit besonders schlechten Coping-Kompetenzen zankten am Schluss nur noch miteinander, beschuldigten sich gegenseitig oder den Versuchslei-

ter, ohne in der Sache selbst, ihrem gemeinsamen »Intelligenztest«, weiterzukommen. Was lernen wir daraus?
Wer unter welchem Druck auch immer sich selbst oder seinen Partner zerfleischt, bleibt auf seinem Problem sitzen. Das Problem lösen oder seine Ursachen beseitigen heißt daher die Devise – möglichst mit kühlem Kopf. Der Trick bei der Stressbewältigung ist, ihn als Paar, also dyadisch, zu bewältigen. Nur wenn sich beide gleichermaßen von einer schwierigen Situation betroffen fühlen, ziehen sie an einem Strang. Paare, die wie eine Frau/ein Mann agieren, haben auf die Dauer eine Chance im Kampf gegen widrige Umstände. Dieser richtige Umgang miteinander will gelernt sein.
Wie sieht nun aber der Ehealltag unter Stress aus – fernab vom zeitlich begrenzten, künstlich induzierten Laborstress? Nützen die genannten Richtlinien auch in der freien Wildbahn der Beziehungspraxis? Bodenmann und sein Team haben eine bislang einzigartige Langzeitstudie über Paare unter Stress in Angriff genommen und herausgefunden, dass die Qualität der gemeinsamen Stressbewältigung ein Indikator dafür ist, wie lange eine Beziehung hält.
Paare, die besonders viel Stress ausgesetzt sind und im Coping nicht besonders geschickt agieren, haben – wenig überraschend – die schlechtesten Karten. Sie neigen dazu, sich voneinander abzukapseln, zu mauern, das heißt das Gespräch zu verweigern und sich zu entfremden. Wenn ein Paar einmal nicht mehr miteinander spricht und bei jeder Gelegenheit streitet, ist es bereits fünf vor zwölf.
Bei ihren Versuchspaaren gelang den Psychologen mit 85 % Genauigkeit vorherzusagen, welches Paar sich innerhalb der nächsten fünf Jahre trennen würde.[7] Was ging bei ihnen schief, fragt man sich? Und wie kann man seine eigene Partnerschaft vor den Mühlen des Alltags bewahren?
Wichtig ist, vorerst einmal alles zu tun, was man selbst zur Stresseindämmung tun kann, raten die Psychologen: Besser planen erspart einem viel unnötige Belastung, die eigenen Ansprüche herunterschrauben, sich nicht mit ehrgeizig gesteckten Zielen selbst unter Druck setzen, Aufbau von hedonistischen Tätigkeiten, will

heißen, sich ab und zu was Gutes tun, darauf achten, dass einem die Selbstliebe nicht abhanden kommt, Gefühlsklärung und -beruhigung und schließlich Lösungssuche und Umbewertung, indem man etwas nicht so wichtig nimmt, was einen auf die Palme bringt. Erst dann soll der Partner eingeweiht und um Hilfe gebeten werden.

Da beginnen bei vielen schon die ersten Schwierigkeiten: Manche wollen sich nicht gerne helfen lassen – vor allem Männer. Sie glauben etwas von ihrer Männlichkeit einzubüßen, wenn sie ihre Frau in ein Problem einweihen und sie um Unterstützung bitten. All jenen sei gesagt: Es hilft und es ist nicht unmännlich! Eine andere typisch männliche Eigenschaft, die im Umgang mit Stress wenig hilfreich ist, ist das Nichterkennen von Stress bei der Partnerin. Und genau hier tut sich eine große Schere zwischen den beiden Geschlechtern auf, die üblicherweise ein partnerschaftliches Gespann abgeben. Die männliche Wahrnehmung ist in dem Maße für den Stress, den Frauen empfinden, unempfindlich, in dem die weibliche für den Stress anderer Menschen hypersensibel ist. Frauen merken sofort, wenn jemand anderer etwas auf dem Herzen hat, erst recht wenn es ihr eigener Partner oder ihre Kinder sind.

Es ist viel darüber diskutiert und geforscht worden, ob Frauen oder Männer besser mit Stress umgehen können, ohne jemals auf einen grünen Zweig zu kommen. Aber eines ist sicher: Frauen bekommen mehr Stress ab als Männer. Während Männer angeben, dass sie hauptsächlich durch berufliche Schwierigkeiten unter Druck gesetzt werden, liegt die Hauptstressquelle für Frauen ganz woanders. Überraschenderweise geben Frauen an, am meisten unter dem Stress ihrer Männer zu leiden! Als ob die Doppelbelastung von Beruf und Familie ein Klacks wäre – nein, der eigene Mann treibt die Frauen erst richtig zur Verzweiflung.[8]

Für dieses Kuriosum gibt es natürlich eine logische Erklärung. Frauen, das hat ja unsere eigene Studie ergeben, fühlen sich für das Glück der ganzen Gemeinschaft, ob sie nun aus einer Frau und einem Mann oder einem Paar und mehreren Kindern besteht, verantwortlich. Frauen identifizieren sich in einem hohen Maße mit ihrer Partnerschaft. Sie *sind* die Partnerschaft. Und wenn einer ihrer Lieben, und zu denen gehört nun einmal der Mann, bekümmert, unzufrieden oder unleidlich ist, bekommt sie das wie am eigenen Leib zu spüren. Frauen sind nun einmal die Architektinnen der Beziehung, und wenn die Konstruktion unter der Bürde der täglichen Widrigkeiten ächzt, fühlt sie sich verantwortlich und dazu berufen, etwas dagegen zu unternehmen. Wenn man aufmerksam zuhört, kann man genau das im Gespräch mit Frauen aus vielen kleinen, dahingeplauderten Nebensätzen heraushören. Es geht ihr momentan nicht so gut, weil ihr Mann Sorgen hat, die Kinder unglücklich sind und so weiter. Frauen empfinden ihre Lieben als Verlängerung ihrer selbst und nicht als separate Individuen. Einem Mann geht es in erster Linie nicht gut, wenn es ihm nicht gut geht – die Familie kommt, wenn überhaupt, erst an zweiter Stelle.

Und es kommt noch ein Unterschied dazu, den wir bereits in der Kommunikation erwähnt haben: Männer und Frauen haben ein unterschiedliches Gesprächsbedürfnis, was besonders dann für Sand im Getriebe sorgt, wenn die beiden Stress zu bewältigen haben. Frauen hilft es, wenn sie darüber reden können, Männer wollen ganz in Terminator-Manier Taten sprechen lassen. Deshalb sind Männer im sozialen Bereich so schlechte Bewältiger – denn das ist schwieriges Terrain für Actionhelden; mit anderen Worten: Es ist unmöglich, ohne Gespräche auszukommen. Im gesamten Bereich der verbalen Beziehungsarbeit, und die ist beträchtlich, tragen viele Frauen die doppelte Last. Mehr noch: Zuerst müssen sie einmal erkennen, warum der »Alte« schlechte Laune hat, und ihn darauf ansprechen. Dann kommt erst die richtige Schwerarbeit. Sie muss ihn dazu bringen, zu sagen, was ihm widerfahren ist. Sie muss ihn gegen seinen Willen überzeugen, dass es ihm helfen wird, mit ihr darüber zu sprechen. Oft wird die viele Mühe damit gelohnt, dass er nur seinen Frust bei ihr ablädt und sich dafür an ihr abreagiert. Leider neigen Männer eher als Frauen zu sozialer Unverträglichkeit in der Beziehung. Wenn also jemand grob kommt, dann meistens er.

Diese beträchtliche Schräglage bei der Stressbewältigung hat dazu geführt, dass Frauen in Interviews über ihre Lebensqualität angeben, mehr Stress zu empfinden als Männer. Diese Tatsache lässt sich sogar in den Gesundheitsstatistiken nachvollziehen. Verheiratete Männer leiden weniger häufig an stressinduzierten Krankheiten wie Herzinfarkt oder Depression als ihre nicht beweibten Mitmänner. Eine Unterscheidung, die zwischen verheirateten und unverheirateten Frauen nicht existiert.[9] Das kann keinen Menschen wundern, der weiß, was Frauen leisten. Beruf, Kinder und Haushalt sind längst nicht alles, was Frauen bewältigen müssen. Sie fühlen sich, wie gesagt, auch für das Wohl ihrer Lieben verantwortlich – für die abhängigen Kinder, die kranke Nachbarin oder die bettlägerige Oma. Und sie leiden mehr unter Disharmonie in ihrer Beziehung, weil sie die Chefinnen dieses Glücks sind und nicht die Angestellten.

An diesem Ungleichgewicht gilt es zu arbeiten. Die Freiburger Familienpsychologen glauben aber, dass dies eine Aufgabe für kommende Generationen sein wird. Wenn Buben von klein auf dazu erzogen werden, ihre Probleme auszudrücken und zu besprechen, werden sie später keine so große Bürde für eine Beziehung sein. Mädchen hingegen kann man nicht früh genug zur Selbstsicherheit und Selbstliebe erziehen, denn wenn es Frauen an etwas mangelt, dann daran. Sie neigen dazu, sich allein die Schuld zu geben, wenn der Stress seinen Tribut von einer Beziehung fordert.

Die gute Nachricht an dieser Stelle: Coping-Kompetenzen sind erlernbar. Und deshalb bietet Guy Bodenmann am Freiburger Institut für Familienforschung Stress-Bewältigungs-Kurse für Paare an.[10] Als eine Art Nahkampftraining für Heiratswillige, aber auch als Unterstützung für in die Jahre gekommene Langzeitpaare. In mehrwöchigen Abendkursen lernen die Partner gemeinsam auf Stresssituationen und Unvorhergesehenes zu reagieren.

Für junge Paare ist das besonders wichtig. Denn wann beschließen die meisten Paare sich zu trennen? Genau, in der schönsten Zeit des Jahres – im Urlaub, wobei sich der erste gemeinsame Urlaub meistens als der gefährlichste erweist.

Nicht nur, weil der weltgewandte Kavalier plötzlich die Maske fallen lässt und sich in einen egoistischen, menschenverachtenden Imperialisten oder in einen kleinlichen, pedantischen Spießer verwandelt, dem nichts recht zu machen ist. Der erste Urlaub ist eine harte Bewährungsprobe für eine junge Partnerschaft, aber ein idealer Probegalopp für eine dauerhafte Bindung. Er enthält einiges von dem, was später auf ein Paar zukommen wird, in konzentrierter Form. Die gemeinsame Unterbringung, das gemeinsame Budget und jede Menge Überraschungen. Ein kleiner Unfall, ein leichtes Unbehagen, eine entwendete Brieftasche. Behält der Partner seinen Humor, auch wenn das Quartier enttäuschend, das Meer schmutzig ist oder Montezumas Rache ihn tagelang ans stille Örtchen fesselt?

Alles eine Frage des Trainings, lässt Guy Bodenmann die Hoffnung für die Paarbeziehung wieder aufleben. Sein »Freiburger Stresspräventionstraining für Paare« hat sich als der Renner entpuppt. Nicht nur erfreut sich der Kurs einer steigenden Auslastung, er scheint tatsächlich die Beziehungsqualität zu verbessern. Ein halbes Jahr nach dem Training gaben 74 % der Teilnehmer an, eine glücklichere Beziehung zu führen, 92 % meinten, ihre Gesprächskultur hätte sich verbessert, und 82 % konnten sich gemeinsam über geschickteren Umgang mit Stress freuen. Wenn das kein Silberstreif am Horizont ist!

Ein kleines, aber nicht unwesentliches Detail sollte an dieser Stelle jedoch nicht unerwähnt bleiben. Die Initiative, überhaupt an dem Stresspräventionstraining teilzunehmen, ging fast ausschließlich – Sie ahnen es bestimmt schon – von den Frauen aus.

Utopia –
ein Ausblick in die Zukunft

Die Zeit, in der wir leben, birgt so viele Gefahren und Stolpersteine für die Partnerschaft, dass man sich wundert, dass es überhaupt noch funktionierende Paarbeziehungen gibt. Unreife Persönlichkeiten, gehirngewaschen von Medien und Werbung, sind wir dem Konsumrausch, der Unterhaltungs- und Freizeitindustrie ergeben. Wir träumen von einem Partner mit größtmöglichem Marktwert. Gelingt es unter diesen Voraussetzungen, eine Beziehung aufzubauen, wird das Ganze lediglich durch starke Emotionen, die uns an den Rand des Wahnsinns treiben, zusammengehalten. Behindert durch Entgleisungen in unserer Individualentwicklung ist das Gelingen unserer Partnerschaft täglich von hohen Dosen Mikrostress bedroht. Wir fühlen uns durch moderne Kommunikationsmethoden verbunden und bemerken nicht, was für eine zersetzende Wirkung sie in Wirklichkeit haben. Wie die Lemminge folgen wir gedankenlos dem allgemeinen Trend. Die Scheidungsspirale reißt alles mit sich. Selbst ehemals eherne Bollwerke wie die Liebe drohen vom Zeitgeist unterwandert zu werden. Wie soll das gut gehen?

Was wird aus der modernen Paarbeziehung? Wird sie als Keimzelle der Liebe und Geborgenheit fortbestehen, als Fundament der Familie und als elementarer Bestandteil des sozialen Zusammenhalts in der Gesellschaft? Oder wird sie von neuen Formen des Zusammenlebens abgelöst werden? Wird sie zugunsten von lockeren sexuellen Beziehungen in den Hintergrund gedrängt werden?

Kann Sex ohne Liebe und Bindung auf Dauer glücklich machen? Der Schriftsteller Wolf Wondratschek pries in seinen Gedichten die Vorzüge der bekannten Hamburger Prostituierten Domenica

Niehoff.[1] In einer Talkshow saßen die beiden einander gegenüber. Der Dichter war voller Bewunderung und Zuneigung, die Prostituierte hingegen konnte ihre tiefe Verachtung und Geringschätzung kaum verbergen. Was für ein tragisches Missverständnis!
Frauen haben es immer schon viel besser als Männer verstanden, wie notwendig emotionales Engagement für die Beziehung zwischen zwei Menschen ist. Sie haben von Natur aus das Rüstzeug mitbekommen, um Partnerschaften aufzubauen und Beziehungen lebenswert zu machen. Sie wissen, aus welchem Material die stärksten Bande zwischen zwei Menschen gewebt werden. Aus diesem Grund werden rein sexuelle Beziehungen immer hinter der echten Paarbeziehung anstehen.
Außerdem kann die partnerschaftliche Beziehung zwischen Mann und Frau bereits auf eine sehr lange Erfolgsgeschichte zurückblicken. Die Paarbindung ist viele Millionen Jahre alt. Die Menschheit ist erst seit 10 000 Jahren sesshaft. Die moderne, technologisierte Gesellschaft samt all ihren Stolpersteinen und Fallstricken ist sogar nur etwa fünfzig Jahre jung. Lassen wir in einem Gedankenexperiment die Partnerschaft zwischen Mann und Frau fünf Millionen Jahre alt sein, vielleicht ist sie sogar älter. Nehmen wir an, diese fünf Millionen Jahre entsprächen einem Tag (24 Stunden). Die Menschen hätten dann erst vor knappen drei Minuten begonnen sesshaft zu werden. Die letzten fünfzig Jahre Technologiezeitalter wären in unserem gedachten Tag nicht einmal eine Sekunde alt.
Die Trägheit der Evolution, die so oft beklagt wird, weil sie uns nicht erlaubt, schnell genug mit unseren technischen Errungenschaften mitzuhalten, kommt uns hier zugute. Die Mühlen der Evolution mahlen aus gutem Grunde langsam. Umweltbedingungen verändern sich über Nacht, einmal ist diese, einmal jene Eigenschaft von Vorteil. Was sind schon Bruchteile von Sekunden verglichen mit den Erfahrungen eines langen Tages? Die Anforderungen des Informationszeitalters werden nicht lang genug andauern, um einen Effekt auf die Paarungsstrategie unserer Art zu haben.
Unser Bedürfnis nach Geborgenheit in einer Zweierbeziehung wird zwar durch andere Formen der Beziehung nicht leicht abzu-

lösen sein, dennoch sind einige Veränderungen zu erwarten. Je liberaler die Gesellschaft wird, desto eher werden neue Formen des Zusammenlebens entstehen. Neben der Paarbeziehung fürs Leben werden auch lockere Formen des Zusammenlebens akzeptiert sein. »Lebensabschnittspartner« ist das neue Modewort, das nichts weiter besagt, als dass man damit rechnet, sich nicht für die Ewigkeit zu binden. Viele ledige und geschiedene allein lebende Männer und Frauen werden den Partnermarkt bereichern. Manche Frauen werden ganz auf Partner verzichten und dennoch Kinder bekommen.

Frauen werden immer mehr Rechte erhalten und den Männern gleichgestellt werden – im öffentlichen Leben, aber auch in der Beziehung. Das ist ein großes Glück, denn damit wird die Partnerschaft in der modernen Gesellschaft langsam wieder ihrem Namen gerecht. Nur gleichgestellte Individuen können eine befriedigende Zweierbeziehung miteinander eingehen, wie Mutter Natur sie uns ursprünglich zugedacht hatte. In einer egalitären Gesellschaft, in der Männer und Frauen dieselben Rechte und Chancen haben, können Frauen ihre Talente wieder unter Beweis stellen. Gerade wenn Frauen ihr Licht nicht mehr unter den Scheffel stellen müssen, werden sie in der Lage sein, ihre Partnerschaften zu pflegen, zum Wohle der Menschen, die sich ihnen anvertrauen, und letztlich auch zum Wohle der Gesellschaft.

Den Männern wird in Zukunft einiges abverlangt werden. Sie werden lernen müssen zu gleichwertigen Partnern heranzureifen, indem sie einerseits die neuen Rollenbilder der Frau akzeptieren und andererseits die weibliche Seite ihrer Psyche entdecken, mit allen ihnen daraus erwachsenden Chancen.

Das Patriarchat ist tot – zumindest in den Industrieländern – und es kann nicht mehr lange dauern, bis auch die restliche Welt davon befreit ist. Der Fisch beginnt am Kopf zu stinken. Das Patriarchat hat es im Abendland zuerst ereilt. Viel wird davon abhängen, ob eine neue Rolle für den Mann gefunden werden kann. Eine Rolle, die sein Bedürfnis befriedigt, sich mit Geschlechtsgenossen auf sozial verträgliche Weise zu messen, die ihm die Möglichkeit gibt, ein Gefühl von Bedeutung oder sogar Dominanz zu bekommen, ohne dass andere darunter zu leiden oder dafür zu büßen

haben – eine Rolle, die es ihm ermöglicht, Zugang zu seinen Gefühlen zu finden, ohne dafür abgelehnt zu werden.
Die Konkurrenz zwischen den Geschlechtern im Berufsleben wird größer werden und das wird sich nachhaltig auf die Beziehung auswirken. Männer und Frauen sind beide an Geld und Macht interessiert. Sind die Ressourcen gleich verteilt, werden sich Frauen kurze sexuelle Abenteuer gönnen – genauso wie Männer. Können Frauen allein oder mit Hilfe von Vater Staat ihre Kinder großziehen, werden sie diese Gelegenheit wahrnehmen, vor allem dann, wenn eine Partnerschaft zu beschwerlich wird. Frauen, die beschließen allein zu leben, werden ganz andere Anforderungen bei der Wahl ihres Geschlechtspartners haben als Frauen, die einen Partner suchen, mit dem sie ihr Leben teilen wollen. Viele werden daher beim Partner in Zukunft auch auf das Äußere Wert legen, genauso wie Männer das bei Frauen immer schon getan haben. Der Mann der Zukunft wird daher wahrscheinlich mehr Wert auf ein gepflegtes Äußeres legen müssen. Die Kosmetikindustrie scharrt bereits in den Startlöchern für diesen neuen Markt.[2]
Mit Sicherheit wird er der Frau auch weiterhin körperlich immer ähnlicher werden, denn der Trend zur Verkindlichung ist längst noch nicht abgeschlossen. Sein jungenhaftes Äußeres, gepaart mit einem niedrigeren Testosteronspiegel wird ihm helfen Verlässlichkeit auszustrahlen. Wenn Frauen keinen Wert mehr auf Rang und Namen legen, weil sie sich selbst versorgen können, werden Männer herkömmliche Statussymbole fallen lassen wie heiße Kartoffeln. Neue Wertvorstellungen werden sich entwickeln, die dann in der Männerhierarchie einige Umgruppierung nach sich ziehen wird.
Vielleicht wird der eine oder andere Mann eine Versorgerin suchen. Es ist leicht möglich, dass Männer sich dann auch gezwungen sehen unterschiedlichere Strategien an den Tag zu legen. Der Kindmann etwa könnte sich bemühen Mutterinstinkte bei seiner Frau zu wecken, um als etwas zu groß geratener Junge mitversorgt zu werden. Ähnlich wie unsere Hauskatze, die auch nie wirklich erwachsen wird, als Anpassung an ihre lebenslangen Versorger.[3] Oder der einfühlsame, esoterisch angehauchte Schönling könnte bescheiden auf seine Entdeckung durch eine starke dominante Frau warten.

Der Macho wird wahrscheinlich nie ganz aussterben. Doch wird es immer weniger Frauen geben, die ihn mit nach Hause nehmen. Für ein rasches Abenteuer wird er aber immer gut sein. Im schlimmsten Fall kann er noch als Klient einer Samenbank sein Erbgut unters Volk bringen.

Werden Frauen dann den Spieß umdrehen? Werden auch sie beginnen verächtlich über Männer zu reden? Werden sie auf Rammlerjagd gehen, werden Männer in Fallen gelockt, zur Strecke gebracht, abgezockt und weggeworfen werden? Wie werden die Männer reagieren? Werden sie ihr Gefühlsleben entdecken und sich benutzt und zum Objekt degradiert fühlen? Werden sie gegen die Vermarktung ihrer Sexualität über Samenbanken und »Wer will mich?«-Sendungen protestieren und ihr Recht einfordern, als menschliche Wesen wahrgenommen zu werden? Oder wird es eine männliche Emanzipationsbewegung geben, die schon lange überfällig ist?

Werden Männer sich endlich dagegen zur Wehr setzen, als hypersexualisierte, unsoziale Grobiane zu gelten, deren Ruf es ihnen erschwert innigen Körperkontakt mit ihren eigenen Kindern zu haben, ohne sofort als Päderasten verdächtigt zu werden? Noch haben sie nicht begriffen, woran das Bild des modernen Mannes tatsächlich krankt. Sie kämpfen mit den Frauen um Führungspositionen ohne zu bemerken, dass es längst um ganz etwas anderes geht. Sie können den Frauen ihre Errungenschaften nicht mehr streitig machen. Frauen haben bewiesen, dass sie auf jedem Gebiet den Männern ebenbürtig sein können, wenn sie es darauf anlegen. Männer haben jedoch nicht verstanden, dass sie sich in eine Sackgasse hineinmanövrieren. Es gilt nicht unhaltbare Bastionen bis zur Selbstaufgabe zu verteidigen. Da stehen sie auf verlorenem Posten und sägen dazu noch an ihrem eigenen Ast, denn es gibt kein Zurück.

Die Antwort auf die Aufweichung der weiblichen Rollenklischees kann keine Verhärtung der männlichen Rollenklischees sein. Auch Männer müssen sich aufmachen um neues Terrain zu erringen. Wo sind die Aupair-Burschen unter den Männern, die Sekretäre, die Kindergärtner und Hausmänner? Pioniere sind gefragt, denn beim Aufbruch zu neuen Ufern gilt es einen steinigen Weg zu beschreiten.

Die Kindergärtnerin meines Sohnes erzählte mir mit Verschwörermine, ein Mann hätte sich bei ihr beworben. »Der kann nicht normal sein«, meinte sie, »welcher Mann will schon mit kleinen Kindern zu tun haben, der nicht ganz konkrete Interessen dahinter verbirgt?« Gemeint waren natürlich sexuelle Interessen. Sie jedenfalls würde nie einen Mann einstellen.
Nun meinen Männer vielleicht, das wäre kein großer Verlust. Für einen Mann kann es doch keine große Errungenschaft sein, Kindergärtner zu werden, denn die Bezahlung ist nicht gerade berauschend. Ich aber denke, es wäre eine große Bereicherung für die Menschheit, denn ebenso wie es nötig ist, zu zeigen, dass Frauen sich genauso gut wie Männer als Führungskräfte in unserer Gesellschaft eignen, wäre es an der Zeit, zu beweisen, dass Männer auch soziale und emotionale Leistungen erbringen können – und das ganz ohne irgendwelche Hintergedanken.
Bisher ist Männern das nicht wichtig gewesen. Es könnte aber sein, dass hier das Hintertürchen zur Wiedereingliederung des Mannes in das neue Sozialgefüge liegt. Wenn nämlich Frauen beweisen, dass Wirtschaft, Wissenschaft, Politik und Kultur auch blühen und gedeihen, wenn sie am Ruder sind, werden Männer in argen Argumentationsnotstand kommen, welchen Nutzen sie in Zukunft für die Gesellschaft zu bringen gedenken. Aggression und Konkurrenzdenken sind längst nicht mehr gefragt.
Die Frauen sitzen an den Designertischen der Zukunft. Die Richtung, in welche sich die Partnerschaft entwickelt, wird vor allem davon abhängen, welche Eigenschaften sie dem Mann zugestehen wollen. Worauf wird Frau in Zukunft achten, nach welchen Kriterien wird sie auswählen und mit wem wird sie Kinder haben? Das sind die entscheidenden Fragen zur Entwicklung der Paarbeziehung.
Die körperlichen Unterschiede zwischen Frauen und Männern werden sich zwar weiterhin verringern. Das Spektrum der Frauen- und Männerollen wird jedoch größer. Damit steigt auch die gesellschaftliche Akzeptanz. Vom Hausmann, dem Kindergärtner über den Superathleten bis zum Wirtschaftstycoon werden alle zum gewohnten Erscheinungsbild des Mannes gehören. Mit positiver Auswirkung auf die heranwachsenden jungen Männer. Je breiter das akzeptierte Rollenspektrum, desto wahrscheinlicher,

dass der Einzelne mit seinen Ambitionen und Neigungen eine geeignete Nische findet.

Frauen leben es bereits vor. Sie fühlen sich in all ihren neuen Rollen, von der Bomberpilotin über die Gentechnikerin bis zur Leiterin des Großkonzerns, halten aber genauso ihren angestammten Berufen wie Krankenschwester, Kindergärtnerin, Friseurin oder Hausfrau die Treue. Und wer sagt, dass die Gentechnikerin mehr Verantwortung hat als die Volksschullehrerin? Jede hat auf ihrem Gebiet große Verantwortung zu tragen.

Nur – Frauen machen nicht so viel Geflatter um ihre Bedeutung. So konnte es passieren, dass der Umgang mit unserem Nachwuchs so schändlich wenig geachtet wird und daher so miserabel bezahlt ist. Noch weitaus mehr als die Gentechnikerin hält die Lehrerin das Geschick unserer Gesellschaft in Händen. Ein bisschen männliches Engagement in der Kindererziehung hätte gleich mehrere positive Auswirkungen. Erstens wäre die vaterlose Gesellschaft nicht mehr länger um männliche Vorbilder verlegen, zweitens würden auch die Männer erkennen, welch ungeheuren Gewinn ein Erwachsener daraus ziehen kann, sich mit Kindern zu beschäftigen, und drittens würde die Neigung des Mannes, seinen Tätigkeiten gesellschaftliche Achtung zu verschaffen, pädagogische Berufe endlich aufwerten. Es ist eine bekannte Tatsache, dass hauptsächlich von Frauen ausgeführte Tätigkeiten »verweiblichen«, das heißt für Emotionen empfänglich machen.[4] Männer, die für das nächste Jahrtausend fit sein möchten, sollten also tunlichst auf diesen Zug aufspringen.

Eine Frau ohne Mann ist vielleicht wie ein Fisch ohne Fahrrad, ein Mann ohne Frau ist wie ein Anker ohne Grund. Es gibt Tierarten, die ganz ohne Männchen auskommen – ohne Weibchen gibt es gar nichts. Männer sind Konstruktionen im Dienste der Frauen. Alle Verhaltensweisen, die sie heute noch zeigen, sind dazu angetan, sich vor Frauen hervorzutun und sich als Geschlechtspartner oder sogar als Lebenspartner interessant zu machen. All ihre Errungenschaften in Wirtschaft, Wissenschaft, Politik und Kultur verdanken sie einem enormen Antrieb, der sie dazu bringt, sich mit anderen Männern zu messen. Ihr ständiges Bedürfnis, besser zu sein als andere Männer, zielt nur darauf ab, Frauen bei der Partnerwahl ei-

ne Entscheidungshilfe zu geben. Dieses Programm sitzt so tief, dass selbst in Partnerschaften gebundene Männer oder Männer, die dem Zölibat unterliegen, davon nicht loskommen.
Der Ehrgeiz richtet sich hauptsächlich gegen andere Männer. Frauen auszustechen oder sich über sie zu erheben bringt nichts, denn Frauen konkurrieren mit Männern meist nicht um Geschlechtspartner. Gesunde Männer haben aus diesem Grund eine natürliche Hemmung, Frauen anzugreifen. Viele Männer sind daher aufs äußerste verunsichert, wenn sie Frauen im Berufsleben begegnen. Viele versuchen – aus reiner Verlegenheit – durch sexistische Äußerungen und Machogehabe die Frau auf ihren Platz zu verweisen, um sich nicht mit ihr auf gleicher Ebene messen zu müssen. Manche Frauen versuchen dem durch aufgesetzt maskulines Gehabe zu begegnen, um endlich von ihren männlichen Kollegen akzeptiert zu werden. In einem Artikel über die Wiedereinstiegschancen von karenzierten Müttern ins Berufsleben in der Zeitschrift »Eltern«[5] wurde geraten möglichst wenig feminine Kleidung zu tragen und ja kein Foto des Babys auf den Schreibtisch zu stellen. Ein starkes Stück! Geht hier doch etwas Wesentliches verloren: die Weiblichkeit. Frauen haben nämlich die ungleich effektivere Art, mit sozialen Spannungen umzugehen, und dafür müssen sie sich bestimmt nicht schämen. Deshalb muss gerade im Berufsleben die Weiblichkeit betont und nicht kaschiert werden.
Eine sehr attraktive Freundin, die eine hohe Position in einer Computerfirma bekleidete, erzählte von einer wichtigen Präsentation, die sie vor einem ausschließlich männlichen Publikum abhalten musste. Sie hatte einen kurzen Rock und halterlose Strümpfe an, die unglücklicherweise in dem Moment herunterrutschten, als sie das Rednerpult betrat. Das Auditorium, bis dahin demonstrativ desinteressiert – was kann einem eine Frau schon erzählen, noch dazu eine attraktive –, war plötzlich wie hypnotisiert. Nach einem kurzen Moment der Unsicherheit entschuldigte sich meine Freundin, sie hätte eine technische Panne zu beheben, richtete ihre Strümpfe hinter dem Pult, um daraufhin einen brillanten Vortrag zu halten. Das Auditorium hing an ihren Lippen. Kein Wunder, denn durch die »technische Panne« hatte sie sich als Frau zu erkennen gegeben. Die aggressive und

verunsicherte Stimmung unter den männlichen Hörern hatte sich durch dieses Zugeständnis an ihre Weiblichkeit ins Gegenteil verkehrt. Die Männer fühlten sich nun nicht mehr von einer dominanten Frau in einer Männerrolle angegriffen und konnten sich auf den Inhalt des Vortrags konzentrieren.

Diese Geschichte zeigt auch, wie sehr Frauen es in der Hand haben, Männer in ihrer Rolle zu bestärken oder sie zu verunsichern. Frauen sind nicht in dem Maße von männlicher Bestätigung abhängig wie umgekehrt.[6] Die Arbeitswelt wird zum Übungsfeld für die moderne Partnerschaft. Die Jahrtausende der Männerherrschaft haben nämlich die wirklichen Machtverhältnisse nur verschleiert. Die gesellschaftliche Ungleichgewichtung von Männer- und Frauenrolle hat nur dazu geführt, dass Frauen sich nicht mehr im Klaren darüber sind, dass sie die Verantwortung für die Gesellschaft haben. Seit ihnen das Ruder aus der Hand genommen wurde, steuert diese mit zunehmender Geschwindigkeit auf den Abgrund zu. Dort, wo heute noch hauptsächlich Männer das öffentliche Leben bestimmen, gibt es Kriege, Hungersnöte, Überbevölkerung, Menschenrechte werden mit Füßen getreten und Kinder wie Sklaven gehalten.

Nicht umsonst geht es den westlichen Gesellschaften besser. Können Frauen selbst über ihre Fortpflanzung bestimmen, gibt es plötzlich keine Überbevölkerung mehr, dadurch auch keinen Hunger. Die Gesellschaft wird sozialer, weil auf die Schwächeren Rücksicht genommen wird. Kriege sind nicht notwendig, wenn jeder etwas hat, für das es sich zu leben lohnt. Und seien wir ehrlich – was zeichnet eine Gesellschaft wirklich aus? Das Bruttoinlandsprodukt oder das durchschnittliche Nettoeinkommen? Nein! Lebensqualität bedeutet Frieden, Familie und Freunde, eine saubere Umwelt und ein Einkommen, von dem man leben kann.

Eine Gesellschaft ist nur so viel wert, wie sie mit ihren schwächsten Mitgliedern umgeht. Eine Großstadt, in der Bettler auf der Straße schlafen müssen, darf nicht für sich in Anspruch nehmen, zivilisiert zu sein. Ebenso darf sich ein Land nicht seiner Fortschrittlichkeit rühmen, wenn Menschen aus anderen Nationen oder anderen Glaubens nicht absolut gleichwertig sind.

Frauen halten eine Macht in Händen, die lange in Vergessenheit geraten war. Dort, wo sie auch nur teilweise zurückgegeben wurde, blüht und gedeiht die Gesellschaft plötzlich. Eine solche Macht zu haben ist eine große Verantwortung. Wenn es in Frauenhand liegen soll, wohin die Menschheit steuert, müssen Frauen aber auch die Zügel fester in die Hand nehmen. Nicht indem sie Männer noch von den letzten Podesten stoßen, auf die diese sich gerettet haben, sondern indem sie Türen aufmachen. Sie haben die Möglichkeit, die Zukunft zu gestalten, indem sie Männer in neuen Rollen bestätigen.

Frauen sind endlich aus ihrem Dornröschenschlaf erwacht, der nun schon zehntausend Jahre gedauert hat. Endlich wird erkannt, was sie zur Entwicklung unserer Art beigetragen haben. Endlich wird geschätzt, was für unglaubliche Fähigkeiten Frauen mitbringen und wie dringend diese nötig für zwischenmenschliche Beziehungen sind – sowohl im kleinen Rahmen einer Paarbeziehung als auch im großen der Gesellschaft, in der wir leben.

Es ist an der Zeit, dass die Gesellschaft diesen Beitrag auch würdigt. Die gewaltige Leistung, die Frauen erbringen, die rund um die Uhr Babys und Kleinkinder betreuen, wurde bereits erkannt. Die meisten zivilisierten Länder haben mit der Einführung des Karenzgeldes einen ersten Schritt in die richtige Richtung getan, um es jungen Müttern zu ermöglichen, selbst ihre Jüngsten zu betreuen, ohne um ihren Arbeitsplatz fürchten zu müssen. Bleiben wir konsequent, sollte es eigentlich auch einmal Männergeld geben: Die Tatsache, dass es Frauen sind, die für das emotionale Gleichgewicht in der Beziehung verantwortlich zeichnen, ist eine soziale Leistung, die sicherlich der aufopfernden Fürsorge für ein Kleinkind gleichzustellen ist. Die Frauen machen die Männer glücklich, ohne dass diese sich dessen bewusst sind. Die wenigsten können angeben, wie es funktioniert, und fühlen sich trotzdem rundum wohl – oder vielleicht gerade deshalb? Wie dem auch sei: Es sind die Frauen, die verhindern werden, dass die Männer an den Rand der Gesellschaft gedrängt werden. Denn wenn es nach den Frauen geht, werden Männer immer einen Platz an ihrer Seite haben.

Anmerkungen

Einleitung

1 RIEDL, B.: Morphologisch metrische Merkmale des männlichen und weiblichen Partnerleitbildes in ihrer Bedeutung für die Wahl des Ehegatten. Dissertation an der Universität Wien 1989.
2 RIEDL, S. und SCHWEDER, B.: Der kleine Unterschied – Warum Frauen und Männer anders denken und fühlen. Deuticke, Wien, München 1997.

Teil 1
Spieglein, Spieglein an der Wand – wer hat die Fäden in der Hand?

1 Junge Männer bestücken PS-schwache Autos mit bombastischen Reifen und kaufen bevorzugt Objekte, mit denen sich Lärm erzeugen lässt (z. B. Stereoanlagen mit größtmöglicher Leistung). Gleichaltrige Frauen sind eher mit ihrem Äußeren beschäftigt. TIGER, L.: The Decline Of The Male. Golden Books, New York 1999, S. 198.
2 SIGALL, H. and LANDY, D.: Radiating Beauty: Effects Of Having A Physical Attractive Partner On Person Perception. Journal of Personality and Social Psychology, 28, 1973, S. 218–224.

Romantische Liebe – im Glücksrausch der Gefühle

1 Für ihre Entdeckung bekamen die Wissenschaftlerin und ihre Mitarbeiter/innen den Nobelpreis für Chemie 2000. MARAZZITI, D., AKISKAL, H. S., ROSSI, A. and CASSANO, G. B.: Alteration Of The Platelet Serotonin Transporter In Romantic Love. Psychological Medicine, May, 29 (3), 1999, S. 741–745.
2 LIEBOWITZ, M. R.: The Chemistry of Love. Little, Brown, Boston 1983.
3 GRAMMER, K.: 5-alpha-andronst-16en-3alpha-on: A Male Pheromone? A Brief Report. Ethology and Sociobiology, 14, 1993, S. 201–207.
4 GROSSMANN, K. E., AUGUST, P., FREMMER-BOMBIK, E., FRIEDL, A., GROSSMANN, K., SCHEURER-ENGLISCH, H., SPRANGLER, G., STEPHAN, C. H. und SUESS, G.: Die Bindungstheorie – Modell und entwicklungspsychologische Forschung. In: KELLER, H. (Hrsg.): Handbuch der Kleinkindforschung. Springer, Berlin 1989, S. 31–61.
GROSSMANN, K. E. and GROSSMANN, K.: Attachment Quality As An Organizer Of Emotional And Behavioral Responses In A Longitudinal Perspective. In: PARKS, C. M., STEVENSON-HINDE, J. and MARRIS, P. (Eds.): Attachment Across The Life Cycle. Tavistock, London 1991, S. 93–114.
5 UDRY, J. R.: The Social Context of Marriage. 3rd Ed. Lippincott, Philadelphia 1974.
6 CHAMBERS, V. J., CHRISTIANSEN, J. R. and KUNZ, P. R.: A Test Of Physical Similarity As A Factor In The Mate Selection Process. Social Biology, Vol. 30, No. 2, Summer 1983.

7 SACKS, O.: Seeing Voices. Harper Perennial 1990. Zitiert nach: SEELEY, B. A.: What Is Love Medically Speaking? Sonomnia County Medical Association, Vol. 50, No. 5, Sept./Oct. 1999.
8 LIEBOWITZ, M. R.: siehe Anmerkung 2.
9 FISHER, H. E.: What's Serotonin got to do with it? New Scientist, 13, 1997, S. 2070.
10 FISHER, H. E.: The Nature And Evolution Of Romantic Love. In: JANKOWIAK, W. (Ed.): Romantic Passion: A Universal Experience. Columbia University Press, New York 1995.
FISHER, H. E.: Anatomy of Love. A Natural History Of Mating, Marriage, And Why We Stray. Fawcett Columbine, New York 1992.
11 INSEL, T. H. and SHAPIRO, L. E.: Oxytocin Receptor Distribution Reflects Social Organization In Monogamous And Polygynous Voles. Proceedings of the National Academy of Sciences 89, 1992, S. 5981–5985.
INSEL, T. H.: Ocytocine – A Neuropeptide For Affiliation: Evidence From Behavioral, Receptor Autoradiographic And Comparative Studies. Psychoneuroendocrinology 17, 1992, S. 3–35.

Vermeidender Brummbär sucht ambivalente Tanzmaus – oder die ultimative Frage, wer mit wem glücklich wird

1 Die Bindungstheorie geht auf Bowlby (1969) zurück (Zitat siehe Anmerkung 2) und wurde von Hazan und Shaver (1987, siehe Anmerkung 9) auf das Bindungsverhalten von Erwachsenen übertragen. Die vier Bindungsstile wurden von Bartholomew (1990) vorgeschlagen. BARTHOLOMEW, K.: Avoidance Of Intimacy: An Attachment Perspective. Journal of Social and Personal Relationships, 7, 1990, S. 147–178.
2 BOWLBY, J.: Attachment. Hogart Press, London 1969.
AINSWORTH, M. D. and WITTIG, B. A.: Attachment And Exploratory Behavior Of One-Year-Olds In A Strange Situation. In: FOSS, B. M. (Ed.): Determinants Of Infant Behavior, Vol. 4, 1969.
AINSWORTH, M. D. S., BLEHAR, M. C., WATERS, S. and WALL, S.: Patterns Of Attachment: A Psychological Study Of The Strange Situation. Lawrence Erlbaum, Hillsdale, New Jersey 1978.
3 BLAFFER-HRDY, S.: Mutter Natur – Die weibliche Seite der Evolution. Berlin Verlag, Berlin 2000, S. 464 f.
4 BIERHOFF, H. W.: Heterosexuelle Partnerschaften: Entstehung, Aufrechterhaltung und Auflösung. In: AUHAGEN, A. E. und SALISCH, M. v. (Hrsg.): Zwischenmenschliche Beziehungen. Hogrefe, Göttingen 1993.
5 ZIMMERMANN, P., SUESS, G. J., SCHEURER-ENGLISCH, H. und GROSSMANN, K. E.: Bindung und Anpassung von der frühen Kindheit bis zum Jugendalter: Ergebnisse der Bielefelder und der Regensburger Längsschnittstudie. Kindheit und Entwicklung, 8(1), 1999, S. 37–49.
6 GROSSMANN, K. E., FREMMER-BOMBIK, E., FRIEDL, A., GROSSMANN, K., SPANGLER, G. und SUESS, G.: Die Ontogenese emotionaler Integrität und Kohärenz. In: ROTH, E. (Hg.): Denken und Fühlen. Springer Verlag, Berlin 1989, S. 36–55.
7 ZIMMERMANN, P., SUESS, G. J., SCHEURER-ENGLISCH, H. und GROSSMANN, K. E.: Bindung und Anpassung von der frühen Kindheit bis zum Jugendalter: Ergebnisse der Bielefelder und der Regensburger Längsschnittstudie. Kindheit und Entwicklung, 8 (1), 1999, S. 37–49.

8 AINSWORTH, M.: Patterns Of Infant-Mother Attachments: Antecedents And Effects On Development. Bulletin of the New York Academy of Medicine, 61 (9), 1985, S. 771–791.
AINSWORTH, M.: Attachments Across The Life Span. Bulletin of the New York Academy of Medicine, 61, 1985, S. 792–812.
9 HAZAN, C. and SHAVER, P. R.: Romantic Love Conceptualized As An Attachment Process. Journal of Personality and Social Psychology, 52, 1987, S. 511–524.
10 CINA, A.: Dyadisches Coping bei verschiedenen Bindungsstilen. Unveröffentlichte Lizentiatsarbeit, Institut der Klinischen Psychologie, Fribourg, Schweiz 1997. Verbalisierung der Bindungstypen nach HAZAN and SHAVER (1987, siehe Anmerkung 9).
11 SHAVER, P. R. and BRENNAN, K. A.: Attachment Styles And The »Big Five« Personality Traits: Their Connections With Each Other And With Romantic Relationship Outcomes. Personality and Social Psychology Bulletin, 18, 1992, S. 536–545. Zitiert nach: CINA, A., siehe Anmerkung 10; siehe auch BIERHOFF, H. W. und GRAU, I.: Zur Vorhersage der Trennung in romantischen Beziehungen. Zeitschrift für Differentielle und Diagnostische Psychologie, 17, 1996, S. 251–261.

Drum prüfe, wer sich ewig bindet – Scheiden tut weh

1 Von 708 untersuchten Kulturen erlaubten 137 ausschließlich die Monogamie, bei 708 gab es Polygynie und 4 erlauben Polyandrie. MURDOCK, G. P.: Ethnographic Atlas. University of Pittsburgh Press, Pittsburgh 1967. 90 % der Männer bleiben bei einer Ehefrau, auch wenn Polygynie erlaubt ist. JANKOWIAK, W. and FISHER, E. F.: A Cross-Cultural Perspective On Romantic Love. Ethology 31, No. 2, 1992, S. 149–155.
2 BLAFFER-HRDY, S.: Mutter Natur – die weibliche Seite der Evolution. Berlin Verlag, Berlin 2000, S. 514 ff.
3 DUNBAR, R.: Klatsch und Tratsch – wie der Mensch zur Sprache fand. C. Bertelsmann, München 1998. Siehe auch Kapitel »‚Liebling, bitte melden!' – Die Tücken der Moderne«.
4 Scheidungsstatistik Deutschland 1997: Es wurden 187 802 Ehen geschieden, das ist ein Drittel aller Ehen, 7 % mehr als im Jahr davor; 148 782 Kinder waren betroffen; 61,3 % aller Scheidungsanträge wurden von Frauen eingereicht (Quelle: statistisches Bundesamt). Scheidungsstatistik Schweiz 1998: Es gab 17 800 Scheidungen, das sind 42 % aller Ehen, 4 % mehr als im Jahr davor (Quelle: Bundesamt für Statistik).
5 DIEKMANN, A. und ENGELHARD, H.: Wird Scheidungsrisiko vererbt? Informationsdienst Soziale Indikatoren (ISI) Nr. 14, Juli 1995.
6 PRICE, S. J. and McKERNY, P. C.: Divorce. Sage, Beverly Hills 1987.
7 CHERLIN, A. J.: Marriage, Divorce, Remarriage. Harvard University Press, Cambridge 1981.
8 DIEKMANN, A. und ENGELHARD, H.: siehe Anmerkung 5.
9 Ebenda.
10 FISHER, H.: The Four-Year Itch. Natural History, Oct. 1987, S. 22–33.
11 BODENMANN, G.: Das Freiburger Stresspräventionstraining für Paare. In: KAISER, P. (Hrsg.): Partnerschaft und Paartherapie. Hofgrefe, Göttingen 2000, S. 293–304.
12 GOTTMAN, J. M.: What Predicts Divorce? Erlbaum, Hillsdale 1994.

Legenden der Leidenschaft – populäre Irrtümer über Frau und Mann

1 MOORE, M.: Nonverbal Courtship Patterns In Women: Context And Consequences. Ethology and Sociobiology, 6, 1985, S. 237–247.
2 ANGIER, N.: Frau – eine intime Geographie des weiblichen Körpers. C. Bertelsmann, München 2000, S. 34–37.
3 MASTERS, W. H. and JOHNSON, V. E.: Die sexuelle Reaktion. Rowohlt, Reinbek bei Hamburg 1984.
4 PROFET, M.: Menstruation As A Defense Against Pathogens Transported By Sperm. Quarterly Review of Biology, 68, 1993, S. 335–386.
5 CLARK, R. D. and HATFIELD, E.: Gender Differences In Respectivity To Sexual Offers. Journal of Psychology and Human Sexuality, 2, 1989, S. 39–55.
6 MALAMUTH, N. M. and BROWN, L. M.: Sexually Aggressive Men's Perceptions of Women's Communications: Testing Three Explanations. Journal of Personality and Social Psychology, 67, 1994, S. 699–712.
7 BLAFFER-HRDY, S.: Infanticide As A Primate Reproductive Strategy. American Scientist, Vol. 65, 1977, S. 40–49.
8 BLAFFER-HRDY, S: Mutter Natur – die weibliche Seite der Evolution. Berlin Verlag, Berlin 2000, S. 279.
BUSS, D. M.: The Dangerous Passion – Why Jealousy Is As Necessary As Love And Sex. The Free Press, New York 2000, S. 27–28.
9 WEISFELD, G. E., RUSSELL, R. J. H., WEISFELD, C. C. and WELLS, P. A.: Correlates of Satisfaction in British Marriages. Ethology and Sociobiology 1992, S. 125–145.
10 SIMPSON, J. A. and GANGESTAD, S. W.: Sociosexuality And Romantic Partner Choice. Journal of Personality, 60, 1992, S. 31–51.

Cou vadis? – Wo es mit den Männern hingeht

1 LEHRKE, R.: A Theory Of X-Linkage Of Major Intellectual Traits. American Journal of Medical Deficiency, 76, 1972, S. 611–619.
2 Herbert SPENCER (1820–1903) vertrat den Sozialdarwinismus. Er war der Auffassung, dass die Aufgabe der Frau im Gebären bestand und dass ihre geistigen Fähigkeiten unterentwickelt seien. Daher sei es reine Verschwendung, Frauen auszubilden. In seinen »Prinzipien der Biologie« entblödet er sich nicht, die physische und intellektuelle Minderwertigkeit der Frau anzuprangern, die er mit Darwins Theorien bewiesen sieht.
3 George Eliot hieß eigentlich Mary Ann Evans. In ihrem ersten Roman »Adam Bede« machte sie sich über Spencers Ansichten lustig.
4 FAUSTO-STERLING, A.: Gefangene des Geschlechts? Piper, München, Zürich 1988.
5 RIEDL, S. und SCHWEDER, B.: Der kleine Unterschied – Warum Frauen und Männer anders denken und fühlen. Deuticke, Wien, München 1997.
6 KLEIN, H.: Couvade Syndrome: Male Counterpart To Pregnancy. International Journal of Psychiatry Med, 21, 1, 1991, S. 57–69.
7 Zusammenfassung in BADINTER, E.: Ich bin Du – die neue Beziehung zwischen Mann und Frau oder Die androgyne Revolution. Piper, München, 5. Auflage, 1991, S 98 ff.
8 POLINSKY, M.: Feeling Her Pain. Pregnancy Today. www.pregnancytoday.com, 27. 7. 2001.
9 MASONI, S., MAIO, A., TRIMARCHI, G., De PUNZIO, C. and FIORETTI, P.: The Cou-

vade Syndrome. Journal Of Psychosomatic Obstetrics and Gynaecology, 15, 3, Sept. 1994, S. 125–131.
10 WYNNE-EDWARDS, K. E. and REBURN, C. J.: Behavioral Endocrinology Of Mamalian Fatherhood. Trends in Ecology and Evolution, 15, 2000, S. 464–468.
STOREY, A. E., WALSH, C. J., QUINTON, R. L., WYNNE-EDWARDS, K. E.: Hormonal Correlates Of Paternal Responsiveness In New And Expectant Fathers. Evolution and Human Behavior, 21, 2000, S. 79–95.
11 BERG, S. J. and WYNNE-EDWARDS, K. E.: Changes In Testosterone, Cortisol, And Estradiol Levels In Men Becoming Fathers. Mayo Clin Proc. (Mayo Foundation for Medical Education and Research), 76, 2001, S. 582–592.

Teil 2
Face Value – Der Marktwert des Gesichts

1 Das Photo-Fit-Verfahren, dargestellt in FAUSS, R.: Menschliche Merkmalsschemata in ihrer Bedeutung für die Partnerwahl. Dissertation an der Universität Hamburg, 1980.
2 Dipl.-Ing. Hnojsky und Dipl.-Kfm. Kneissler von IBM sind die Väter von AFRAID (A Face Recognition Aid).
3 RIEDL, B.: Morphologisch-metrische Merkmale des männlichen und weiblichen Partnerleitbildes in ihrer Bedeutung für die Wahl des Ehegatten. Dissertation, 1989.
RIEDL, B.: Morphologisch-metrische Merkmale des männlichen und weiblichen Partnerleitbildes für die Wahl des Ehegatten. Homo 41, 1990, S. 72–85.
4 FAUSS, R.: siehe Anmerkung 1.
5 SCHWEDER, B.: The Impact Of The Face On Longterm Human Relationships. Homo, Vol. 45/1, 1994, S. 74–93.
6 WEISFELD, G. E., RUSSELL, R. J. H., WEISFELD, C. C. and WELLS, P. A.: Correlates of Satisfaction in British Marriages. Ethology and Sociobiology, 1992, S. 125–145.
Kenrick et al. prägten den Begriff »trophy mate« für eine sehr umschwärmte junge Frau, die schwer zu kriegen ist. KENRICK, D. T., TROST, M. R. and SHEETS, V. L.: Power, Harassment And Trophy Mates: The Feminist Advantages Of An Evolutionary Perspective. In: BUSS, D. and MALAMUTH, N. (Eds.): Sex, Power, Conflict: Evolutionary And Feminist Perspectives. Oxford University Press, New York 1996.
7 LANGLOIS, J. H. and ROGGMAN, L. A.: Attractive Faces Are Only Average. Psychological Science, 1, 1990, S. 115–121.
8 PERRET, D. I., MAY, K., YOSHIKAWA, S.: Attractive Characteristics Of Female Faces: Preference For Non-Average Shape. Nature, 368, 1994, S. 239–242.
9 GOULD, S. J.: Der Daumen des Panda – Betrachtungen zur Naturgeschichte. Suhrkamp, Frankfurt am Main 1989, S. 99 ff., Kapitel 9 »Eine biologische Huldigung an Mickey Mouse«.
10 PERRET, D. I., LEE, K. J., PENTON-VOAK, I., BURT, D. M., ROWLAND, D., YOSHIKAWA, S., HENZI, S. P., CASTLES, D. L. and AKAMATSU, S.: Sexual Dimorphism And Facial Attraction. Nature, 394, 1998, S. 884–886.
11 Ebenda.

Der Körper – zwischen Form und Funktion

1 ZAHAVI, A.: Mate Selection: A Selection For Handicap. Journal of Theoretical Biology, 53, 1975, S. 205–214.
2 MEALY, L.: Sex Differences – Developmental And Evolutionary Strategies. Academic Press, San Diego, San Francisco, New York, Boston, London, Sydney, Tokyo 2000.
3 McFARLAND, R.: Female Primates: Fat Or Fit? In: MORBECK, M. E., GALLOWAY, A. and ZIEHLMAN, A. L. (Eds.): The Evolving Female: A Life-History Perspective. Princeton University Press, Princeton, New Jersey 1997.
4 Frauenfiguren, die von links oben nach rechts unten kräftiger werden, wurden zuerst publiziert von SINGH, D.: Adaptive Significance Of Female Attractiveness: Role Of Waist To Hip Ratio. Journal of Personality and Social Psychology, 65, 1993, S. 293–307.
5 MEALY, L.: siehe Anmerkung 2, S. 219.
6 CAMPBELL, A.: The Opposite Sex. Salem House, Topsfield 1989.
7 MORRIS, D.: Der nackte Affe. Droemersche Verlagsanstalt, München, Zürich 1968.
8 DALY, M. and WILSON, M.: Sex, Evolution and Behavior. 2nd Ed., PWS Publishers, Boston, Massachusetts 1983, S. 152 ff. Kapitel »Polygyny and Sexual Size Dimorphism«.
9 LeBOEUF, B. J.: Male-Male Competition And Reproductive Success In Elephant Seals. American Zoologist, 14, 1974, S. 163–176.
10 DALY, M. and WILSON, M.: siehe Anmerkung 8, S. 144, S. 321: Gibbons live in monogamous seclusion on their territory in a chronic mild hostility toward their neighbours.
11 FOSSEY, D.: Gorillas in the Mist. Houghton Mifflin, Boston 1983.
12 HARCOURT, A. H., HARVEY, P. H., LARSON, S. G. and SHORT, R. V.: Testis Weight, Body Weight and Breeding System in Primates. Nature, 293, 1981, S. 55–57.
13 Baker und Bellis gehen davon aus, dass 99,9 % der Spermien im menschlichen Ejakulat nicht der Fortpflanzung dienen. BAKER, R.R. and BELLIS, M. A.: Kamikaze Sperm In Mammals? Animal Behavior, 36, 1988, S. 936–939.
BAKER, R. R. and BELLIS, M. A.: Human Sperm Competition. Chapman and Hall, London 1995. Siehe auch Kapitel »Eifersucht – die dunkle Seite der Liebe«.
14 SCHRÖDER, I.: Menschliches Sexualverhalten, Paarungsstruktur und Hominidenevolution. Anthropologie – Wissenschaft vom Menschen für den Menschen, Tagungsbeiträge – Teil II, Wissenschaftliche Zeitschrift der Humboldt-Universität zu Berlin, Reihe Medizin, 41/2, 1992, S. 56–59.
15 DORJAHN, V. R.: Fertility, Polygyny And Their Interrelations In Temne Society. American Anthropologist, 60, 1958, S. 838–860.
SMITH, J. E. and KUNZ, P. R.: Polygyny And Fertility In Nineteenth-Century America. Population Studies, 30, 1976, S. 465–480.

Im Disneyland der Partnerwahl – eine evolutionäre Betrachtung

1 Der Verhaltensforscher und Nobelpreisträger Konrad Lorenz nannte sein 1973 erschienenes Buch »Die Rückseite des Spiegels – Versuch einer Naturgeschichte menschlichen Erkennens« manchmal scherzhaft »Rückspiegel«, wir benutzen hier den Begriff erweitert auf einen Rückblick in die Stammesgeschichte des Menschen.
2 LEAKY, R. und LEWIN, R.: Der Ursprung des Menschen. S Fischer, Frankfurt am Main 1993.
TATTERSALL, I.: Puzzlewerdung Mensch – Auf den Spuren der menschlichen Evolution. Spektrum Akademischer Verlag, Heidelberg, Berlin 1997.

3 MORRIS, D .: Der nackte Affe. Droemersche Verlagsanstalt, München, Zürich 1968.
4 Unter Umständen erhalten sich diese Merkmale, die in der Embryonalentwicklung angelegt wurden, anstatt sich wieder zurückzubilden. Man spricht dann von Atavismen. Abbildung in RIEDL, R.: Die Ordnung des Lebendigen. Parey, Hamburg, Berlin 1975, S. 308
5 Der Biologe Bernhard G. Campbell sieht in der Neotenie eine Möglichkeit der Natur, zu starke Spezifizierung zurückzunehmen. Über den Menschen schreibt er: »Sie (die Neotenie) hat sogar eine gewisse Rolle bei der Evolution des Menschen gespielt. Dieser Prozess ist zwar in keiner Weise für die Evolution des Menschen verantwortlich, noch für seine sämtlichen Merkmale. Es besteht aber kein Zweifel daran, dass recht viele der als typisch menschlich betrachteten Merkmale in den frühen Phasen der Primatenentwicklung vorhanden sind und sich beim Menschen durch Retardation der Wachstumsrate gewisser Körperteile erhalten haben.«
CAMPBELL, B. G.: Entwicklung zum Menschen. 2. Auflage, Gustav Fischer 1979, S. 37 f.
Das Konzept der Neotenie ist in der Vergangenheit schändlich missbraucht worden, was die vermeintliche Rangordnung von menschlichen Gruppen anlangt.
GOULD, J.: Der falsch vermessene Mensch. Suhrkamp 1988, S. 125 ff.
6 HADORN, H. und WEHNER, R.: Allgemeine Zoologie. 21. Auflage, Thieme, Stuttgart, New York 1986. Neotenie bei Axolotl, S. 165.
7 Die englische Anthropologin Monique Borgerhoff Mulder konnte bei den afrikanischen Kipsigis feststellen, dass der Brautpreis für Frauen, die früher geschlechtsreif wurden, höher war. BORGERHOFF MULDER, M.: Early Maturing Kipsigis Women Have Higher Reproductive Success Than Late Maturing Women And Cost More To Marry. Behavioral Ecology Sociobiology, 24, 1989, S. 145–154.
8 VOLAND, E. and ENGEL, C.: Female Choice In Humans: A Conditional Mate Selection Strategy in Krummhörm Women (Germany 1720–1874). Ethology, 84, 1990, S. 850–857.
VOLAND, E.: Ehegründung und Ehestabilität aus evolutionsbiologischer Sicht. Veröff. Jochen Jungius-Ges. Wiss., Hamburg, 62, 1990. S. 47–73.
9 Die Tänzerin Anne Nicole Smith (26) machte Schlagzeilen, als sie den 89 Jahre alten Milliardär und Ölmagnaten J. Howard Smith ehelichte und 14 Monate später 267 Millionen Euro erbte. Seitdem füllt sie die Klatschspalten. Als ein Beispiel von Hunderten: Nicole Smith Admits She Never Loved Billionaire Husband. The World Entertainment News Network, 2001.
10 BUSS, D.: Sex Differences In Human Mate Preference: Evolutionary Hypotheses Tested In 37 Cultures. Behavioral and Brain Sciences, 12, 1989, S. 1–49.
11 SIGALL, H. and LANDY, D.: Radiating Beauty: Effects Of Having A Physical Attractive Partner On Person Perception. Journal of Personality and Social Psychology, 28, 1973, S. 218–224.
12 MEALY, L.: The Testosterone-Aggression Relationship: An Exemplar Of Interactionism. Behavioral and Brain Sciences, 21, 1998, S. 380–381.
13 HEGNER, R. and WINGFIELD, J.: Effects Of Experimental Manipulation Of Testosterone Levels On Parental Investment And Breeding Success In Male House Sparrows. General and Comparative Endocrinology, 60, 1987, S. 236–243.
14 GRAY, P. B., KAHLENBERG, S. M., BARRETT, M. S., LIPSON, S. F. and TELLISON, P.: Marriage And Fatherhood Are Associated With Low Testosterone In Males. Evolution and Human Behavior, 23/3, 2002. S. 193–201.
15 Die Tatsache, dass Frauen bevorzugt Männer heiraten, die einen hohen sozialen Status haben, ebendiesen sozialen Status bei Befragungen über ihre Partnerwahlpräferenz aber als unwichtig bezeichnen, galt lange Zeit als »Partnerwahlparadoxon«. HEJJ, A.: Traum-

partner – Evolutionspsychologische Aspekte der Partnerwahl. Springer, Berlin, Heidelberg, New York 1996, S. 25 ff.
16 FISHER, R. A.: The Genetical Theory Of Natural Selection. Clarendon Press, Oxford 1930.

Das Arche-Noah-Prinzip – Warum ausgerechnet zu zweit?

1 FISHER, H.: Anatomy of Love – A Natural History Of Mating, Marriage, And Why We Stray. Ballantine Books, New York 1994, S. 59 ff.
2 VOLAND, E.: Grundriss der Soziobiologie. Gustav Fischer, Stuttgart 1993, S. 127 ff.
3 EGBOH, E. O.: Polygamy In Iboland. Civilizations, 22, 1972, S. 431–444.
WARE, H.: Polygyny: Women's Views In A Traditional Society, Nigeria, 1975. Journal of Marriage and the Family, 141, 1979, S. 185–195.
4 LEVIN, D. A.: Nyinba Polyandry And The Allocation Of Paternity. Journal of Comparative Family Studies, 11, 1980, S. 283–298.
5 MULLER, J.-C.: On the Relevance Of Having Two Husbands: Contribution To The Study Of Polygynous/Polyandrous Marital Forms Of The Jos Plateau. Journal of Comparative Family Studies, 11, 1980, S. 359–369.
6 HIATT, L. R.: Polyandry In Sri Lanka: A Test Case For Parental Investment Theory. Man, 15, 1980, S. 583–602.
BERREMAN, G. D.: Pahari Polyandry: A Comparison. American Anthropologist, 64, 1962, S. 60–75.
7 HILLEBRAND, H.: The Oneida Community, Part Two – The Shakers/Oneida Community. The New York History Network 2002. www.nyhistory.com.
8 KLEIN, H. H.: Kaiserpinguin. Arche Online, www.tierenzyklopedie.de, Mittwoch, 22. August 2001.
9 MØLLER, A. P.: Paternity And Parental Care In The Swallow, Hirundo rustica. Animal Behavior 36, 1988, S. 996–1005.
10 EULER, H. A.: Eine evolutionäre Psychologie der Familienbeziehungen zwischen Generationen – oder: die umfassende Tüchtigkeit von Omas, Schwiegermüttern und Tanten. Vortrag am Konrad-Lorenz-Institut für Evolutions- und Kognitionsforschung am 9. Oktober 1997.
Siehe auch EULER, H. A. and WEINZETTEL, B.: Discriminative Grandparental Solicitude As Reproductive Strategy. Human Nature, 7, 1996, S. 39–35.
11 Der Anthropologe Richard Leaky nimmt für die Entstehung des aufrechten Ganges 7,5 Millionen Jahre an, die ersten Steinwerkzeuge (Pebble Tools) sind 2,5 Millionen Jahre alt. LEAKY, R.: Der Ursprung des Menschen. Fischer, Frankfurt am Main 1993, S. 96 f.
12 »Steinerne Begriffe« wurde zuerst von Arnold Gehlen formuliert. GEHLEN, A.: Der Mensch – Seine Natur und Stellung in der Welt. Wiesbaden 1986.
GEHLEN, A.: Urmensch und Spätkultur – Philosophische Ergebnisse und Aussagen. Wiesbaden 1986.
Ursprünglich stammt die Theorie der Sprachentwicklung im Zusammenhang mit dem Werkzeuggebrauch jedoch von Kenneth Oakley. OAKLEY, K. P.: Man The Tool Maker. British Museum of Natural History, London 1949.
13 Zumindest war es vor ein paar Jahrzehnten noch so. MARSHALL THOMAS, E.: The Harmless People. Vintage Books, Random House, New York 1958.
60 bis 70 % der Nahrungsmittel trägt die Frau bei Sammler- und Jägergesellschaften ein.

POOL, R.: Evas Rippe. Das Ende des Mythos vom starken Geschlecht. Droemer Knaur, München 1995, S. 351. Außerdem gehen WissenschaftlerInnen davon aus, dass unsere frühen Vorfahren häufiger selbst zur Jagdbeute wurden, als dass sie etwas zur Strecke brachten. BRIAN, C. K.: The Hunters Or The Hunted? An Introduction To African Cave Taphonomy. The University of Chicago Press, Chicago, London 1981.
15 Männer teilen nicht mit ihren Frauen, sondern in erster Linie mit der Gruppe, was ihnen einen hohen Rang einträgt. SHOSTAK, M.: The Life and Words of a !Kung Woman. Random House, New York 1981.
16 JONAS, D. F.: Aufstieg und Niedergang weiblicher Macht – biologische Faktoren. In: FESTER, R., KÖNIG, M. E. P., JONAS, D. F. und JONAS, A. D.: Weib und Macht: Fünf Millionen Jahre Urgeschichte der Frau, Fischer, Frankfurt am Main 1979, S. 172.
17 MALINOWSKY, B.: The Father In Primitive Psychology. The Norton Library, New York 1966, S. 53f.
18 BACHOFEN, J. J.: Das Mutterrecht. Karl Meuli (Hrsg.), 2 Bände, 1948. Siehe auch BACHOFEN, J. J.: Mutterrecht und Urreligion. Stuttgart 1954.
19 WESEL, U.: Der Mythos vom Matriarchat. Über Bachofens Mutterrecht und die Stellung der Frauen in frühen Gesellschaften. Suhrkamp, Frankfurt am Main 1980.
20 KÖNIG, M. E. P.: Die Frau im Kult der Eiszeit. In: FESTER, R. et al., siehe Anmerkung 16.

Eifersucht – die dunkle Seite der Liebe

1 GINGERICH, A.: Ethologische Variationen zur Eifersucht. Unpubliziertes Manuskript.
2 BUSS, D.: The Dangerous Passion – Why Jealousy Is As Necessary As Love and Sex. The Free Press, New York 2000.
3 HILL, K. and HURTADO, A. M.: Ache Life History. Aldine de Gruyter, Hawthorne, New York 1996.
4 BORGERHOFF-MULDER, M.: Kipsigis Bridewealth Payments. In: BETZIG, L. L., BORGERHOFF MULDER M. and TURKE P. (Eds.): Human Reproductive Behavior. Cambridge University Press, New York 1988, S. 65–82.
5 MEAD, M.: Jealousy: Primitive And Civilized. In: SCHMALHAUSEN. S. D. and CALVERTON, V. F. (Eds.): Women's Coming Of Age. Horace Liveright, New York 1931, S. 35–48.
6 BUSS, D.: siehe Anmerkung 2, S. 222 ff.
7 GODALL, J.: Ein Herz für Schimpansen – meine 30 Jahre am Gombe-Strom. Rowohlt, Reinbek bei Hamburg 1991. Kapitel »Gilka«, S. 94 ff.
8 MORRIS, D.: Mein Leben mit Tieren. Droemer Knaur, München, Zürich 1981, S. 178.
9 DALY, M. and WILSON, M.: Whom Are Newborn Babies Said To Resemble? Ethology and Sociobiology, 3, 1982, S. 69–78.
10 ANGIER, N.: Frau. Eine intime Geographie des weiblichen Körpers. C. Bertelsmann, München 2000, S. 283.
11 BAKER, R. R. and BELLIS, M. A.: Human Sperm Competition. Chapman and Hall, London 1995.
12 BAKER, R. R. and BELLIS, M. A.: Number Of Sperm In Human Ejaculates Varies In Accordance With Sperm Competition Theory. Animal Behavior, 37, 1989, S. 867–869.
13 DALY, M., WILSON, M. and WEGHORST, S. J.: Male Sexual Jealousy. Ethology and Sociobiology, 3, 1992, S. 11–27.

14 ELSNER, C., MAIER, I. und F. U.: Mit mir nicht mehr! Rasch und Röhrig, Hamburg 1995.
SOBOTA, H.: Der Minus-Mann. Kiepenheuer & Witsch, Köln 1978.
15 MATHES, E. W.: Jealousy And Romantic Love: A Longitudinal Study. Psychological Reports, 58, 1986, S. 885–886.

Die Alchemie der Liebe – Immer der Nase nach

1 MILINSKY, M. and WEDEKIND, C.: Evidence For MHC-correlated Perfume Presence In Humans. Behavioral Ecology, 12, 2001, S. 140–149.
2 MEALY, L.: Sex Differences: Developmental And Evolutionary Strategies. Academic Press, San Diego, San Francisco, New York, Boston, London, Sydney, Tokyo 2000, S. 221.
3 JELLINEK, J. S.: The Psychological Basis of Perfumery. Blackie, London, 4th Ed. 1997.
4 WEDEKIND, C., SEEBECK, T., BETTENS, F. and PAEPKE, A.: MHC-dependent Mate Preference In Humans. Proceedings of the Royal Society of London B, Biological Sciences, 260, 1995, S. 245–249.
5 INSEL, T. R. and YOUNG, L. J.: The Neurobiology Of Attachement. Nature Neuroscience Review, 2, 2001, S. 129–136.
6 WEDEKIND, C. and FÜRI, S.: Body Odor Preference In Men And Women: Do They Aim For Specific MHC Combinations Or Simply Heterocygosity? Proceedings of the Royal Society of London B, Biological Sciences, 264, 1997, S. 1471–1479.
7 INSEL, T. R.: siehe Anmerkung 5.
8 HERZ, R. S. and CAHILL, E. D.: Differential Use Of Sensory Information In Sexual Behavior As A Function Of Gender. Human Nature, 8, 1997, S. 275–289.
9 RIKOWSKY, A. and GRAMMER, K.: Human Body Ordor, Symmetry And Attractiveness. Proceedings Of The Royal Society Of London B, Biological Sciences, Vol. 266, 1999, S. 869–874.
10 MEALY, L.: siehe Anmerkung 2.
11 SÜSKIND, P.: Das Parfum. Die Geschichte eines Mörders. Diogenes, Zürich 1985.
12 MONTI-BLOCH, L., JENNINGS-WHITE, C., DOLBERG, D. S. and BERLINER, D. L.: The Human Vomeronasal System. Psychoendocrinology, 19, 1994, S. 673–686.
Siehe auch JOHNSON, A., JOSEPHSON, R. and HAWKE, M.: Clinical And Histological Evidence For The Presence Of The Vomeronasal (Jacobson's) Organ In Humans. Journal of Otolarygology, 14, 1985, S. 17–79.
13 JELLINEK, S.: Menschliche Pheromone, ein Durchbruch für die Parfümerie? Dragoco Report, 1/99, S. 5–28.
BREITMEIER, E.: Terpene. Aroma, Düfte, Pharmaka. Teubner, Stuttgart, Leipzig 1999.
14 ATZMÜLLER, M. und GRAMMER, K.: Die Biologie des Geruchs. Die Bedeutung von Pheromonen für Verhalten und Reproduktion. Speculum, 18/1, 2000, S. 12–18.
15 JÜTTE, A.: Weibliche Pheromone – Wirkung und Rolle von synthetischen Kopulinen bei der versteckten Ovulation des Menschen. Diplomarbeit an der Universität Wien, 1995.
JÜTTE, A.: Female Attractiveness And Copulins. In: TABORSKY, M. and TABORSKY, B. (Eds.): Advances In Ethology, 32, 1997, Supplements of Ethology, Contributions to the XXV International Ethological Conference, Vienna, Austria, 20.–22. August 1997, S. 49.

Teil 3
Alternativen – Es geht auch ohne Männer

1 Originalarbeit ANDERSON, C.: Children Of The Lesbian Baby Boom: Behavioral Adjustment, Self Concepts, And Sexual Role Identification. In: GREENE, B. and HEREK, G. (Eds.): Contemporary Perspectives Of Gay And Lesbian Psychology: Theory, Research, And Applications. CA: Sage, Beverly Hills 1994, S. 156–157.

2 Zeitschrift »Eltern« (Gruner & Jahr), Heft 6/2001, S. 74.

3 Joop van den Ende Producties, heute besser bekannt als Endemol, ist Mitbegründer des Reality-TV »Big Brother«. Der Firmengründer zog sich im März 2000 aus gesundheitlichen Gründen zurück.

4 California Cryobank, gegründet von Cappy M. Rothman und Charles M. Sims (www.cryobank.com) updated stündlich seinen Spenderkatalog. Neben dem Herkunftsland sind auch Blutwerte, Ausbildungsstand, Beruf , Babyfotos und vieles mehr abzurufen.

5 Dr. Cappy Rothman bietet diese Dienste nach wie vor an, der Leichnam sollte allerdings nicht älter als vierzig Tage sein.

6 Österreich 2001: 24 944 uneheliche, 50 514 eheliche Geburten, 33,1% uneheliche Geburten (im Vergleich 2000: 24 497 uneheliche und 53 711 eheliche Geburten – die unehelichen nehmen zu, die ehelichen ab), Quelle: Statistisches Zentralamt. EU-Statistik der unehelichen Geburten von 1997: Schweden mit 50% und Norwegen 45% liegen an der Spitze, Italien mit 7,3% und Griechenland mit 2,9% am Schluss, Tendenz überall steigend. Ursachen: Der Einfluss der Kirche nimmt ab, Sozialleistungen für Alleinerziehende nehmen zu. Quelle: Eurostat.

7 Jungfernzeugung oder Parthenogenese beschrieben in HADORN, E. und WEHNER, R.: Allgemeine Zoologie. 21. Auflage, Thieme, Stuttgart, New York 1986, S. 43 f.

8 JAENISCH, R., RIDEOUT, B., EGAN, K., JACKSON-GRUSBY, L., BINISZKIEWICS, D., CZARKOVSZKI, G., WAKAYAMA, T. and YANAGIMACHI, R.: Gemomic Imprinting, Nuclear Cloning And the Reprogramming Of the Genome. Genomic Imprinting Conference, Dublin, Ireland 1999. Jaenisch selbst spricht sich allerdings gegen das Klonen von Menschen aus. JAENISCH, R. and WILMUT, I.: Don't Clone Humans. Science, 291, 2001, S. 2552.

9 ANDREWS, L. B.: The Clone Age – Adventures In the New World Of Reproductive Technology. Henry Holt, New York 1999.

10 POLLACK, A.: New Work May Provide Stem Cells While Taking Baby From Equation. The New York Times, Tuesday Nov. 6th 2001.

11 BÖHM, A.: Im Land der Kindermacher. Die Zeit. 19. März 2002. (www.zeit.de)

12 TIGER, L.: The Decline Of The Males. Golden Books, New York 1999.

13 Ebenda.

14 70% der jungen Männer in den Gefängnissen der USA sind ohne Vater aufgewachsen. JENNIGS, P.: American Agenda. World News Tonight, Jan. 12th 1995.
KLIFF, B,: Heading Towards A Fatherless Society. MSNBC News, March 31st 1999.

15 TIGER, L.: siehe Anmerkung 12, S. 41.

16 MESQUIDA, C. G. and WIENER, N. I.: Human Collective Aggression: A Behavioral Ecological Perspective. Ethology and Sociobiology, 17, 1996, S. 247–262.
MESQUIDA, C. G. and WIENER, N. I.: Male Age Composition and Severity of Conflicts. Politics and Life Sciences, September 1999, S. 181–188.

Rettung durch Romantik

1 HERNEGGER, R.: Psychologische Anthropologie. Von der Vorprogrammierung zur Selbststeuerung. Beltz, Weinheim und Basel 1982.
2 Wie das Mädchen Genie, siehe Kapitel »Tarzans arme Vettern« in ZIMMER, D. E.: Experimente des Lebens. Über wilde Kinder, Zwillinge, Kibbuzniks und andere aufschlussreiche Wesen. Haffmans, Zürich 1989.
3 Auf diesem Weg ist natürlich auch die Seele über den Körper erreichbar. BOYSEN, G.: Über den Körper die Seele heilen. Biodynamische Psychologie und Psychotherapie. Kösel, München, 5. Aufl. 1991.
4 ILLOUZ, E.: Consuming The Romantic Utopia: Love And The Cultural Contradictions Of Capitalism. University of California Press, Berkley 1997.
5 ENNEN, E.: Die Frau in der mittelalterlichen Stadt. In: HERMANN, B. (Hrsg.): Mensch und Umwelt im Mittelalter. Fischer, Frankfurt am Main 1989, S. 37: »... treue Gattenliebe ist für alle Perioden des Mittelalters belegt.«
Als »Erfinderin der Liebe« gilt jedoch die antike Dichterin Sappho 615 v. Chr., siehe JAYNES, J.: Der Ursprung des Bewusstseins. Rowohlt, Reinbek bei Hamburg 1993, S. 345 f.
6 TAIZE, Brother Anthony of: Romantic Love As Fiction And As Life. Medieval English Studies (The Medieval English Studies Association of Korea) 1. Sogong University, Seoul 1993.
7 ILLOUZ, E.: siehe Anmerkung 4.
8 FROMM, E.: Die Kunst des Liebens. Ullstein, 44. Auflage 1992.
9 Rudolf Hernegger unterscheidet Ichbewusstsein (primäres Ich) und Identität (sekundäres Ich). »Ich bin ich« versus »ich habe eine Identität«, siehe Anmerkung 1, S. 198 ff.
10 FROMM, E.: siehe Anmerkung 8.

Partnershopping – am Wühltisch der Gefühle

1 »Die Möglichkeit zu lernen beinhaltet immer die Notwenigkeit zu lernen«, erklärte Konrad Lorenz in einem seiner Seminare in seinem Haus in Altenberg, Mitte der 1980er-Jahre, daher sollten die Prägungsphasen nicht ungenutzt verstreichen. Auch Freud war der Ansicht, dass wir »polymorph pervers« geboren werden und die Gesellschaft für die Prägung unseres (sexuellen) Verhaltens verantwortlich sei.
2 ZIMMER, D. E.: Experimente des Lebens. Über wilde Kinder, Zwillinge, Kibbuzniks und andere aufschlussreiche Wesen. Haffmans, Zürich 1989. Siehe darin Kapitel »Tarzans arme Vettern«.
3 FROMM, E.: Die Kunst des Liebens. 44. Auflage, Ullstein 1992.
4 Helmut Schelsky kritisiert deshalb: Was normal ist, ist gut. SCHELSKY, H.: Soziologie der Sexualität. Rowohlt, Hamburg 1955, siehe darin »Die Moral der Kinsey-Reporte«, S. 51 ff.
5 STRUNZ, U.: Forever Young – Das Erfolgsprogramm. Gräfe und Unzer, München 1999.
6 WADE, T. J. and ABETZ, H.: Social Cognition And Evolutionary Psychology: Physical Attractiveness And Contrast Effects On Women's Self-Perceived Body Image. International Journal of Psychology, 32, 1997, S. 35–42.
7 Mehr als doppelt so viele Frauen wie Männer leiden unter Depressionen. WEISSMANN, M. A. and OLOFSON, M.: Depression In Women: Implications for Health Care Research. Science 269, 1995, S. 799–801.

8 ONKEN, J.: Vatermänner. Ein Bericht über die Vater-Tochter-Beziehung und ihren Einfluss auf die Partnerschaft. Beck'sche Reihe 1993.
9 GOOD, N.: Wie liebt man einen schwierigen Mann? Nöte und Chancen komplizierter Partnerschaften. Ariston, Genf/München 1988.
Noch eine Stufe tiefer: FEIN, E. und SCHNEIDER, S.: Die Kunst, den Mann fürs Leben zu finden. Piper, München 1996.
10 SCARF, M.: Autonomie und Nähe. Grundkonflikte in der Partnerschaft. 6. Auflage, Heyne, München 1990.
11 Ein Erlöser, der durchaus auch irdischen Ursprungs sein durfte. LINCOLN, H., BAIGENT, M. und LEIGH, R.: Der Heilige Gral und seine Erben. Lübbe, Bergisch Gladbach 1984. S. 302 ff., Kapitel »Palästina zur Zeit Jesu«.

»Liebling, bitte melden!« – Die Tücken der Moderne

1 DUNBAR, R.: Klatsch und Tratsch. Wie der Mensch zur Sprache fand. C. Bertelsmann, München 1996.
2 SCARF, M.: Autonomie und Nähe. Grundkonflikte in der Partnerschaft. 6. Auflage, Heyne, München 1990.
3 Eine gute Übersicht findet sich in: FISHER, H.: The First Sex. The Natural Talents Of Women, And How They Are Changing The World. Random House, Toronto 1990, S. 85 ff.
4 HALPERN, D. F.: Sex Differences In Cognitive Abilities. Lawrence Erlbaum, Hillsdale, New York, 2nd Ed. 1992.
5 Männer sind fauler, langsamer und unsozialer als Frauen. Matthias Horx, Inhaber des Frankfurter »Zukunftsinstituts«, sieht schwarz für seine Geschlechtsgenossen. HORX, M.: Die acht Sphären der Zukunft. Ein Wegweiser in die Kultur des 21. Jahrhunderts. Signum, Wien 2000. Wieder etwas relativiert wird das in: HORX, M.: Smart Capitalism – Das Ende der Ausbeutung. Eichborn Verlag, Frankfurt 2001.
6 ROSNER, J. B.: Ways Women Lead. Harvard Business Review. Nov./Dec. 1990, S. 119–125.
YAMMARINO, F. J., DUBINSKY, A. J., COMER, L. B. and JOLSON, M. A.: Women And Transformational And Contingent Reward Leadership: Multiple-Levels-of-Analysis Perspective. Academy of Management Journal, 40/1, 1997, S. 205–222.
7 RIEDL, S. und SCHWEDER, B.: Der kleine Unterschied – Warum Frauen und Männer anders denken und fühlen. Deuticke, Wien, München 1997. Siehe Kapitel »Der sprachlose Mann«, S. 72 ff.
8 Mehr dazu in: TANNEN, D.: Das hab ich nicht gesagt! Kommunikationsprobleme im Alltag. Goldmann, München 1992. Der englische Originaltitel lautete: »That's Not What I Meant! How Conversation Style Makes Or Breaks Relationships« (Morrow, New York).
9 GRAY, J.: Men are From Mars, Women Are From Venus. A Practical Guide For Improving Communication And Getting What You Want In Your Relationship. Harper Collins, New York 1992.

Stress – der leise Killer

1 In dem Film »Mein Onkel aus Amerika« (»Mon Oncle D´Amerique«, Regie: Alain Resnais, mit Gérard Depardieu) wurden Experimente gezeigt, bei welchen zwei in einem Kä-

fig gefangene Ratten Stromschlägen nicht ausweichen konnten. Sie begannen miteinander zu kämpfen um den Stress zu bewältigen.
2 BODENMANN; G. im persönlichen Gespräch mit Sabina Riedl.
3 SUEDFELD, P.: Reaction To Social Trauma: Distress And/Or Eustress. Political Psychology, Vol. 18, No. 4, 1997, S. 849–861.
4 Das Begriffspaar Makro-/Mikrostress kommt aus der Technik und bezeichnet eine Belastung, der das jeweilige Material entweder zur Gänze oder nur stellenweise ausgesetzt ist.
5 Are Tiny Miracles Born Out of Tragedy? Washington Times, 29. August 2002. Zitiert nach Dr. Rothman.
6 BODENMANN, G. und PERREZ, M.: Stress- und Ärgerinduktion bei Paaren: Ein experimenteller Ansatz. Zeitschrift für Differentielle und Diagnostische Psychologie, 16, Heft 4, 1995, S. 237–250.
7 BODENMANN, G. und CINA, A.: Stress und Coping als Prädikatoren für Scheidung: eine prospektive Fünf-Jahres-Längsschnittstudie. Zeitschrift für Familienforschung, 12, Heft 2, 2000. S. 5–20.
Siehe auch BODENMANN, G. und CINA, A.: Der Einfluss von Stress auf die Partnerschaftsqualität und -stabilität. Kontext 31, 2, 2000, S. 124–138.
8 RIEDL, S. und SCHWEDER, B.: Der kleine Unterschied – Warum Frauen und Männer anders denken und fühlen. Deuticke, Wien, München 1997. Siehe Unterkapitel »Hilfe, ein Mann hilft!«, S. 31 ff.
9 Verheiratete Männer leben tatsächlich länger als allein stehende. Bei Frauen gibt es diesen Unterschied nicht. KLEIN, T.: Familienstand und Lebenserwartung. Eine Kohortenanalyse für die Republik Deutschland. Zeitschrift für Familienforschung, 1993, S. 99–114.
10 BODENMANN, G.: Das Freiburger Stresspräventionstraining für Paare. In: KAISER, P. (Hrsg.): Partnerschaft und Paartherapie. Hogrefe, Göttingen 2000, S. 293–304.

Utopia – ein Ausblick in die Zukunft

1 WONDRATSCHEK, W.: Eine Hure mit tausend Herzen. Erlebnisbericht eines jungen Mannes. Tören und Black 1995.
DOMENICA: Körper mit Seele. Knaur, München 1994. Aufgezeichnet von Hans Eppendorfer.
2 Es gibt bereits über 200 Kosmetikserien, die um die Gunst des Mannes buhlen. (Der »Hautreport« befragte den Dermatologen Dr. Meisel.)
3 MORRIS, D.: Catwatching. Die Körpersprache der Katze. Heyne, München 1987, S. 32 f.
4 EMBER, C.: Feminine Task Assignment And the Social Behavior Of Boys. Ethos, 1, 1973, S. 424–439.
5 »Eltern«, 2001 (Gruner & Jahr).
6 DOERMER-TRAMITZ, C.: ... auf den ersten Blick. Über die ersten dreißig Sekunden einer Begegnung von Mann und Frau. Westdeutscher Verlag, Opladen 1990. Siehe Kapitel »Die Bedeutung der Selbsteinschätzung«, S. 44 ff.